旅游消费者行为学

主　编　冯耕耘
副主编　阚如良　郑宇飞

天津大学出版社
TIANJIN UNIVERSITY PRESS

内容简介

本书以相对成熟的消费者行为学的理论框架为基础，借鉴心理学中有关人类心理和行为的理论和相关研究成果，吸收行为经济学、文化人类学以及当前大数据挖掘和研究的最新成果，结合当前旅游消费者行为研究的实际和旅游学科的特点，融入课程思政元素，系统介绍了旅游消费者行为学导论、影响旅游消费者行为的因素、时间维度上的旅游消费者行为和大数据时代的旅游消费者行为研究。

本书可作为高等学校旅游专业的教材，也可作为旅游从业人员和旅游管理专业教师的参考用书。

图书在版编目（CIP）数据

旅游消费者行为学 / 冯耕耘主编；阚如良，郑宇飞副主编. -- 天津：天津大学出版社，2022.1
ISBN 978-7-5618-7135-5

Ⅰ. ①旅… Ⅱ. ①冯… ②阚… ③郑… Ⅲ. ①旅游一消费者行为论 Ⅳ. ①F590

中国版本图书馆CIP数据核字（2022）第021064号

出版发行 天津大学出版社
地　　址 天津市卫津路92号天津大学内（邮编：300072）
电　　话 发行部：022-27403647
网　　址 www.tjupress.com.cn
印　　刷 天津泰宇印务有限公司
经　　销 全国各地新华书店
开　　本 185mm×260mm
印　　张 16.25
字　　数 337千
版　　次 2022年1月第1版
印　　次 2022年1月第1次
定　　价 49.00元

前　言

在一个本科教育成为整个高等教育主旋律的时代，编者作为高校教师，对全国教育大会上提到的“四个回归”印象深刻。其中回归常识是指学生的主业是求真求是；其余的三个回归则从不同角度对高校教师提出了具体要求：回归本分，教师的天职是教书育人；回归初心，解决培养人的方向和性质问题；回归梦想，教育报国，教育强国。要做到四个回归，高质量的教材既是学生求真求是的利器，同时也是教师教书育人的重要依据。

作为从教20多年的高校教师，我们认为一本好的教材应该符合以下四个标准：一是需要反映学术共同体的共识，即教材要反映本学科的基本理论和完整的基础结构，能为学生的求真求是打下坚实的基础；二是需要对当前的学科和产业前沿有所关注，引导学生关注现实世界的热点；三是要符合当前大学生的学习认知规律，使他们能以相对轻松的方式获取相关知识；四是能激发学习者的好奇心和学习兴趣，形成持久自主学习的动力。前面两点是对教材内容的基本要求，后面两点则对知识的呈现形式和编排顺序提出了更高的要求。

这本教材既是试图贯彻上述四条标准的一种尝试，也是编者多年旅游消费者行为学、旅游心理学等课程教学工作的一个阶段性总结。本书力求从学生的认知角度去编排和呈现相关知识，章首列出学习目标，同时利用思维导图帮助学生理解影响旅游消费者行为背后的心理因素、社会文化因素和情境因素，让学生意识到旅游消费者几乎所有的决策都是在学习和信息搜集的基础上完成的。每章正文之后提供了小结、关键术语和课后阅读论文目录，方便学生回顾相关学习内容，提高学习效率，学有余力的学生可以前往中国知网等网络平台下载相关论文，据此对本章内容进行拓展和深入研究，关注当下旅游消费者行为研究的最新进展和最实用的调研技术。

旅游消费者行为学是旅游管理本科专业的核心课程之一，在旅游管理本科专业课程体系中具有非常重要的地位。与旅游心理学相比，旅游消费者行为学更加关注旅游者消费行为的描述、解释、预测和控制，具有更强的实践性和更广泛的运用领域。深入研究旅游消费者行为，有利于引导旅游消费者更加理性地消费，增加生活的幸福感和获得感，有利于旅游企业制定合理的市场策略，做出正确的市场选择，也能让旅游行政管理部门在制定相关政策时更具人文关怀精神而更容易实施。全书共十二章，分为以下四部分。

第一部分是旅游消费者行为学导论，即第一章的内容。具体包括旅游消费者行为学的研究对象、研究方法、研究框架以及学科理论来源等。

第二部分是影响旅游消费者行为的因素，内容涵盖第二章至第八章。主要包括下列内容：心理因素（感觉和知觉、需要和动机、情绪和态度、气质和人格等）、环境因素（参照群体、家庭、社会阶层和社会文化等）和情境因素（消费情境、人际情境等）。

第三部分是时间维度上的旅游消费者行为，内容涵盖第九章至第十一章。这部分主要包括旅游消费者出游前的学习和信息搜集过程、旅游消费者的决策过程以及旅游消费过程中的体验与评价。

第四部分是大数据时代的旅游消费者行为研究，即第十二章的内容。此部分主要介绍最新的大数据挖掘技术在旅游目的地管理、旅游景区和旅游饭店等旅游企业管理中的运用和相关研究成果。

本书由三峡大学冯耕耘副教授担任主编，阚如良教授、郑宇飞副教授担任副主编。主编负责编写大纲，完成初稿并统稿和定稿。副主编参与大纲的集体讨论，同时协助主编修改完善书稿。

本书是三峡大学经济与管理学院旅游管理专业建设国家一流本科专业的重要成果之一。在本书编写过程中，学院的各位领导、同事提供了大力的支持和帮助，编者在此表示衷心的感谢。

编者在编写本书的过程中参考借鉴了国内外众多研究者的成果和最新的文献。天津大学出版社的多位编辑为本书的策划和出版付出了辛勤的劳动。在此，对相关研究者和编辑一并致谢。

由于编者水平有限，本书作为教学与研究的阶段性成果，存在各种疏漏和不足在所难免，恳请广大专家学者不吝赐教，以期再版时予以修正。

编者

2021 年 9 月于三峡大学

费者的分类

游消费者行为的意义

游消费者行为的思路

理因素

境因素

境因素

出游前的准备：旅游者如何做出消费决策

旅游消费者出游中的体验和出游后的评价

研究

- 数据分析与旅游消费者画像
- 旅游消费者行为数据来源分析
- 旅游消费者行为大数据挖掘与运用

本书纲要

- 旅游消费者行为学导论
  - 旅游消
  - 研究旅
  - 研究旅
- 影响旅游消费者行为的因素
  - 心
  - 环
  - 情
- 时间维度上的旅游消费者行为
- 展望：大数据时代的旅游消费者行

目　　录

第一章　旅游消费者行为学导论

学习目标

- 了解旅游消费者行为的基本概念和主要内容
- 了解影响旅游消费者行为的主要因素
- 理解研究旅游消费者行为的意义
- 掌握常见的研究旅游消费者行为的方法,理解研究的效度和信度
- 运用常见的标准对旅游消费者进行分类并理解其基本行为特征
- 运用常见的旅游消费者行为的主要模型和框架解释旅游消费者的行为

本章思维导图

- 导论
  - 旅游消费者的分类
    - 按性别划分
      - 男性旅游消费者
      - 女性旅游消费者
    - 按年龄划分
      - 少年儿童旅游消费者
      - 青年旅游消费者
      - 中年旅游消费者
      - 老年旅游消费者
    - 按旅游行为划分
      - 有组织的大众旅游消费者
      - 单独的大众旅游消费者
      - 探索型旅游消费者
      - 漫游型旅游消费者
    - 其他划分方式
      - 按气质类型划分
        - 胆汁质旅游消费者
        - 多血质旅游消费者
        - 黏液质旅游消费者
        - 抑郁质旅游消费者
      - 美国运通公司的划分
        - 冒险型旅游消费者
        - 担忧型旅游消费者
        - 梦想型旅游消费者
        - 经济型旅游消费者
        - 放纵型旅游消费者
      - 史密斯的划分
        - 探索者
        - 精英型旅游消费者
        - 不落俗套的旅游消费者
        - 特殊的旅游消费者
        - 初期大众旅游消费者
        - 大众旅游消费者
        - 包机旅游消费者
      - 普洛格的划分
        - 安乐小康型旅游消费者
        - 近安乐小康型旅游消费者
        - 中间型旅游消费者
        - 近追新猎奇型旅游消费者
        - 追新猎奇型旅游消费者
  - 研究旅游消费者行为的意义
    - 旅游消费者个人：理性消费的前提
    - 旅游企业：进行市场细分和采取市场策略的依据
    - 旅游行政部门：旅游政策制定的依据
  - 研究旅游消费者行为的思路
    - 研究方法
      - 实验法
        - 自变量与因变量
        - 实验设计的原则
      - 问卷法
        - 问卷的信度
        - 问卷的效度
      - 观察法
      - 质性研究法—扎根理论
    - 学科来源
      - 旅游学:研究旅游体验
      - 心理学:研究人类心理现象和行为
      - 社会学：研究社会行为与人类群体
      - 文化人类学:研究文化对人类行为的影响
      - 经济学:研究稀缺和人类理性
    - 研究模型与框架
      - 瓦哈比：旅游者购买决策过程模型
      - 梅奥和贾维斯：旅游决策影响因素模型
      - 心理账户理论与旅游消费者行为
      - 旅游消费者行为的有限理性理论
      - 旅游者二元情境理论

第一节　旅游消费者行为学的基本概念

一、消费者和旅游消费者

狭义的消费者是指为满足生活需要而购买、使用商品或接受服务的,由国家专门法律确认其主体地位和保护其消费权益的个人。我国《消费者权益保护法》第二条将“为生活消费需要购买、使用商品或者接受服务”的行为界定为消费者的消费行为。广义的消费者是指购买和使用各种产品和服务的个人或组织①。正因为如此,国际标准化组织(ISO)认为消费者是以个人消费为目的而购买、使用商品和服务的个体社会成员。

消费者行为(consumer behavior)是指消费者为获取、使用、处置消费物品或服务所采取的各种行动。传统或者狭义上把消费者行为理解成获取产品和服务,即购买和使用的过程。但是随着对消费者行为研究的深入,人们越发深刻地意识到消费者行为是一个过程,它涉及很多的决策、大量的参与者和多种多样的消费活动,购买和使用只是其过程中很小的一部分内容,因此完整的消费者行为学不仅仅包含了获取产品和服务(即购买和使用)的过程,还包括先于这些行为和过程且决定这些行为的决策过程以及购买、使用后的评价过程。

旅游消费者行为是从消费旅游产品和接受旅游服务的角度来描述、理解和分析旅游者或者游客的行为。旅游者或者游客的行为包含了旅游者(游客)出游过程中的一切行为,既包含了消费行为,也包含了一些诸如道德弱化、不文明行为等非消费行为。旅游消费者行为重在强调旅游者的消费行为,将旅游活动中的非消费行为剥离出去,单指与消费旅游产品和服务密切联系的行为。旅游消费者行为学除了研究游客对旅游日的地、旅游季节、旅游目的和旅游方式的选择特征之外,还包含与之紧密相关的旅游意识、旅游情绪特征和旅游评价等,从时间阶段上划分则包括出游前行为、出游中行为和出游后行为。

旅游消费者行为学属于行为科学的分支和深化,主要研究旅游消费者行为的发展规律、影响因素以及旅游动机的产生、旅游消费行为的控制与预测思路。

二、旅游消费者行为学研究的主要内容

旅游消费者行为的研究从时间维度来看包含了以下三部分:旅游者出游前的信息搜集和决策、出游中的旅游体验和食宿行游购娱等消费过程以及出游后的旅游记

① 例如有些单位为职工生活购买商品或服务,最终要通过其成员进行消费,此处的单位也是消费者,其权利受到《消费者权益保护法》保护。

忆和消费评价(图 1-1)。

图 1-1　时间维度的旅游消费者行为

出游前阶段主要研究他们要去什么样的地方旅游、是否选择通过旅行社旅游、选择什么等级的酒店住宿以及餐饮消费标准等。同时还研究旅游消费者做出相应的消费决策背后的影响因素，例如信息搜集过程、旅游需要和出游动机的识别等。出游中阶段主要研究游客的旅游体验以及旅游者的食宿行游购娱等消费过程。出游后阶段主要研究其旅游记忆、评价及其对下一次的出游决策产生的影响。在这三个阶段中，各类购买和决策行为贯穿始终。

三、旅游消费者的分类

多年以来，无论是旅游消费者行为的研究者还是各类旅游企业，一直致力于按照各种形式和标准对旅游消费者进行划分。因为对旅游消费者进行划分是旅游市场营销中进行市场细分的基础性工作，当前对旅游消费者进行划分有许多不同的标准。比较常见的划分标准有性别、年龄等，也可以按照旅游消费者的旅游行为、出游动机等特殊的标准对游客市场进行细分。

1. 按性别划分

由于男女两性在生理和心理方面存在显著的差异，因而他们在旅游决策、出游兴趣和关注点等很多方面都存在差异。在市场营销中，性别是非常常见、非常重要的市场细分标准。男性游客和女性游客在出游过程中对环境安全的感知、服务质量的感知、空间的感知等存在差异。有研究发现，相比男性，女性游客对于那些无形而又难以表明的服务的感知更加敏锐。在出游的过程中，女性更加关注周围环境中的安全因素。

男性和女性在心理和行为等方面的差异源自先天进化因素和后天环境教养两方面。后天环境教养主要是因为各种社会文化环境的期望导致两性向不同的方向发展。而近些年来随着对两性差异的先天进化因素的研究越来越深入，研究人员也获得了很多有意思的研究结果，对我们理解两性心理和行为的差异具有很好的启发作用。

进化心理学视野下的两性差异

科学研究发现，男女两性在视、听、嗅、味、触觉等外部感知觉方面存在差异。从进化心理学的视角来看，这些差异主要源于男女的原始社会分工：男性主要负责狩猎，而女性主要负责采集和照看婴儿。在扮演各自角色的过程中，生理和心理机能都进化出了适应性的特征，但在距今近一万年的时间内，人类的身心机能没有发生多大的变化，面对现代化的生存环境，人类却依然拥有着石器时代的身体，其功能都有利于自身生存与繁衍。例如在旅游途中，多数情况下男性游客相比女性游客更容易记住景区或者饭店的空间结构而不容易迷路，可能正是源自远古时代时，男性更多地从事狩猎活动，存在空间认知优势。

正是因为两性在诸多方面存在心理和行为方式的差异，所以把握不同性别旅游消费者在旅游消费中的行为差异，对旅游产品的设计与开发、旅游市场策略的优化、旅游满意度的提升等具有重要的价值和意义。

2. 按年龄划分

不同年龄段的旅游消费者因其生理、心理和社会阅历的差异而具有不同的旅游行为和旅游偏好。基于年龄的标准一般将旅游消费者划分为少年儿童旅游消费者、青年旅游消费者、中年旅游消费者和老年旅游消费者。

少年儿童是重要的旅游消费者群体，通常情况下，由于年龄原因，一般由家长或者学校替他们做出旅游决策，因此这一群体常采用假期夏令营、研学旅行或者亲子游这些有组织的旅游形式。

青年游客则喜欢刺激性的旅游活动，愿意在旅游过程中结识新朋友，例如高中毕业生或者大学生群体是毕业旅行的主要客源市场。

中年旅游消费者年龄段跨度较大，因此其旅游消费行为较为复杂，但是由于他们收入水平一般较高，因此相对而言他们对于价格不是特别敏感。

老年旅游消费者尤其是有养老金或者退休金的老年人具有较多的闲暇时间和稳定的经济收入，他们是团队出游的主力，他们在旅游途中更加关注健康问题，更愿意和老朋友一起选择旅游团的形式出门旅行，因此旅游产品的设计要以静、慢、亲为主。

3. 按旅游行为划分

社会学家科恩（Cohen）将旅游消费者分为有组织的大众旅游消费者、单独的大众旅游消费者、探索型旅游消费者和漫游型旅游消费者四类。

有组织的大众旅游消费者会购买包价旅游产品，前往著名的旅游目的地旅游。他们在很大程度上喜欢按照事先制定的、灵活的日程安排，同一大群其他旅游消费者一起旅行。总体而言，这些旅游消费者不会远离景区、景点或者他们居住的酒店。

单独的大众旅游消费者通常购买较为松散的包价旅游产品，这样他们可以获得更多的自由，例如他们喜欢先坐飞机到达目的地，再租车以自驾的方式度过自己的假期。同有组织的大众旅游消费者相比，他们的目的是寻找一种偶然的新奇经历。但是他们仍然遵循惯例并依赖正规旅游行业的每个环节。

探索型旅游消费者会自己制定旅行安排，然后出发，自发地避免同其他旅游消费者接触。他们出游的目的就是同旅游目的地当地的居民进行交流，但是他们依然希望自己的旅游在一定程度上舒适和安全。

漫游型旅游消费者更容易被旅游目的地的居民接受，并且被临时看成当地社会的一部分。他们没有计划好的行程，突发奇想地选择他们的目的地和酒店，同时尽量不与旅游行业发生关系。

科恩将前面两类旅游消费者描述为被制度化的旅游消费者，而将后两类描述为没有被制度化的旅游消费者。科恩认为，后两类旅游消费者是探索新的旅游目的地的先锋。由于旅游行业和旅游基础设施的发展，后两类旅游消费者有可能变得不太具有冒险精神，同时也开始期望他们的旅途变得更加舒适，从而转变为单独的大众旅游消费者。

4. 其他划分方式

除了上述常见的划分方式之外，还可以按气质类型将旅游消费者划分为胆汁质旅游消费者、多血质旅游消费者、黏液质旅游消费者和抑郁质旅游消费者四种类型。不同气质类型的旅游消费者行为的差异将在本书第六章分析讨论。

美国运通公司委托盖洛普公司对旅游消费者进行了调查，在 1989 年将旅游消费者分为冒险型旅游消费者、担忧型旅游消费者、梦想型旅游消费者、经济型旅游消费者和放纵型旅游消费者五类。冒险型旅游消费者独立而自信，喜欢尝试新的活动。担忧型旅游消费者总是对旅途的压力和度假时的个人安全充满担忧。梦想型旅游消费者对旅游充满幻想，喜欢阅读大量关于不同旅游目的地的资料，畅谈自己的旅游经历。经济型旅游消费者不认为旅游是生活中独特的一部分，而只是将它简单地当作一次放松的机会，因此他们只想花尽可能少的钱用于度假。放纵型旅游消费者想在度假中放纵自己，对充满幻想的旅游毫无抵抗力。

史密斯（Smith）将旅游消费者划分为以下七类。①探索者（由于史密斯不太认为这个群体属于旅游消费者，因此使用“探索者”而不是“探索型旅游消费者”来称呼这个群体），这是非常小的一个群体，喜欢像考古学家或者人类学家那样出行，完全接受和适应旅游目的地的各种生活环境。②精英型旅游消费者，这个群体非常有经验，并且经常出去旅游，喜欢那些价格昂贵的、量身定做的旅游产品。③不落俗套的旅游消费者，这个群体喜欢远离其他旅游人群或者通过做一些超常规的事情来增加假期的兴奋感和刺激感，他们一般能忍受临时为旅游消费者提供的简单的住宿和餐饮服务条件。④特殊的旅游消费者,他们主要是为了体验有一定包装程度的当地的所谓“原始文化”,更愿意接受符合现代标准的餐饮和住宿条件。⑤初期大众旅游消费者,此类客流通常比较稳定,他们选择去那些已有的,但是旅游业刚刚起步的“热门旅游”目的地旅游,他们不顾及当地的实际条件而要求有现代化的便利设施。⑥大众旅游消费者,对旅游目的地而言,他们是一种持续涌入的客流,此类旅游消费者主要是社会的中产阶级,尽管需求多种多样,但都希望获得和在家一样的服务水平,追求旅游活动的物有所值。⑦包机旅游消费者,一般有大量此类旅游消费者乘坐包机同时抵达旅游目的地,例如由某个公司支付费用,用于激励员工的奖励旅游。由于个人不需要支付费用或者只需要支付很少的费用,因此他们对于旅游目的地本身几乎没有兴趣或者兴趣不大,只要组织方能提供符合标准的美食以及他们想要的住宿,他们就很满意。

普洛格(Plog)则将旅游消费者的个性特点同他们的行为直接联系起来从而将旅游消费者分为安乐小康型旅游消费者和追新猎奇型旅游消费者。他认为,前者是指那些不太具有冒险精神、性格内向的旅游消费者,他们喜欢前往熟悉的或者非常流行的旅游目的地;而后者则是指那些性格外向、在度假时喜欢冒险和刺激的人,普洛格相信这样的旅游者喜欢前往那些新奇的旅游目的地和进行个人旅游。在这两个极端人群之间还存在着许多中间类型的人群,包括近安乐小康型旅游消费者、中间型旅游消费者和近追新猎奇型旅游消费者。他认为安乐小康型的美国旅游消费者更愿意去柯尼岛这样的地方度假和旅游,而追新猎奇型的旅游消费者更愿意选择前往非洲这样充满异域风情和挑战性的地方旅行度假。

四、影响旅游消费者行为的因素

从旅游者的消费需要被唤醒到做出旅游决策、出游过程中形成旅游体验和旅游结束后进行评价这一系列的消费过程中,影响旅游消费者的因素大致包含了以下三类。

1. 心理因素

影响旅游消费者行为的心理因素包含旅游者的需要和动机、感觉和知觉、情绪和态度、气质和人格等。

需要和动机是影响人们出游的动因。人在单一的环境中生活太久以后容易萌生出多样性的需要而外出旅游,即产生出游动机。当假期出现的时候,日常在嘈杂的环境中生活的他们会选择去一个安静的地方度假,一个人安静地待一段时间也是旅游消费者的一种旅游需要的满足。不同的人会产生不同的旅游动机和需要,不同类型的旅游产品能给有不同需要的旅游消费者带来同样的满足感和愉悦感。

感觉和知觉是旅游消费者决策的起点,也是旅游体验形成的基础。旅途中旅游消费者依靠味觉和嗅觉来品尝各地的美食，通过视觉和听觉来欣赏各种演艺节目。旅游消费者和导游之间的各种人际互动和沟通的基础则是双方的各种认知。

情绪和态度是旅游消费者旅游体验的重要组成部分。在旅游的过程中，旅游消费者会体验到诸如欢喜、惊讶、恐惧等各种各样的情绪。旅游消费者对各种旅游对象或者现象总是有着自己固有的看法和态度，这种态度也会影响他们的各种消费决策和消费行为。

气质和人格的稳定性决定了旅游消费者的行为具有一定的稳定性和可预见性。对于同一件事情，不同气质类型和人格特征的旅游消费者很可能表现出完全不同的行为。例如背包旅游者的人格特征与多数参加旅游团的旅游消费者存在着显著差异。

2. 经济、文化和社会因素

影响旅游消费者行为的经济、文化和社会因素不仅包含旅游者的经济收入、闲暇时间以及所属的家庭、朋友、阶层等社会群体因素，也包含旅游市场的发展状况以及如何看待旅游消费的文化和亚文化等因素。

经济收入水平是影响旅游消费行为最重要的因素之一。经济收入水平直接决定了旅游消费行为是否发生，低收入地区出游的人数显然相对少一些。经济收入水平也决定了旅游消费者的消费水平。对同一个景区或者旅游目的地而言，来自不同经济水平地区的旅游消费者对当地的旅游产品和服务的质量评价很可能完全不一致。如果要推出更加高档的消费产品，必须研究主要客源地的旅游消费者的经济收入水平，如果决策失误将导致严重的后果。

闲暇时间也是制约旅游消费者能否出游、什么时候出游、出游多久等行为的重要因素。闲暇时间较为充分的旅游消费群体有幼儿园的小朋友、大学生以及退休后尚有自主活动能力的老人。相对而言，中年人由于是各行各业的骨干力量，因而他们出游的时间相对紧张。

3. 情境因素

旅游消费者不是完全理性的消费者，因此特定的情境对其旅游消费行为也具有强烈的影响。无论是住宿消费行为还是餐饮消费行为，旅游消费者的消费行为不仅会受到商家促销刺激的影响，甚至会受到在旅游活动中其他旅游消费者消费行为的影响。例如某游客到四川火锅店品尝火锅，一个刚进店的旅游消费者很可能会受到店内的那种人声鼎沸、热火朝天的消费氛围的强烈影响，从而吃下比平时更多的食物，花费超出自己消费水平的费用。

情境因素除了由营销人员的推广、其他游客的购买共同形成的环境氛围之外，还包括景区或者饭店的内部装修、周围的各种物理环境等。

第二节 研究旅游消费者行为的意义

一、旅游消费者理性消费的前提

了解旅游消费者行为学的知识和研究结论,对旅游消费者而言有诸多好处。一是旅游消费者对自己和其他旅游消费者的行为有更多的了解,可以更好地和旅游市场互动。例如当我们知道在进行出游选择时,很多旅游消费者有从众出游的行为,此时自己可以选择不是那么热门的景点或者等待具备条件时选择错峰出游,这对提升个人的旅游体验和他人的旅游体验都具有一定的积极作用。二是当下旅游消费者所产生的大数据信息可用以引导旅游消费者的出游行为,从而在一种更加正式的意义上改善旅游消费者的决策能力。这些有关旅游消费者行为的知识一方面能满足人们的求知欲,另一方面也能使我们成为具备更加丰富出行知识的旅游消费者。

中国出境游客的非理性购物行为

中国旅游研究院发布的《2018 年中国游客出境游大数据报告》显示:2018 年中国公民出境旅游人数 14 972 万人次,比上年同期增长 14.7%,境外消费超过 1 200 亿美元(约 8 000 亿元人民币),人均单次境外旅游消费高达到 800 美元(约 5 400 元人民币)。在如此大量的出境旅游消费中,旅游购物是不可或缺的组成部分,占旅游花费的比重较高。出境游客的购物行为总体上较为理性,出境游客在购物时大多会合理考虑价格、需求、实用性等因素,但同时也存在大量的非理性购物行为。

一些出境游客出于对“自我身份”的强调,往往会存在“要买就买最好的”“买贵的总没错”的虚荣心理。例如某游客说:“在红珊瑚展厅,不清楚各种等级,但肯定要买最好的,花了 6 万块钱买了一颗,值不值两三万块钱就不晓得了,到欧洲去想买钻石,反正就买卡地亚,虽然贵,但至少一半价值总是在的。”

价格差与高品质商品、相关的利好环境以及购物氛围与情境的营造等都属于出境游客非理性消费的外因;国人对国内产品质地的担忧、根深蒂固的原产地情结、对损失的敏感超过对收益的渴望以及传统的馈赠之礼是出境游客非理性消费的内因,在这些内外因的单独或共同作用下,中国出境游客容易产生冲动、盲目效仿、虚荣等非理性消费行为。

二、旅游企业做出市场决策的基础

对旅游消费者行为进行充分而科学的研究是旅游企业进行正确的市场决策和选择的基础,其影响体现在以下方面。

首先,它影响着旅游企业的市场机会分析和市场细分。市场机会分析是对旅游消费者未被满足的需求的研究,了解旅游消费者哪些需要没有满足或者没有完全满足,涉及对旅游市场的条件和市场趋势的分析。例如同样是老年旅游市场,当前的老年旅游市场主体(20 世纪 50—60 年代出生的消费者)和未来老年旅游市场的主体(20 世纪 70—80 年代出生的消费者)两者的旅游需求存在显著差异,通过分析老年旅游消费者的代际变化,确定未来老年旅游市场新的机会,以获得发展机遇。旅游市场细分的实质是将整体市场分为若干个子市场,每一个子市场的旅游消费者具有相同或者相似的需求或者行为特征,不同子市场的旅游消费者在需求和行为方式上存在较大的差异。旅游企业进行市场细分的目的是找到适合自己进入的目标市场,并根据目标市场的需求特点,制定有针对性的营销方案,使旅游消费者的需要得到更好的满足,而获取利润。市场细分通常包括识别旅游消费者的需要,将具有相似需要的旅游消费者归纳为一组,对每一组消费者的需要进行分别描述,选择一个或几个细分市场作为进入市场。上述市场细分的每一步都涉及对旅游消费者行为的研究和分析。调查旅游消费者和对旅游市场进行细分,可以发现新的市场机会并在此基础上使旅游企业步入更好的经营状态。

其次,它决定着旅游企业目标市场的选择以及旅游产品的定位。深入了解旅游消费者有助于识别哪些个体更多地介入了旅游决策。例如长期以来,人们都认为儿童对出游决策的影响有限,但实际上现有一些研究表明儿童在旅游目的地的选择上具有很大的影响力,因为有不少家庭会考虑旅游对儿童的娱乐或者教育意义。在此基础上,针对亲子旅游市场推出的各项休闲旅游产品大获成功。又例如,需要了解各种酒店品牌在旅游消费者心目中的地位,充分了解其品牌是如何被旅游者所认知的,才能发展出有效的市场营销手段。

最后,它还会影响旅游企业市场营销策略的组合。通过对旅游消费者的需要与欲望进行充分研究,分析旅游消费者的售后点评,旅游企业可以开发新的旅游线路或住宿产品,改进现有旅游产品中的缺陷和不足。产品定价如果与旅游消费者的承受能力或者心理价位有较大的偏差,再好的旅游产品也无法打开市场。在旅游产品的定价过程中,旅游企业需要了解旅游消费者对价格的反应,要对旅游消费者常用的分销渠道和旅游消费者对旅游广告的反应进行分析。一些旅游景区投资者在开发新的景区时,忽略对旅游消费者行为的科学调查,凭着自己的经验和直觉进行景区的投资与开发,其结果往往是灾难性的。正是因为这样,对旅游消费者行为进行充分研究具有特别的价值和意义。

餐厅动线设计 1:星巴克为什么让顾客沿柜台横向排队?

星巴克以休闲为导向,目的是为消费者创造一个优雅、舒适,有别于办公室和家庭的第三个空间。平行的横向排队使顾客能看到彼此的表情,可以产生亲近感,避免产生焦虑感。而纵向排队时顾客们由于看不到彼此的表情,容易产生焦虑感。星巴克店面空间环境色调淡雅、别致;横式布局有利于创造优雅的氛围。星巴克横着的吧台相当于一个展示平台,顾客可以看到咖啡师操作的全过程,增强了仪式感和体验感。星巴克让顾客沿柜台横向排队存在以下优点。

1. 优化工作流程

星巴克的员工作业吧台是横向的流水线,吧台内部的工作流程横向排列。通常点单的工作人员会挪到中间做咖啡,以及拿一些配料再往一边走。类似工厂的流程,可保证一人在接单、做咖啡和给咖啡这三个位置均有活动空间,速度也更快。这避免了一群人挤在一起,导致后面的顾客不能点单的问题。顾客多的时候,横向排队还可以预点单。

2. 降低劳动成本

充分利用销售空间来陈列产品,也便于看货。自助服务相对容易,可以降低劳动成本。

3. 优化用户体验

(1)缓解顾客的焦虑感。当顾客站在柜台旁边时,能很清楚地看到墙上的商品价目单,而不用担心视线被排在前面的顾客阻挡。挑选的时候能打发时间(或者看到柜台里忙碌的工作人员),有效缓解排队等候的烦躁心理。

(2)顾客可以观看饮品制作过程,增强仪式感和体验感。横着的吧台相当于一个展示平台,顾客看到咖啡师操作的全过程就会产生这样的感受:这杯饮料做起来不容易,确实值这个价格。

(3)避免制造拥挤感。员工的作业吧台是横向的流水线,所以顾客在面对吧台的左侧排队,而在右边取咖啡,可以形成秩序,避免走道拥堵。

餐厅动线设计 2:麦当劳为什么让客人竖向排队?

麦当劳作为快餐业的鼻祖,力图营造更热闹、快节奏的氛围。纵向排队,顾客之间是背与面的接触,“看不见头”的等待 + 快节奏就餐方式,刚好迎合了麦当劳的调性。麦当劳把点餐流和等餐流分开,顾客需要排两个队才能完成一次购买行为。麦当劳让客人竖向排队有以下几点考虑。

(1)提醒顾客尽早做出决策。麦当劳店面往往在门口就贴出了当日推荐的套餐组合,并把主推产品贴在室内。这背后体现了对点餐效率的思考,它希望顾客在站到收银台前就已做好了消费决策。餐厅是一个公共空间,如果顾客 A 站在台前犹豫不决,必然影响其他顾客点单。同时,顾客因为后面有人排队而感受到一定的压力而迅速点餐,提升效率。

（2）减少服务员移动。麦当劳后厨和收银台的整个布局意在减少服务员的移动，甚至考虑到了减少服务员弯腰和转身的需求。比如收银台和后厨之间保持了非常高效的距离，人员流动不会影响点餐员的工作，同时保证了配餐员能够高效走动。

（3）提高双方效率。麦当劳把点餐流和等餐流分开。取餐区独立减少了点餐区的人群堆积以及点餐、取餐人流重合混乱的情况。而配餐员的移动也更有效率，实际上取餐区也就变成了配餐台。顾客在等餐的时候不会影响到后面点餐人的时间。由此节约下的时间实际上是数个等餐的时间，积少成多便会产生更高的服务效率。

餐厅动线设计不仅影响餐厅的赢利能力，也关乎员工和顾客的诉求。餐厅动线设计早已不仅仅是一个线路，而是整个餐厅能够高效运转的基础，并已经细微到工作的每个环节和细节中。餐厅不同，经营的菜品有差异，服务运行方式不同，动线的设计也不尽相同。要设计出最流畅、合理、方便使用、效率最大化的动线，需要在餐厅筹划设计时反复对餐厅的各部分功能进行模拟。如何根据自身餐厅设计出舒适、方便、以人为本的动线，还需要管理者积累经验并不断深入研究。

餐厅动线包括顾客动线和员工动线，其中员工动线又细分为服务动线和后厨动线。好的员工动线能方便地提供服务，提高工作效率，节约时间成本；好的顾客动线则能让点餐、就餐、出入的过程变得井然有序且流畅。动线设计的原则主要有以下几点。

（1）用简约装修和开放式吧台，拉近跟顾客的距离。透明操作台使顾客能够看到完整的菜品制作过程，也方便全程交流互动，用视觉和听觉语言打动消费者，很多人会自发拍照发朋友圈传播。

（2）适宜采用直线。避免迂回绕道，以免人流混乱，影响或干扰顾客进餐的情绪和食欲。

顾客动线设计要开放、透明，让顾客产生最佳用餐体验。消费升级的时代，顾客对于就餐体验更重视，也更挑剔。食品安全事件频发，使食客变得谨慎。简洁的动线设计让双方隔着吧台互动交流，开放明亮的店面空间也优化了顾客体验。这使顾客对餐厅产生好感，因为它了解“我”的需求。全程现场直播，开放式透明操作台成为餐饮界的新亮点，从原料到制作环节全程可视。以西贝、鼎泰丰为代表的品牌餐企掀起了“明厨亮灶”风潮。

服务动线设计要注重让员工少走冤枉路，提高服务效率。好的动线设计减少服务环节，也就是使服务人员不走或少走冤枉路。服务动线原则上应该越短越好，并且一个方向的道路动线不要太集中，否则服务人员在工作过程中就会发生摩擦碰撞。服务效率高意味着降低人力成本。比如，“外婆家”将出菜口设在了餐厅居中的地方，这样所有的服务员都能在大致相同的时间内将菜品呈给食客，提高工作效率。有的餐厅备餐区还设置了具有点菜、下单等功能的微电脑，也是为了提高服务效率、提高上菜速度。

后厨动线设计要考虑安全、方便因素。后厨动线设计首先要根据菜单对进行烹饪制作时所需的设备进行设置，不同品类需要不同的厨房设备和空间。此外，还包括有效利用设备、物品、空间和员工，满足安全和卫生规则并提供最适宜的工作条件。比如，如果沙拉准备区没有提供冰箱，那么员工必须经过通往电冰箱的通道去取沙拉配料，然后拿着准备好的沙拉沿通道返回到准备区；相反，如果动线设计合理，在沙拉准备区设置了冰箱，厨师就可以缩短动线距离，方便快捷地取到沙拉，提高工作效率。

（本案例根据微信公众号“峰瑞资本”的相关内容进行改编。）

三、旅游行政部门制定旅游政策的依据

随着经济的发展，各种损害旅游消费者权益的市场行为不断增多，旅游消费者的权益保护日益被社会关注。旅游行政部门有责任和义务禁止旅游购物欺诈、酒店不守信用等损害旅游消费者权益的行为，有责任通过宣传、教育等手段提高旅游消费者自我保护的意识和能力。

旅游行政部门制定什么样的政策，采用何种手段规范旅游企业和旅游消费者双方的行为，这些手段和措施能否实现预期目标，很大程度上需要借助旅游消费者行为学研究所提供的各种理论和框架。政策能否执行下去以及执行效果如何，离不开对旅游消费者行为进行更加深入细致的研究。

黄金周设定的政策意义及其对旅游客流的影响

1999 年 9 月，国务院发布了首次修订后的《全国年节及纪念日放假办法》，增加了法定休假日，之后又对国庆假期做出调休安排，形成了第一个黄金周假期。2000 年 6 月，国务院办公厅转发的《关于进一步发展假日旅游若干意见的通知》出台，明确提出 1 年有 3 个黄金周。黄金周制度适应和满足了旅游消费的特点和趋势，迅速点燃和释放了国民孕育已久的旅游需求，有效活跃了国内消费市场。

但同时，黄金周期间全国性旅游热潮产生了一系列问题，如交通拥挤、住宿紧张、景区超载、服务质量下降、安全隐患增多，直接影响了游客的旅游体验，也影响到了旅游地的环境。2004 年，由于黄金周中反复出现的一些负面现象，从普通民众到人大代表、政协委员、旅游研究者纷纷发出了取消黄金周、推行带薪休假制度的呼吁。但 2004 年 11 月，国家旅游局公开表示：中国将继续实行黄金周长假制度。之后众多学者、人大代表、政协委员和官员对于实行多年的黄金周制度提出了多种改革方案。直到 2007 年 12 月发布的《国务院关于修改〈全国年节及纪念日放假办法〉的决定》，才在将“五一”国际劳动节调整为 1 天的基础上，增加了清明、端午和中秋 3 个各自为期 1 天的传统节日，最终形成了“两大（国庆、春节）五小（元旦、清明节、劳动节、端午

节、中秋节)”的法定假日格局。饱受争论的黄金周制度迎来了第一次变革,承载着广大群众、官员和旅游业界人士的众多期待,希望新休假制度在克服原黄金周制度的诸多负面影响的同时,满足居民进行休闲旅游的需求,促进旅游产业持续、健康、平稳、和谐发展。

休假调整方案对优化旅游客流时空结构和旅游产业空间布局,缓解我国国内旅游的诸多矛盾与问题产生了积极的影响。新假期制度长假与长周末形成的大小旅游高峰次数增多,旅游时间分散在一年的7个月中,一定程度上缓解了黄金周旅游的“井喷”现象,均衡了淡旺季的客源分布,削峰填谷;同时由于长线旅游受到限制,短线旅游急剧升温,中线旅游稳步上升。

第三节　旅游消费者行为研究方法

一、实验法

实验法(experimental method)是指按照研究目的,有计划地控制或创设一定的情境,通过操纵某种变量来考查它对其他变量影响的研究方法。与其他研究方法相比,实验法是研究旅游消费者行为最严密的一种方法。实验法一般需要借助专门的仪器进行测试和记录实验数据,重在探索影响旅游消费者行为的自变量和因变量之间的关系。例如,当前在旅游消费者行为学研究中采用眼动仪来研究旅游者浏览旅游广告或者观看旅游地图的过程,分析其注意的重点,以改进旅游广告设计或者旅游线路图的绘制。实验法又分为实验室实验法和自然实验法两种。

实验室实验法是指在实验室内利用一定的设施,控制一定的条件,并借助专门的实验仪器进行研究的一种方法。它是探索自变量和因变量之间的关系的一种方法。实验室实验法便于严格控制各种因素,并通过专门仪器进行测试和记录实验数据,一般具有较高的信度。它多用于研究心理过程和某些心理活动的生理机制等方面的问题。

自然实验法是在日常生活等自然条件下,有目的、有计划地创设和控制一定的条件来对旅游消费者行为进行研究的一种方法。自然实验法比较接近消费者的生活实际,易于实施,又兼有实验法和观察法的优点,所以这种方法现在被广泛采用。

二、问卷法

问卷法(questionnaire method)是指研究者采用事先设计好的问卷工具搜集资料的一种调查研究方法,该方法在国内外社会调查中使用较为广泛。传统上问卷大多采用邮寄、个别或集体分发等多种方式发送,随着网络的兴起,现在很多问卷开始采用网络推送的方式发给调查对象。

1. 问卷的分类

按填答者的不同，问卷可分为自填式问卷和代填式问卷。自填式问卷，按照传递方式的不同，可分为报刊问卷、邮政问卷和送发问卷。代填式问卷，按照与被调查者交谈方式的不同，可分为访问问卷和电话问卷。

按问卷设计类型，问卷可分为结构型问卷和非结构型问卷。结构型问卷也称封闭式问卷，是把问题的答案事先加以限制，只允许在问卷所限制的范围内进行挑选。例如："你选择入住该酒店的原因是：a. 价格合适；b. 位置便利。"结构型问卷选项则包括是否式、选择式、评判式、划记式等类型。非结构型问卷也称为开放式问卷，问卷由自由作答的问题组成，是非固定应答题。例如：你为什么到这个城市旅游？非结构型问卷往往用于以下两种情况：一是在研究初期，研究者对所研究的问题或对象的情况还不十分清楚，采用开放式问卷搜集资料，来帮助研究人员设计封闭式问卷；二是用于较深层次的问题研究。

2. 问卷的结构

问卷一般由卷首语、问题和回答方式、编码及其他资料四个部分组成。

（1）卷首语是问卷调查的自我介绍部分。卷首语的内容应该包括：调查的目的、意义和主要内容，选择被调查者的途径和方法，对被调查者的希望和要求，填写问卷的说明，回复问卷的方式和时间，调查的匿名和保密原则，以及调查者的名称等。为了能引起被调查者的重视和兴趣，争取他们的合作和支持，卷首语的语气要谦虚、诚恳、平易近人，文字要简明、通俗、有可读性。卷首语一般放在问卷第一页的上面，也可单独作为一封信放在问卷的前面。

（2）问题和回答方式是问卷的主要组成部分，一般包括调查询问的问题、回答问题的方式以及对回答方式的指导和说明等。

（3）编码就是对每一份问卷、问卷中的每一个问题和每一个答案都编定一个唯一的代码，并以此为依据对问卷进行数据处理。把问卷中询问的问题和被调查者的回答，全部转变成为代号和数字，以便运用电脑软件[①]对搜集到的资料进行数据处理。

（4）其他资料包括问卷名称、被访问者的地址或单位（可以是编号）、访问员姓名、访问开始时间和结束时间、访问完成情况、审核员姓名和审核意见等。这些资料，是对问卷进行审核和分析的重要依据。

3. 问卷编制的基本原则

问卷法的主要优点在于标准化和低成本。问卷设计中表述问题需要遵循以下

① 目前最常使用的统计软件有 Excel 和 SPSS 软件等，无论使用哪种统计软件，在进行数据录入的时候，每个调查的问题占据表格一列，每个被调查对象占据表格的一行而构成原始的数据库。

原则。

（1）具体性原则，即问题的内容要具体，不要是抽象、笼统的问题。

（2）单一性原则，即问题的内容要单一，不要把两个或两个以上的问题合在一起。

（3）通俗性原则，即表述的语言要通俗，不要使用让被调查者感到陌生的语言，特别是要避免过于专业的术语。

（4）准确性原则，即表述问题的语言要准确，不要使用模棱两可、含混不清或容易产生歧义的语言或概念。

（5）简明性原则，即表述问题的语言应该尽可能简单明确，不要冗长和啰唆。

（6）客观性原则，即表述问题的态度要客观，不要有诱导性或倾向性语言。

（7）非否定性原则，即要避免使用否定句形式表述问题。

4. 问卷的信度和效度分析

采用问卷法进行研究时非常重要而又容易被忽略的地方是问卷的设计要充分考虑其效度和信度，否则其研究结论的可靠性和可推广性将存在问题。

1）问卷的信度

问卷的信度（reliability）指的是问卷本身的可靠度、一致性或者稳定性。比如说，在对同一旅游消费者群体进行问卷调查时，如果多次调查结果都很接近，我们就会认为这个结果是可信的、真实的，也就是信度高。如果每次的调查结果都有很大的差异，则说明该问卷的信度较低，研究结论就不可信。严谨的研究中需要通过信度分析来测量样本回答结果是否真实可靠，检验信度越高，就表示结果越可信。

2）问卷的效度

问卷的效度（validity）是指问卷设计的有效性和准确程度。在为研究主题设计问卷时，我们都会希望问题实际考察到的内容是我们希望考察的内容，这样研究的数据才能准确地说明问题。例如我们想了解旅游消费者的总体消费水平，但在正式研究中如果仅调查了旅游消费者的住宿支出而忽略了购物以及交通餐饮等其他支出，据此得出关于他们旅游总的消费水平的结论，这样的研究其有效性就很低，原因在于实际调查的内容与研究目标之间存在很大的偏差。

问卷的效度可分为内容效度、结构效度和效标效度等。

（1）问卷的内容效度是指问卷题项对相关概念测量的合理性情况，通常用文字来说明问卷的有效性而并非采用统计软件分析得出结论，如通过参考文献，或者权威来源说明问卷的权威性和有效性；还有就是通过对问卷前测并结合结果进行题项的修正等来保证问卷的有效性。

（2）问卷的结构效度是指问卷选项与问卷维度之间的对应关系。测量方法有两种：一种是探索性因子分析，另一种是验证性因子分析。其中，探索性因子分析是当前使用最为广泛的结构效度测量方法。使用探索性因子分析进行效度验证时,应该以问卷为准,对变量或者量表分别进行分析。

(3)问卷的效标效度是指如果以前有一份权威且标准的量表数据,现在依旧使用该量表进行研究,并且收集回一份数据。将以前权威标准数据作为标准,对当前数据进行相关分析,如果相关系数值较高,则说明效标效度良好。

信度和效度之间存在一定的关系。效度高,信度一定高;但信度高,效度不一定高。有效的问卷测试也是可靠的,但是可靠的问卷测试并不总是有效的。一份合乎标准的问卷应该同时具有足够的信度和效度,并且能从实践角度兼顾实用性和科学性。

三、观察法

观察法(observation method)是指研究者根据一定的研究目的、研究提纲或观察表,用自己的感官或辅助工具直接观察被研究对象,从而获得资料的一种方法。科学的观察具有目的性和计划性、系统性和可重复性。常见的观察方法有:核对清单法、级别量表法和记叙性描述。观察一般利用眼睛、耳朵等感觉器官去感知观察对象。由于人的感觉器官具有一定的局限性,观察者往往要借助各种现代化的仪器和手段,如照相机、录音机、显微录像机等来辅助观察。

按时间划分,观察可以分为长期观察和定期观察。

按观察的内容划分,观察可以分为全面观察和重点观察,前者是观察被试在一定时期内全部的心理和行为表现,后者是重点观察被试某一方面的心理和行为表现。

按观察者身份划分,观察可以分为参与性观察和非参与性观察,前者是观察者主动参与被试活动,以被试身份进行观察,后者是观察者不参与被试活动,以旁观者身份进行观察。

按观察的场所划分,观察可分为自然场所的现场观察和人为场所的情境观察。自然场所的现场观察是研究者有目的、有计划地在自然条件下,通过感官或借助于一定的科学仪器,对社会生活中人们行为的各种资料的搜集过程。例如调查人员直接到景区对旅游消费者进行观察与记录,以搜集游客的流量、旅游消费者对某些旅游纪念品的选择和态度等信息资料。这一方法的优点是可以比较客观地搜集资料,直接记录调查的事实和被调查者在现场的行为,调查结果更接近于实际;缺点是观察不到内在因素,因为要求观察人员具有较高的技术业务水平,这一方法的利用受到限制。如果在采用观察法的同时结合询问法,效果会更好些。而人为场所的情境观察是指通过事先设定一些场景或者控制性因素来观察人们的行为反应。例如通过设定不同价格的饮料或者菜肴,观察旅游消费者的选择行为。

观察法的优点是保持了人的心理活动的自然性和客观性,获得的资料比较真实。

不足之处是观察者往往处于被动地位，带有被动性。另外，观察法得到的结果有时可能是一种表面现象，不能精确地确定旅游消费者行为产生和变化的原因。

四、质性研究法

前面所介绍的三种方法都属于量化研究，在旅游消费者行为研究中已经被广泛采用。量化研究因为遵循设定的步骤，比较客观严谨，使用有共识性的准绳来评价一个研究的严谨程度（信度、效度），而广受学界的认可。近年来，一些研究者开始采用质性研究法[①]（qualitative research method）对旅游消费者的行为进行研究。质性研究法是以研究者本人作为研究工具，在自然情境下，采用多种资料收集方法（访谈、观察、实物分析），对旅游消费者行为进行深入的整体性探究，从原始资料中形成结论和理论，通过与旅游消费者互动，对其消费行为和意义进行建构并获得解释性理解的一种活动。

质性研究由于多是研究者通过访谈、观察、记录田野所发生事件来开展研究，故主观性较强，不容易形成普遍性的解释或通则，很难进行系统性比较。质性研究不像量化研究那样，有一整套标准的、规范化的研究程序，它具有自身显著的特质与程序，富有弹性的、反思的、参与的、过程动态的特质。质性研究法长期被认为不符合科学要求，最多只能作为辅助量化研究开展的前期铺垫。

但是，采用质性研究法对旅游消费者行为进行研究也存在不少优势。概括而言，质性研究有以下几个特点。

（1）研究者亲自体验（参与观察）并记录自然情境中旅游消费者的行为，与被研究者形成互动，即透过旅游消费者的视角看待消费行为。

（2）很重视消费事件或现象形成的过程及结果，对旅游消费行为进行通盘了解，将旅游消费行为放在其发生的场景中去看，将旅游消费情景描述纳入研究中。

（3）质性研究更加重视旅游消费者的生活经历和意义解释，力图揭示旅游消费现象背后的价值关系。

（4）质性研究采用开放或非结构方式收集多样化的描述性资料，如访谈抄本、实地记录、图片记录、声音与影像记录、相关文件等。

（5）质性研究通常不预设理论和假设，它的研究发现是来自田野工作（field work）的经验与资料，经分析归纳资料而形成概念，然后再形成主题。

在质性研究中，扎根理论（grounded theory）是目前被广泛采用的一种方法。扎根理论是一种运用系统化的程序，针对某一现象来发展并归纳式地引导出扎根于实际资料的理论的一种新颖的质性研究方法。它是从一定的原始资料和经验事实中不断地归纳分析，从而形成理论，并通过比较来修正和完善理论。扎根理论严格说来并

① 推荐阅读陈向明老师编著的《质性研究：反思与评论》（重庆大学出版社，2008 年）。

非“理论”，而是一种构建理论的方法。这种方法以概念作为分析单位，将访谈稿、文件中的字句、大意，或者是观察到的现象，从既有的脉络中提取出来，分解成一个个独立的观念、思维，再对这些观念、思维进行重新命名，使得它们能够被群组起来，进而得以对其进行重新分类。

质性研究中非常重要的、基础性的工作是对搜集到的原始材料进行各种形式的编码。编码的形式具体如下。

（1）开放式编码是对原始资料逐字逐句进行分解提炼，形成初始概念与范畴。其实质是一个将资料打散、赋予概念，之后根据初始概念的关系，通过新的方式重新分类组合形成范畴的过程。

（2）主轴编码是在开放式编码后通过发现范畴之间潜在的逻辑关系，将各个独立的范畴联结在一块，更好地发展主范畴。

（3）选择性编码是从主范畴中挖掘核心范畴，对核心范畴与主范畴之间的联系进行分析，进一步系统地处理范畴与范畴之间的关系，并以“故事线”（story line）方式对存在的行为现象和整个脉络条件进行描绘，主要是进行模型开发或发展新的实质理论构架。

为了确保研究的可靠性，还需要对模型进行理论饱和度检验。理论饱和度是指在进行新的数据采集时，某一范畴特征的数据无法进一步发展，理论趋于饱和。在开放式编码、主轴编码和选择性编码的编码分析过程中，围绕研究主题，反复进行“模型—数据—文献”迭代，直到不再涌现新的概念、范畴为止，由此认为研究模型在理论上达到饱和。

第四节　旅游消费者行为研究的理论来源和研究框架

一、旅游消费者行为研究的学科理论来源

旅游消费者行为是一个复杂的过程，对其研究需要借助多门学科，例如旅游学、心理学、社会学、文化人类学以及经济学等，上述学科是目前研究旅游消费者行为的主要理论来源。

1. 旅游学

旅游学是将旅游活动这一社会现象作为研究对象，研究其产生、发展以及其所涉及的各项要素之间的相互关系变化规律的学科。其主要研究内容包括旅游活动的本质、起源及发展规律；旅游产业结构调整与旅游企业经营管理；旅游发展所带来的影响；旅游的组织结构和旅游政策法规等。

旅游学以研究人类的旅游活动为主线，以探究旅游活动三要素（旅游主体、旅游

客体、旅游媒介)及其相互关系为核心,通过探讨旅游现象的历史演进,总结旅游发展的基本规律,阐述旅游活动和旅游业的构成要素以及它们之间的关系,分析旅游活动对社会、经济、环境的影响。其中的每一部分都与旅游消费者行为研究有着密切关系,特别是对旅游主体即旅游消费者的研究为旅游消费者行为研究提供了相关理论基础。

2. 心理学

心理学[①]是研究人类心理现象及其影响下的行为活动的科学,心理学包括基础心理学与应用心理学,其研究涉及知觉、认知、情绪、思维、人格、行为习惯、人际关系、社会关系、性格等众多领域,也与日常生活的许多领域——家庭、教育、健康、社会等发生关联。心理学主要在于描述心理事实、揭示心理规律以指导社会实践,心理学家从事基础研究的目的是描述、解释、预测和影响人的行为。旅游消费者作为个体人的存在,其消费行为必然受到其感知、情绪、人格特征等心理要素的影响。正因为如此,旅游消费者行为学的基础理论和学科架构主要脱胎于普通心理学和社会心理学等分支学科。

心理学主要研究各种心理现象,心理现象根据其持续的时间从短到长一般分为心理过程、心境和个性心理。心理过程是持续时间较短的心理现象,心理过程包括认知过程、情绪情感过程和意志过程三个过程。心境是中等时间长度的心理现象。而持续时间最长的心理现象是指个性心理,个性心理又包括个性倾向性和个性心理特征两个方面。

认知过程指人们认识客观事物的过程,也是最基本的心理过程,包括感觉、直觉、记忆、想象、思维和语言等认知形式,人的认知过程开始于感觉和知觉。认知的形式和阶段主要包括人对各类信息的输入、加工处理、内在转化,随后支配人的行为。

情绪情感过程是指人在认识客观事物的过程中所引起的人对客观事物的某种态度的体验或感受。“愉快”“满意”“热爱”“厌恶”“欣慰”“遗憾”等心理活动,在心理学中统称为情绪情感过程。旅游体验中有相当多的内容与人的情绪情感联系非常紧密。人们的旅游审美活动也是高级的情绪情感过程。

意志过程是指在认知的支持与情感的推动下,人有意识地克服内心障碍与外部困难而坚持实现目标的过程。背包客在旅游过程中,不断与当地人进行交流,让自己的头脑更加充盈而得到成长就是人的意志起作用的过程。

认知过程、情绪情感过程和意志过程都有其自身的发生和发展过程,但是它们不是彼此独立的过程,情绪情感和意志过程中含有认知的成分,情绪情感与意志又对认知过程发生影响,它们是统一的心理活动中的不同方面。

---

① 推荐阅读心理学入门书籍:理查德·格里格与菲利普·津巴多的《心理学与生活》(人民邮电出版社,2006 年)、彭聃龄的《普通心理学》(北京师范大学出版社,2012 年)。

个性倾向性(心理动力)是推动人进行活动的内部动力系统,决定了个体对事物的态度和行为倾向,对个体的心理活动起着支配和控制作用。旅游消费者的需要和动机推动着他们的出游行为。

个性心理特征是个体在社会生活实践中形成的、经常表现出来的本质的、相对稳定的各种心理现象的总和。它主要包括能力、气质和性格等方面。在同一个旅游场合,不同气质类型的旅游消费者的行为表现不同。

心理过程和个性心理紧密相连,个性通过心理过程形成和发展,并在这个过程中表现出来,个性一旦形成便对心理过程起协调和支配作用。

心理现象的结构与分类见图 1-2。

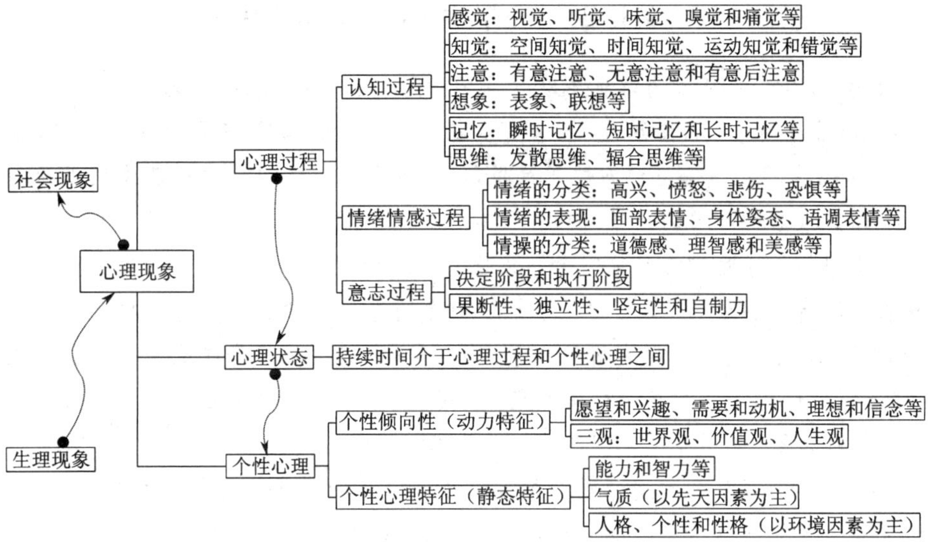

图 1-2 心理现象的结构与分类

3. 社会学

社会学是系统地研究社会行为与人类群体的学科。社会学的研究范围既包括了微观层级的社会行动或人际互动,也包括了宏观层级的社会系统或结构。社会学在研究题材上有相当的广泛性,其传统研究对象包括社会群体、社会分层、社会宗教、社会法律、越轨行为等。研究家庭、朋友、亚文化等各种社会群体对旅游消费者行为的影响也是社会学的研究内容之一。形成的各种社会学理论对于从更宏观的层次理解旅游消费者行为具有很强的启发意义和作用。同时,旅游活动离不开游客和目的地居民的互动,也离不开游客和包括酒店员工在内的各类旅游从业人员之间的各种人际互动,从社会学的视角研究旅游消费者的符号性购买行为、陌生环境的道德弱化等,对于深刻认识旅游消费者行为具有启示作用。

4. 文化人类学

人类学是从生物和文化的角度对人类进行全面研究的学科群。文化人类学是人类学的重要分支学科，格外强调文化相对性，着眼于运用其研究发现来建构文化批判。二战以来，国际旅游业得到了极大的发展，旅游消费活动日益涉及全球各个国家和种族的跨文化交流与合作，因此文化人类学也逐步成为旅游消费者行为研究的学科理论的重要来源之一。例如文化人类学中有关宗教等方面的研究，对于旅游目的地的开发与规划如何在本地居民的需要和旅游消费者的需要之间取得平衡和协调具有重要的价值。文化人类学中关于民俗的研究对于帮助旅游消费者适应各种不同文化背景下的旅游目的地文化具有重要的参考价值。

“阿者科计划”：一个中国旅游减贫的样板

云南省元阳县19万亩绵延不断的梯田，从山脚一直到海拔2 000多米的高山之巅。1 300多年来，哈尼族创造了“山有多高，水有多高，田有多高”的奇迹。2013年6月，气势磅礴的元阳哈尼梯田被列入联合国教科文组织《世界遗产名录》，成为我国第一个以民族名称命名的世界遗产。

阿者科村位于元阳哈尼梯田世界文化景观遗产核心保护区内。来到这里的游客更喜欢把阿者科村称为“蘑菇村”。村里50余栋茅草屋顶的蘑菇房是阿者科村的哈尼族的传统民居，因其保存完好的四素同构、空间肌理、蘑菇房建筑和哈尼族传统文化，被专家们认为是元阳县保存最为完好的哈尼族建筑群，成为红河哈尼梯田申遗的5个重点村寨之一。电影《无问西东》中，陈鹏（黄晓明饰演）带着王敏佳（章子怡饰演）回到的“家乡”就是阿者科村。按照字面示意，“阿者科”在哈尼语中是一个“吉祥幸福的地方”，但这般美丽的古村落，却是元阳县典型的贫困村。

阿者科村的绿水青山、梯田、蘑菇房是宝贵的旅游资源，但传统的生计方式难以让当地居民们走上致富道路，长期的低收入让村里的青壮年大多选择外出务工，相比对增加收入的渴望，他们不关心自己生活多年的村庄是否成为世界遗产，在现代化进程中被迫选择与过去告别。一个现实的问题摆在眼前，多年来的贫穷如果留不住村庄原住民，阿者科村的传统也会渐渐消失，这不仅仅是脱贫攻坚的问题，更是留不住乡愁与遗产保护的问题。

同时，尽管旅游业自发兴起，但很多村民并没有实质性地参与旅游产业的发展，也没有从中获益。这导致村里有一些居民向游客索要拍照费用和问路费，让游客反感，另一方面，游客对村民生活的干扰和留下的垃圾，也让村民产生了抵触情绪。同时，村民对于住蘑菇房被参观和被拍照也持有不同的看法，例如某村民说：“蘑菇房不是我们想住，是你们城里人想看，为什么你们城里人不住蘑菇房让我们住？我们已经盖了用水泥做的平房，（你们）要让我们恢复成蘑菇房，为什么？”“很多来到这里的专家认为蘑菇屋是特别好的、有特色的房屋，请问，专家们愿意住吗？”同时，因为种植梯田收益较低，很多村民不想种植，宝贵的梯田有很大的可能被弃耕。例如某村民说：“一亩田一年收益 2 000 多元钱，所有的成本也是 2 000 多元钱，耕一亩田，辛苦一年，却一分钱都不赚，如果送你 40 斤谷子不收钱，让你从山下梯田背上来，你背吗？”

文化和遗产的保护与发展的矛盾，当地人的留乡就业，村民原住民的流失和空心化，蘑菇屋观赏和居住体验的冲突，发展过程中的村民利益分配，旅游经济对村寨原生态的影响，让安静多年的村庄如何面对外面世界的游客？同时，由于许多村民不会说普通话，文化水平较低，缺乏相关经验，若没有专业人员的援助，仅靠村民自身的能力，也很难使旅游产业良性发展。面对上述困境，从 2018 年起，在元阳县委、县政府和中山大学共同推动下，一项名为“阿者科计划”的精准扶贫项目在此施行。

中山大学保继刚教授团队和元阳县委县政府，分别派出在读硕、博士研究生和元阳县指派的青年干部到阿者科驻村，领导村民成立阿者科旅游公司，村民以村庄、梯田等文化景观入股占 70%，县政府出资金占 30%，由中山大学保继刚教授团队做智力扶持。

村集体旅游公司成立后为了保护千年古村落，留住心灵深处的乡愁，明确规定了保护利用阿者科村的规则，具体如下。

（1）不引进社会资本。公司不接受任何外来社会资本投入，孵育本地村民自主创业、就业。

（2）不租不售不破坏。村集体公司成立后不再允许村民出租、出售或者破坏传统民居，违者视为自动放弃公司分红权。

（3）公司获取收入后对村民进行分红。乡村旅游发展所得收入三成归村集体旅游公司，用于公司日常运营，七成归村民，归村民的分红再分 4 部分执行，即传统民居保护分红 40%、梯田保护分红 30%、居住分红 20%、户籍分红 10%。

（4）不放任本村农户无序经营。公司对村内旅游经营业态实行总体规划与管理，严控商业化，力保村落原真性。

（5）不破坏传统。公司组织村民修复村内传统文脉，传承民间技艺，保护传统生产生活设施。

阿者科计划项目执行团队梳理了可以挖掘的旅游资源，推出生态徒步、织染布艺体验、野菜采摘、哈尼家宴、磨豆腐、梯田捉鱼等 3 大主题 17 种不同的体验活动，每人的收费从 30 元/次到 80 元/次不等，在游客面前呈现出哈尼山居生活的图景。旅游公司为 9 户建档立卡贫困户提供管理、织布技师、售票、检票、清洁、向导等 10 个就业岗位，其余农户则深度参与到游客的体验接待工作中。

在过去一些乡村民宿开发的实践中，出现了部分村民收入增加后想住进现代化的新房子而将自己的传统民宅改建成钢筋水泥住宅，或是将自己的传统民宅出租给外来的老板开办民宿的现象。这些现象或者使村庄原真风貌被破坏，或者使村庄陷入过度商业化的不伦不类的境地，最终导致村民不喜欢居住，游客也不愿意前来旅游的双输局面。阿者科计划强调把整个阿者科村的人文状态作为旅游产品，让游客看到原生态生产生活场景。村民只要做好自己本来该做的事情，就能得到收入。比如村里的老奶奶轮流教游客纺线或织布，半个小时就可以得到30元钱。这广泛调动了村民发展旅游业的积极性。

阿者科计划与其他扶贫项目最大的区别在于，除了能够给村民带来可观的经济收益之外，还极大地推动了村民意识的转变，村民逐渐认识到他们以前所嫌弃的老房子原来是受全世界游客喜爱的“金窝”，发自内心地愿意保护好梯田和蘑菇房，对旅游的概念逐渐明确，接待游客的态度也有所转变。村里的年轻人和小孩，逐渐意识到学习的重要性。例如村里的高美华阿嫂，在发展乡村旅游过程中感觉自身知识存在不足，便主动开始学习英语，为了接待游客，把家里院落收拾得干干净净，提高服务水平，让游客得到更好的体验。高美华之前外出打过工，她一直希望有家的地方有工作，有工作的地方有家，现在这个愿望实现了，她既可以照顾老人和孩子，又可以有不错的收入。

从2018年底至2019年底，阿者科旅游公司的年收入约为60万元，分红3次，户均分得5 000~6 000元。另外一部分收入以工资形式发至参与旅游发展的村民手中。除了给长街宴购买部分食材有部分支出外，公司基本将所有收入都返给了村民。阿者科计划实现了遗产保护与旅游可持续发展之间的平衡，让“绿水青山就是金山银山”成为现实。

5. 经济学

经济学是研究人类社会在各个发展阶段上的各种经济活动和各种相应的经济关系及其运行、发展的规律的学科。经济学的核心思想是物质稀缺性和有效利用资源。经济学可分为两大主要分支，微观经济学和宏观经济学。旅游消费活动是微观经济活动的重要组成部分。旅游业是促进消费、发展经济的重要动力之一。从经济学角度分析旅游消费者行为逐渐成为经济学研究的重要构成部分。

经济学研究人和社会如何做出最终抉择，力图使用最低投入获得最高产出。而旅游者在购买旅游产品时也想用最低的价格购买到最满意的旅游产品，实现效用的最大化。经济学对旅游消费者行为的研究，是为了把握旅游消费者的需求规模及消费行为趋向，研究旅游消费者行为的目的是制定一系列政策并积极进行消费引导，使旅游消费增长有序化、消费结构合理化，保证旅游业稳定、健康发展。经济学原理在帮助旅游销售人员制定价格、评价旅游目的地影响的各种因素以及旅游发展的策略制定方面，都具有极高的价值。例如，旅游地产宣传中对稀缺性的强调实际上是经济学原理的运用。

二、旅游消费者行为研究模型与框架

现实世界由各种主要变量和次要变量构成，非常复杂。如果不把次要的因素进行适当排除，对其进行严格的分析，会过于复杂，几乎无法进行。因此在实际的研究中我们需要排除一些次要因素，用简单易懂的图形、符号、结构化的语言等形式表达我们思考和解决问题的方式，思维模型便应运而生。

旅游消费者行为和其他社会现象一样非常复杂，因此需要采取各种思维模型对旅游消费者行为进行简化分析。研究旅游消费者行为的思维模型本身可以用带有图表或文字的方程来表示。已经有很多的研究者采用了各种思维模型对旅游消费者的行为进行了深入研究。在旅游消费者行为研究领域，比较有影响力的模型和框架主要有以下几种。

1. 瓦哈比的旅游者购买决策过程模型

瓦哈比（S. Wahab）等学者在1976年针对度假旅游消费者提出了一个简单的购买决策过程模型。度假旅游消费者预先通过计划积攒资金，愿意把收入中相当可观的一部分花费在没有有形回报的活动上。旅游消费者比一般消费者更为敏感，更容易产生不满情绪。在旅游度假过程中，任何使其无法梦想成真的人和事都可能使他们感到很难过。

瓦哈比等研究发现，无论是瞬间做出的冲动性购买决策，还是经过深思熟虑后做出的购买决策，度假旅游者都是按如下步骤做出购买决策的。旅游企业要赢得他们，要促使旅游消费者做出重复购买决策，就必须“陪伴”旅游消费者走过购买决策过程中的每一步，并根据他们的购买决策过程调整营销策略（图1-3）。

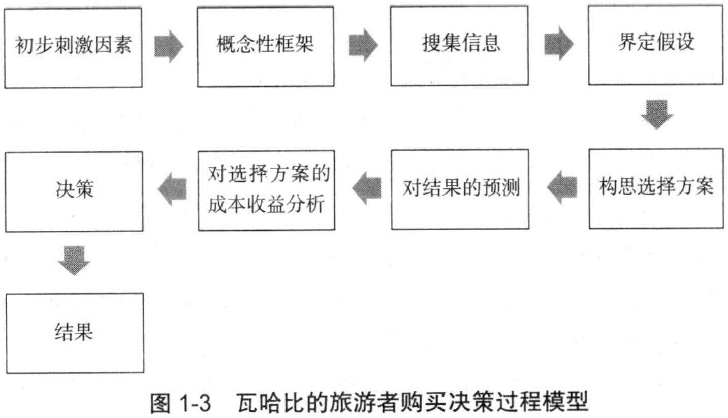

图1-3　瓦哈比的旅游者购买决策过程模型

2. 梅奥和贾维斯的旅游决策影响因素模型

当旅游消费者做出外出旅游的决策之后,会马上面临去哪里以及和谁去、住什么地方以及吃什么样的食物等一系列新的决策问题。上述系列决策中,有些决策属于简单决策,因而比较容易做出,而有些决策则属于复杂的决策,需要旅游消费者充分考虑各种因素,花费大量的时间和精力来寻求信息和全方位评估备选方案。根据梅奥和贾维斯的观点,影响旅游消费者行为的因素可以分为内在的心理因素和外在的社会因素两大类,其中心理因素是直接影响,社会因素是间接影响,但具有弥漫性(图 1-4)。

图 1-4 梅奥和贾维斯的旅游决策影响因素模型

影响旅游消费者行为的内在心理因素主要包括旅游消费者的动机与价值、感觉与知觉、学习与记忆、个性特征、态度等。动机是旅游消费者出游的内在驱动力。为了判断旅游产品能否满足自己的需要,旅游消费者会有选择地搜集与旅游产品相关的信息,感知这些旅游产品。旅游消费者还会通过不断学习,根据经验调整和修正自己的消费行为。此外,旅游消费者的个性特征和态度等也会对其旅游消费行为产生直接的影响。

影响旅游消费者行为的外在社会因素主要包括参考群体、角色和家庭、社会阶层、文化和亚文化群体等。人是群居动物,因此他人的意见和行为会通过参考群体的方式对旅游消费者的行为产生弥漫性的影响。旅游消费者同时作为家庭和社会群体的一员,他们的很多消费决策受到家庭其他成员以及自己的社会角色身份的影响,例如,家庭中的不同年龄段的儿童会对旅游项目的选择产生不同的影响,不同社会阶层的旅游消费者也会存在着不同的消费特点和偏好,其做出旅游决策的方式也存在着显著差异。在当下全球化的时代,旅游消费者行为逐步趋同,但同时也有更多的旅游消费者日益意识到自己所属的文化和亚文化群体的存在,这导致不同文化和亚文化群体在旅游偏好、旅游选择上也出现了显著的差异。

3. 心理账户理论与旅游消费者行为

心理账户（mental accounting）是行为经济学中的一个重要概念，是指人们会根据财富的来源不同进行编码和归类的心理过程。由于消费者心理账户的存在，个体在做决策时往往会违背一些简单的经济运算法则，从而做出许多非理性的消费行为。

旅途中发现的"心理账户"

最早提出心理账户现象的经济学家理查德·塞勒（Richard Thaler）曾以个人的两次出游经历说明了心理账户对他的旅游体验产生的影响。有一次他去瑞士讲课，对方付给他的报酬还不错，他很高兴，讲课之余他就在瑞士进行了一次旅行，尽管瑞士是全世界物价最高的国家，但他觉得在整个旅行过程中都非常愉快。不久后他又到英国讲课，同样也得到了不错的报酬，因为上次的瑞士之行给他留下了美好记忆，所以他就又去瑞士旅行了一次，但这一次无论到哪里他都觉得贵，感觉特别不舒服。为什么同是去瑞士旅行，花同样的钱，前后两次的感受完全不一样呢？原因就在于第一次他把在瑞士挣的钱跟花的钱放在了同一个心理账户上；第二次不是，他把在别的地方赚的钱花在了在瑞士旅行的心理账户上。心理账户现象的存在导致他两次出游的体验截然不同。

例如，旅行社推出的包价旅游和旅游者的自助游两种形式，哪怕总费用相同，也会因为存在心理账户现象而产生差异明显的感受。包价游一次性支付了所有的费用，游客怎么高兴就怎么玩乐，而自助游要不断支付门票费用、交通费用，游客会因为总在掏钱而情绪变化比较大。

卡尼曼教授等指出心理账户对人的消费决策存在影响。人们在进行消费决策时把过去的投入和现在的付出加在一起作为总成本，来衡量决策的结果。这种对金钱分门别类地分账管理和预算的心理过程就是"心理账户"的估价过程。小到个体、家庭，大到企业集团，都有或明确或潜在的心理账户系统。在做经济决策时，这种心理账户系统常常遵循一种与经济学的运算规律相矛盾的潜在心理运算规则，其心理记账方式与经济学和数学的运算方式都不相同，因此经常以非预期的方式影响着决策，使个体的决策违背最简单的理性经济法则。心理账户具有"非替代性"特征。心理账户的存在有以下三种表现。

（1）将各期的收入或者各种不同来源的收入分在不同的账户中，不能相互填补。例如在大多数人的心里，会把辛苦赚来的钱和意外获得的钱放入不同的账户内。例如多数人不会从自己辛苦赚取的 10 万元中一次性拿出 5 万元出去旅游或者吃大餐，但如果人们因为购买彩票得到了 10 万元，那么他很可能一次性拿出 5 万元出去旅游或吃大餐。一个人会对辛苦赚来的项目报酬做严谨的储蓄和投资计划，但是对意外获得的钱却有不同的态度。

（2）对不同来源的收入做不同的消费规划。正常人如果月末额外得了500元的奖金，可能拿出400元去买心仪已久的领带，把剩下的100元当零用钱使用。但是如果获得的是5 000元的工资，反而没有动力去买400元的领带，他更可能会将这5 000元存入银行。

（3）用不同的态度来对待不同数目的收入和支出。由于心理账户的存在，在消费者的认知里，一个10元很可能不等于两个5元。例如国内一些游客在欧洲旅游的时候，愿意花大笔的钱购买昂贵的奢侈品，但只愿意花很少的钱在吃饭上，甚至一部分游客选择在酒店吃方便面，这是因为这些旅游者将出游的钱划分到不同的心理账户里了。对他们而言，购买奢侈品的钱存在于增加自我形象的账户中，而吃饭的钱则存在于日常生活消费的账户中，增加自我形象的账户和日常消费的账户是两个不同的账户，支出钱的额度不一样。

不同账户的财富对消费者的决策行为影响不同。消费者会根据不同财富的来源和形式，将它们划分为三个心理账户：现期可花费的现金收入账户、现期资产账户和未来收入账户。现金收入账户对消费者的消费诱惑力最大，因此将这个账户的收入不消费而储蓄起来的心理成本也最大；现期资产账户的消费诱惑力和储蓄的心理成本居中；未来收入账户的消费诱惑力和储蓄的心理成本最小。

由于不同的心理账户对消费者的消费诱惑力不同，因而消费者倾向于较多地通过现金收入账户消费，而较少通过现期资产账户消费，几乎不通过未来收入账户消费。不仅不同的心理账户对消费者的消费诱惑力不同，即使是同一个心理账户，其中的财富余额不同，对消费者的消费诱惑力也不同，财富余额越多，消费诱惑力就越大。

旅游消费是在异地进行的消费活动，具有异地性和时间约束性等特点，其消费对象——旅游产品大多具有不可存储性、生产与消费的同时性等特点。这些特点共同决定了在同一个时段内，在彼此可以相互替代的同类旅游产品中，旅游者只能购买和享用其中的一种。所以，旅游类心理账户的特殊性就在于它既有预算和时间的既定性，也有购买和享受旅游产品的单一性。

4. 旅游消费者行为的有限理性理论

有限理性（bounded rationality）的概念由经济学家阿罗提出。有限理性是指人们介于完全理性和非完全理性之间的在一定限制下的理性。有限理性是人在为了抓住问题的本质而简化决策变量的条件下表现出来的理性行为。他认为有限理性就是人的理性行为是有意识的理性，这种理性是有限的。

旅游消费者外出旅游，面临的是一个复杂的、陌生的和不确定的世界，而旅游消费者对环境的认识能力有限，获得的信息不完全，因而不可能无所不知，因此旅游消费者在旅游决策和消费中的行为往往处于有限理性的状态。此外，旅游消费者由于受到情境的影响，更倾向于使用“第一系统”进行加工，理性在这种消费情境中未能发挥作用。

旅游消费者行为的决策之所以被认为是有限理性在于人的感知能力有限，注意力有限，信息加工能力有限和记忆系统有限四个原因。

1）感知能力有限

感觉阈限使消费者只能感知到一定范围内的刺激，例如人只能感知到一定频率范围的声音，低于或者高于某个频率范围的声音人则无法感知并意识到。生理心理学的研究显示，人的各种感觉都存在一定的阈限和选择性，包括人的知觉都是一种选择性的、无意识的主动加工重构过程，知觉往往是现实刺激和人脑中已有的图式（经验）相互作用的结果。正因为如此，旅游消费者的决策往往是有限理性决策的结果。

2）注意力有限

注意是指心理活动或意识对一定对象的指向和集中，可以分为无意注意、有意注意和有意后注意等。在当前信息爆炸的时代，注意力是一种关键性的稀缺资源。注意的广度和深度都具有一定的局限性，因此旅游消费者无法做出完全理性的决策而只能做出有限理性的决策。

3）信息加工能力有限

消费者通过获取信息，并对信息进行各种加工之后做出决策。消费者相关知识的不完善、对未来预见的困难性以及备选范围的有限性都在很大程度上对其信息加工能力的提升造成了困难，在此背景下，绝大多数的消费者倾向于用“个人满意”来替代“最优”，从而导致其决策行为属于有限理性决策。

4）记忆系统有限

认知心理学认为人的记忆系统分为瞬时记忆、短时记忆和长时记忆三个系统。瞬时记忆系统中能暂时存储大量的信息，相关信息如果未能被注意而进入短时记忆系统的话，将很快消失，这导致了人的记忆时间有限。尽管人的长时记忆系统理论上被认为几乎是无限的，但是从长时记忆系统提取和再现信息又必须借助于短时记忆系统，因此也导致了消费者的记忆系统受制于短时记忆系统的容量。综上所述，旅游消费者的记忆系统有限也导致了其决策多数情况下是有限理性决策。

5. 旅游者二元情境理论

国内学者李志飞提出了旅游者二元情境理论来解释旅游消费者从常居地（惯常环境）来到旅游地（异地环境）行为的差异和变化。该理论认为旅游者的行为（含经济行为和社会行为）具有二元性，旅游者在异地情境下的行为不同于在长居地的行为。

旅游者在旅游目的地的行为具有更强的冲动性。就旅游消费者的购买行为而言，文化差异、时间压力、重购成本和购买压力四个因素导致其在旅游地的购买行为表现出强烈的冲动性。正是这种冲动性导致经常有一些旅游者回家之后发现自己在旅途中购买了一堆自己并不需要的旅游纪念品而产生后悔的情绪。如果从旅游消费者的社会行为分析，会发现旅游消费者在旅游目的地出现了服饰异化、语言宽化、性格转向、宽容倾向、互助倾向、兴趣转移和冒险倾向等七种行为变化。

根据该理论，文化环境的差异、旅游认同、心理因素驱动、角色适应、个人价值观导向和自我需求导向这些因素是引起旅游者社会行为变化的主要原因。

本章小结

旅游消费者的行为非常复杂，影响其的因素也非常多（图 1-5）。采用多学科的视角，建立多样化的模型有助于将现实生活中旅游消费者复杂的行为进行适度简化，以便于我们抓住旅游消费者行为的本质性的、关键性的因素，方便我们探讨消费系统中各种因素之间的关系。上述研究模型为我们探讨旅游消费者的行为过程奠定了基础，使我们能够从不同学科视角对其行为进行观察和研究。实际工作中，综合上述模型中的各种要素，方能准确把握旅游消费者的行为。我们需要意识到旅游消费者的行为实际上是处于一个连续的、动态的变化之中并且会受到社会、经济和文化等方面的全面影响。

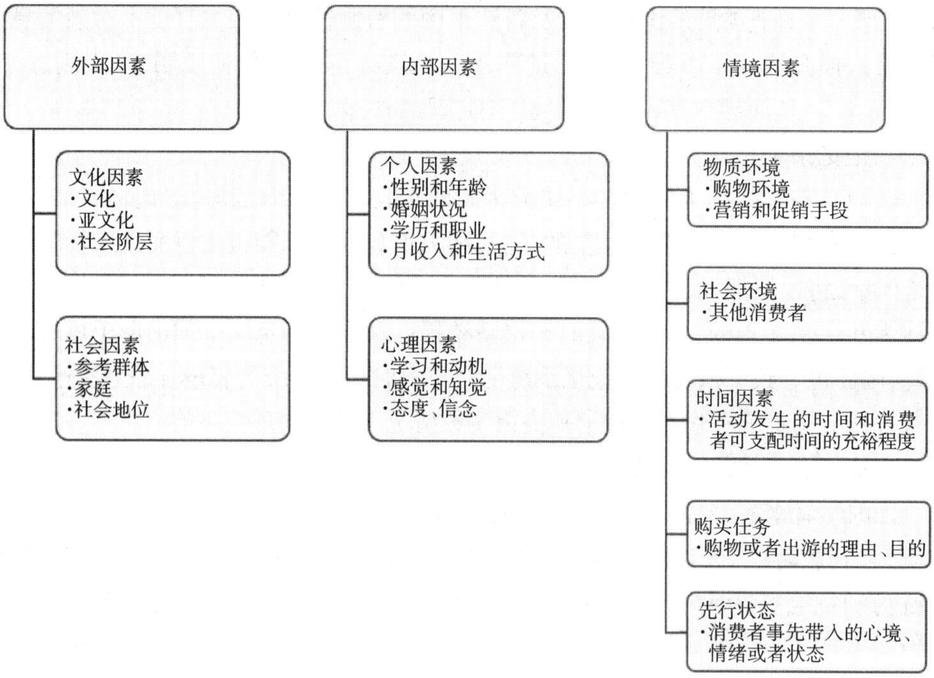

图 1-5　影响旅游消费行为的因素

（1）旅游消费者的感知、动机、兴趣和态度等心理行为要素会在旅游消费过程中不断发生变化，这种变化反过来也会导致其心理行为要素的重构，从而构成一个往复循环过程。例如，随着旅游消费者出游经验的丰富，他们的兴趣点和注意点以及旅游方式会发生变化，具体体现在早期的旅游者更愿意选择走马观花式的观光游，而后期的旅游者更倾向于选择在某个地方安静地度假休闲，而放松的度假休闲会导致其下一次的出行既可能是重回观光游也可能是继续选择新的休闲度假目的地。

（2）旅游消费者所处的变化非常快的社会、经济和文化环境导致其消费行为始终处于变化之中。以旅游购物行为为例，随着网络电商购物的发展，旅游消费者在目的地购物时经常会在网络上进行价格查询和比对，或者直接回家之后在网络上下单购物。对于同样用于怀旧的旅游产品，60—70 年代出生的消费者和“80 后”“90 后”所怀旧的内容会存在显著的差异。

需要指出的是，现有的模型框架多数是借鉴其他学科，特别是消费者行为学中的一些理论框架来认识旅游消费者的行为，会存在一定的局限性。在实际的市场营销和旅游项目开发过程中，需要不断地补充影响旅游消费者行为的因素以全面认识旅游消费者的行为。

关键术语

消费者行为（consumer behavior）
实验法（experimental method）
问卷法（questionnaire method）
观察法（observation method）
信度（reliability）
效度（validity）
质性研究方法（qualitative research method）
扎根理论（grounded theory）
心理账户（mental accounting）
有限理性（bounded rationality）

复习与课后阅读

[1] 王君怡，吴晋峰，王阿敏. 旅游目的地形象认知过程：基于扎根理论的探索性研究 [J]. 人文地理，2018，33（6）：152-160.

[2] 乐为，耿子文，郭本海，等. 酒店视觉舒适性影响因素研究：基于情绪视角 [J]. 旅游科学，2019，33（6）：33-45.

第二章 需要、动机与旅游消费者行为

学习目标

- 掌握诱因、需要和动机等概念之间的区别和联系
- 了解旅游消费者常见的出游动机
- 运用马斯洛需要层次理论分析和解释旅游消费者出游过程中的需要和动机
- 了解旅游消费者在进餐、住宿和购物时的需要及其特点
- 运用特定的方法调查旅游消费者的主要需要和动机
- 掌握激发旅游消费者出游动机的方法

本章思维导图

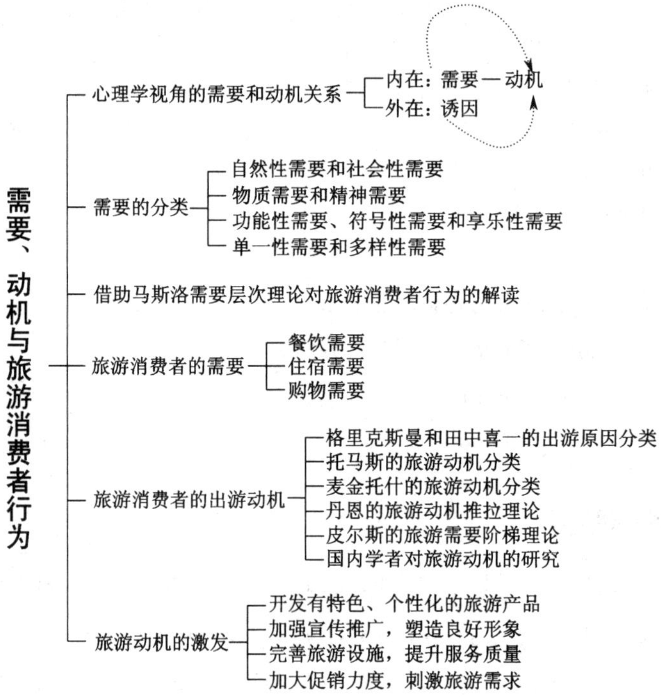

第一节　需要和动机概述

一、诱因、需要和动机

1. 诱因

诱因(incentive)是与个体需要有关、推动个体去行动的外在刺激物。通常把推动行为的内部原因称为需要,把激起行为的外部原因称为诱因。内在的需要与外在的诱因共同使人类产生各种动机。诱因在一定程度上能决定动机的强度和目标对象。

心理学家赫尔提出了诱因理论。他强调了外部刺激(诱因)对引起动机的重要作用,认为诱因能够唤起行为并指导行为。诱因理论强调了动机的外部原因,该理论强调外在环境对引发人类行为的作用。人们希望得到的有吸引力的刺激都可以称为诱因。诱因一方面可以唤醒有机体,使处于潜意识状态的内驱力转变成意识状态的内驱力,同时也能指导有机体的行为朝向或离开诱因。

诱因理论可以用于解释旅游消费者很多瞬时的决策和冲动性行为。例如:某人因为无意间看到了好友在朋友圈晒出的海南度假照片,而刚好自己也有闲暇时间和足够的金钱,这些诱因会使她马上开始预订机票和酒店,开始一段说走就走的旅行;还有很多旅游消费者因为各种环境的原因而在景区购物商店购买了许多自己并不需要的纪念品。诸多的案例都说明,诱因在旅游消费动机形成中具有重要作用。

2. 需要

需要(need)是指个体内部的一种缺乏或不平衡状态,具体表现为人对内部和外部生活条件的要求。这些要求既包括诸如空气、阳光、食物之类的自然条件,也包括交往、求知、成就等社会条件。当这些要求引起个体内部的平衡被打破并被人感受到的时候就成为人的需要。需要一般具有对象性、阶段性、社会制约性和独特性特征。

需要一般和旅游消费者的活动紧密联系在一起。人们外出旅游和休闲度假都是为了满足一定的需要。一种需要满足以后又会产生新的需要,因此旅游消费者的需要往往不会有被完全满足和终结的时候。需要的无限发展性决定了旅游消费行为的长久性和永恒性。

需要虽然是人类活动的动力,但并不总是处于唤醒状态。只有当旅游消费者的匮乏感达到了某种迫切程度以后,才会激发并触发旅游消费者的行动。例如很多潜在旅游者都有亲眼去看看世界的旅游需要,但因为受到经济条件或者闲暇时间不够等其他客观因素的制约,这种需要多数情况下只潜伏在消费者的心底,未被唤醒或者没有被意识到,此种情况之下,消费者的潜在需要或者非主导的需要对消费者出游行为的影响力就比较弱。

潜在旅游者的需要被唤醒以后可能驱动消费者为消除这种匮乏感和不平衡状态而采取行动，但是这种需要一般不会对具体的行为或者目标有定向作用。在需要和行为之间还存在着诱因、内驱力、动机等中间变量。例如：当对单调的工作生活产生厌倦感之后，人们会想到通过外出旅游或度假消除这种厌倦感，但是去什么地方以及和谁外出旅游度假则并不完全由需要所决定。换言之，旅游消费者的需要只是告诉他需要通过外出旅游来调整自己的生活状态，但是并不会对旅游消费者选择什么样的旅游目的地、住什么星级的酒店、吃什么样的食物具备解释力。

3. 动机

动机（motivation）是指引起和维持个体进行活动，并使活动朝向某一目标的内在动力。旅游动机对旅游消费行为具有激活、指向、维持和调整的功能。旅游消费者的任何行为都是由一定的动机所引起和支配的。各种消费动机是旅游消费者行为的直接原因，对其消费行为有非常重要的影响。

动机由内在的需要和外在的诱因共同引起。需要是其内在条件，诱因则是其外部要素。需要被唤醒之后会产生内驱力，驱动消费者去寻求需要的满足。例如人体内血糖浓度的降低以及胃的排空会使人产生饥饿感，产生进食的需要，从而唤醒内驱力，推动人产生寻找食物这一行为。由此可见，需要直接引起动机，从而导致人朝着特定的目标行动。反过来说，一个并不饥饿的旅游者体内血糖浓度并未降低，但是他依然有可能因为周围的游客都在品尝风味小吃而形成的外部诱因也产生进食行为。有研究表明，在食物种类多且数量大的情境下，消费者完全有可能吃下比自己平时食量更多的食物，这一行为就完全是在外部环境诱因的作用下产生的。

动机一般具有内隐性、多重性、复杂性以及可习得性。

（1）动机的内隐性。动机是连接外在刺激与行为反应的中介变量，由于动机是一种内部的心理过程，而不是心理活动的结果，所以我们无法直接观察旅游消费者的各种动机，但是可以通过对其言语表达、行为等外部表现间接推断出来。

（2）动机的多重性。旅游消费者对出游地或者酒店的选择往往受到多种动机支配，例如旅游消费者选择高星级酒店的行为既有可能是想彰显身份和地位，也可能是为了在陌生的环境中降低不确定风险，让自己有个更舒适的休息环境。因此旅游企业在设计产品和制定营销策略的时候，既要考虑旅游消费者的主导动机，也要适度兼顾其非主导动机。

（3）动机的复杂性。旅游消费者的任何一种行为背后有多种动机存在，类似的行为也不一定出自同样的动机。不同旅游消费者的动机可能存在强度上的差异。旅游消费者的行为由消费者意识到的动机和未意识到的动机共同作用。上述几种情况都说明了动机具有复杂性。

（4）动机的可习得性。动机的习得性意味着旅游消费者的动机并不是一成不变的，而是会随着他们的学习和社会化不断发生改变的。

4. 诱因、需要和动机的关系

诱因、需要和动机三者有着紧密的联系，内在的需要和外在的诱因共同激发了人的动机。因此，动机是推动个体活动的直接力量，需要和诱因是导致个体行为的间接力量。

二、需要的分类

1. 自然性需要和社会性需要

自然性需要又称为生理性需要，是指个体为了维持生命和延续后代而产生的需要，例如饮水、进食、睡眠、运动以及排泄和性生活等。自然性需要是随着人作为动物的原始属性而产生的。人的自然性需要在需求对象和满足需要的手段上带着一定程度的人类文明印记。旅游活动中让旅游消费者饿了能按时进餐、渴了能及时补充水分、困了能拥有舒适的睡眠环境等都属于满足其自然性需要。

社会性需要是指在人类社会生活中形成的，为维护社会的存在和发展而产生的需要，例如对人际关系的渴望、归属感和荣誉感。社会性需要得不到满足，虽然不会直接危及人的生存，但是会让人产生不舒服、不愉快的体验和情绪，从而影响旅游消费者的身心健康。例如旅游活动中导游员与游客通过交往进行和谐的客我互动，相互信任，甚至成为私下的好朋友，这些都能满足旅游消费者的社会性需要。

2. 物质需要和精神需要

物质需要是指旅游消费者在外出旅游过程中对与衣食住行相关的物品和服务的需要。精神需要是指旅游消费者在探索陌生世界、审美、人际交往等方面的需要。这类需要一般不是因生理上的匮乏感而产生的，而是因心理上的匮乏感而产生的。

满足旅游消费者出游过程中的基本物质需要是旅游服务的前提和基础目标。让旅游消费者在出游过程中获得精神需要的满足则是旅游服务的高级阶段和终极目标。

3. 功能性需要、符号性需要和享乐性需要

功能性需要是指旅游消费者在外出过程中解决特定旅游消费问题的需要，例如旅游者在外出时关注出游国家和地区的环境安全性、食物是否合自己的口味等。

符号性需要是指与旅游消费者如何看待自己的出游行为，别人如何看待自己的消费行为等方面有关的需要。例如某客人为了让自己看起来是成功人士而选择入住五星级豪华酒店体现的就是其符号性需要。

享乐性需要是与感官愉悦相关的需要，例如游客观看各种演艺节目，尽情品尝地方特色美食，体验各种高档民宿等主要体现的就是其享乐性需要。

4. 单一性需要和多样性需要

单一性需要是指旅游消费者在期望出现某一件事情的过程中，不希望遇到意料之外的事情，也即旅游消费者希望在出游的过程中保持某种平衡、和谐和一致，不喜欢出现冲突，并能保持对事件的控制。正是单一性的需要促使人们愿意付费通过旅行社等中介机构帮助自己安排可预见的行程，在旅途中选择吃自己以前熟悉的食物，选择自己曾经住过的酒店集团的品牌。

多样性需要是指旅游消费者对新奇、出乎意料、变化和不可预见性的一种向往和追求。旅游消费者之所以喜欢多样性是因为多样性能给他们带来乐趣和满足。正是出于对多样性的追求，一些旅游消费者更愿意去从未去过的地方旅游，去尝试各种从未吃过的美食，去体验不曾接触的游乐项目。

追求完全的单一性或者多样性的旅游消费者很少见，大多数旅游消费者更愿意在单一性和多样性中找到一种平衡。一个人如果日常生活中单一性更多，会更容易产生厌倦的情绪，那么他在选择出门旅行或者旅行过程中就会更愿意选择有变化的、多样性的旅游项目，用新奇和变化来调整自己的生活状态。反之，如果一个人日常生活中充满多样性，导致其情绪紧张和焦虑，在此背景下，他们更愿意选择一个安静的地方休闲度假，缓解焦虑情绪以冲淡生活中的多样性。

三、动机的强度和指向

动机是旅游消费者行为的内部推动力量，具有强度和指向两个维度。

1. 动机的强度

动机的强度反映其内部因素转化为外部行为的可能性。当旅游动机达到足以产生旅游消费行为的条件时，如果同时也具备其他条件，人就会产生旅游消费行为。旅游动机的强度有绝对强度和相对强度之分。越强烈的动机对旅游消费者行为的激发作用就越强烈。潜在的旅游动机强度不断提高直至被意识到反映的其实是旅游动机强度不断增强的过程。

2. 动机的指向

动机是旅游消费者需要的反映，无论是需要还是动机都具有目标性，特定的对象、内容才能满足其需要，激活其动机。旅游消费者的动机总是指向一定的方向和目标，这决定了旅游消费者目的地和旅游活动内容的选择。不同旅游消费者的出游动机可能存在差异而指向不同的旅游目的地和活动类型。反过来说，对于同样到某地旅游或者有同样消费行为指向的旅游者，其背后的旅游动机也可能千差万别。正因为如此，我们在设计旅游产品和开发与规划旅游项目的时候，要从多角度分析旅游消费者的动机指向，尽可能满足更多游客的各种需要和动机。

四、马斯洛需要层次理论

美国人本主义心理学家马斯洛认为，人的需要由生理的需要、安全的需要、归属与爱的需要、尊重的需要、自我实现的需要五个层次构成一个金字塔形（图 2-1）。

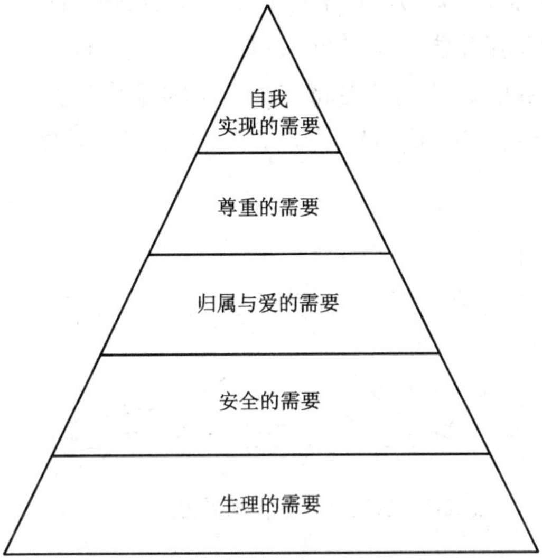

图 2-1　马斯洛需要层次理论

生理的需要是指为了维持个体生存和繁衍而产生的需要。安全的需要则是指对生理及心理方面免受伤害，获得保护、照顾和安全感的需要，例如游客对旅游设施设备的安全关注。归属与爱的需要是指个体希望给予或者接受他人的友谊、关怀和爱护，得到某种群体的承认、接纳和重视。尊重的需要是指希望获得荣誉，受到重视和尊重、尊敬。自我实现的需要是指希望充分发挥自己的潜能，让自己成为自己想成为的人，也是人类最高级的需要。

五个需要层次中，越低层次的需要对人的行为激发的力量越大。随着需要层次的上升，需要的力量相应减弱。一般来说，高级需要出现之前，必须先满足人的低级需要。因为在从动物到人的进化过程中，高级需要出现得相对晚些，例如婴儿一出生就有生理需要和安全需要，但归属与爱的需要、尊重的需要和自我实现的需要都是在长大成人后才出现；所有生物都需要食物和水分，但是只有人类才有自我实现的需要。

低级需要直接关系到个体的生存，当这种需要得不到满足时就会直接危及个体的生命；高级需要不是维持个体生存所必需的因素，但满足这种需要能使人更加健康、长寿和精力旺盛，因此有时候它也被称为成长性需要。高级需要比低级需要复杂，满足高级需要必须具备良好的外部条件，例如社会条件、经济条件、政治条件等。

马斯洛看到低级需要和高级需要的区别，提出要满足高级需要，必须先满足低级需要，但这并不是绝对的。

虽然五个层次的需要是由低级向高级发展，但各层次的需要并不是截然分开的，而是相互之间有密切联系的。例如旅游消费者在当地品尝风味特产的时候，首先体现了满足口腹之欲的生理需要，同时他们对食物的卫生安全也很关心又体现出其对安全的需要，在品尝风味食品的过程中与朋友共享、发朋友圈展示则是为了获取某种归属与爱的需要，希望在品尝食物的同时得到工作人员的尊重则是为了满足其尊重的需要，而还会有少数的旅游消费者将在某特定的餐厅享受美食或者与某位明星共进晚餐视为实现自己的梦想，这体现了自我实现的需要（图 2-2）。

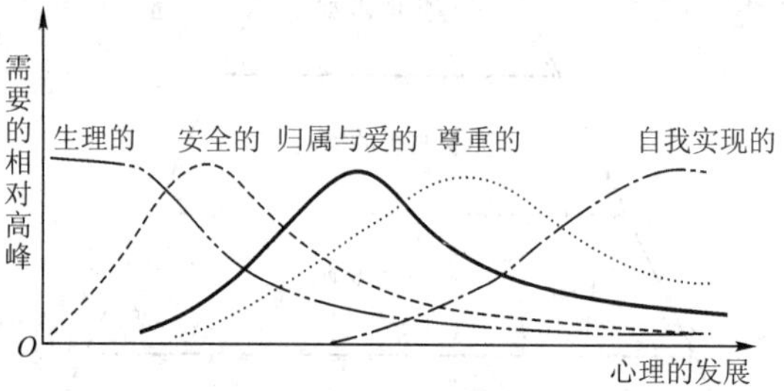

图 2-2　旅游消费者不同需要的相对高峰

在旅游产品的开发与设计中，需要赋予不同的旅游产品不同的意义和价值而满足旅游消费者的不同需要，同时也要注意在同一个旅游产品中进行挖掘使其能满足消费者不同层次的需要，实现旅游产品的全要素覆盖。以度假旅游产品为例，度假旅游往往是在一地进行较低流动性的休养、娱乐和康养等旅游活动，主要包括滨水度假、田园度假、山地度假、野营度假等形式。利珀（Leiper）认为，度假旅游者主观上希望获得三方面的身心满足，第一是休息（身心恢复），第二是放松（减少紧张感），第三是娱乐（非惯常环境的新生活方式）。随着旅游的发展，度假旅游的目的变得更为单纯，度假旅游者对环境和旅游项目的要求也不同于一般的休闲和观光旅游者，他们更需要在非惯常环境下体验到平和、宁静、舒心的意境，让身心真正得到调整。

第二节　旅游消费者的需要

一、餐饮需要

1. 对安全卫生的需要

对安全卫生的需要是旅游消费者的一种基础心理需求，也是对自身健康关心的反映，具体表现在以下四个方面。

（1）对就餐食物本身安全卫生的需要。旅游消费者出门在外，在相对陌生的环境中非常担心个人的身体健康，不希望在旅途中生病，因此对食品本身以及盛装食物的器具卫生条件非常关注，在选择就餐地点的时候，愿意为安全生态的食材支付更高的价格。例如一些高档酒店有专门的食材购进渠道或者自己管控的食材农场，确保食材天然无公害，这就吸引了大批关注食材安全的消费者。

（2）对就餐环境清洁卫生的需要。旅游消费者在外选择就餐点的时候，都希望自己处于干净卫生整洁的环境之中。良好的卫生环境令人产生安全、舒适和愉快的感觉。餐饮场所的卫生环境好坏会对旅游消费者的情绪情感产生直接的影响。旅游消费者希望进餐地点是卫生合格的餐饮企业。要让旅游消费者感觉到就餐环境的干净卫生需要做到以下两点：一是就餐环境，例如旅游消费者能看到或接触到的地方的清洁卫生，例如墙壁白净、桌面无油腻、菜单洁净、餐具干净卫生等；二是能提供相关环境卫生整洁的证明和材料，例如在显眼的地方悬挂卫生许可证和反映其卫生等级的标牌。

（3）对就餐环境中有良好齐全卫生设施的需要。旅游消费者希望酒店能提供专门的洗手和消毒的物品和设施，希望餐具有专门的消毒柜进行消毒处理，希望餐具没有油污或食物残渣。例如某酒店的服务标准是给客人提供餐具的时候，餐具必须刚刚从消毒柜中取出、干燥且带有一定的温度，旅游消费者在触摸到这样的餐具时，会产生一种该酒店的卫生消毒非常到位的感觉。在当前新冠肺炎疫情常态化防控的大环境下，旅游消费者对就餐场所的环境卫生更为关注，对分餐制或者使用公筷有更高的接受度。

（4）对餐品制作、销售和服务人员外表干净整洁，卫生习惯良好的需要。食品的制作、销售和服务人员的形象直接影响到旅游消费者对食品卫生的认知。相关规定要求，餐饮从业人员应工作服整洁，手及指甲缝干净，不留长发，不涂指甲油，不戴戒指，随时佩戴健康证。餐饮从业人员要具有良好的卫生习惯，工作期间不得有挖鼻孔、掏耳朵等行为，工作时间不得吸烟，因为这些行为会让旅游消费者对食物产生不卫生的联想，进而怀疑食品的卫生情况，否定该企业的食品质量和服务质量。例如某酒店通过公开视频的方式设置了开放式后厨，就餐的客人可以随时通过视频看到后厨工作人员制作餐品的过程，这一方式获得了消费者的一致好评。

2. 对尊重的需要

尊重作为旅游消费者的高层次需要，贯穿于整个旅游消费活动。旅游消费者在用餐的过程中，希望有支配感和控制感，尤其希望能体现出自己尊贵的身份和地位。这种尊重体现在，同样类型、同等档次的餐厅在价格、数量和接待水准方面都会存在某种比较。例如某些客人因为经济原因在某高档酒店点了一些便宜的菜肴以后，在等待上菜的过程中，如果他们发现其他桌的上菜速度更快时就会觉得自己被冒犯，从而变得更加挑剔。

3. 对适时服务的需要

有一种看法认为消费者在餐厅都希望服务工作快捷迅速,这种观点并不完全正确。因为旅游消费者会根据餐厅本身的特点以及自己的饥饿程度出现不同的期望,即旅游消费者在不同类型的餐厅消费时,对服务的速度要求存在差异,并非一味求快,而是希望适时恰当,该快则快,该慢则慢。例如旅游消费者在进入快餐厅的那一刻就有服务快捷的心理预期,而当消费者在与朋友叙旧进餐的时候,对上菜速度就没那么敏感。此外,酒店工作人员过于热情的服务有时候会让一些客人感觉到不舒服,觉得自己受到了冒犯。对这样的客人而言,注意观察并提供恰到好处的服务就显得尤为重要。

4. 对舒适享受的需要

当前社会物质非常丰富,旅游消费者外出就餐不仅仅是为了果腹,更多的是为了追求舒适享受。除了要求餐品本身美味可口之外,旅游消费者对就餐环境的温度、气味乃至声音的要求都较高,追求的是舒适的进餐环境和氛围。

5. 对特色餐饮的需要

旅游消费者对餐饮消费的特色性需要是其核心需求之一,他们希望享用的食品有个性、具有地方特色。旅游消费者外出旅游,非常重要的动机就是希望通过看不同的风景、吃不同的食物而体验到与日常生活的差异性。日常生活中,人们往往倾向于吃自己熟悉的食物,但是在出门以后,更愿意尝试一些之前没有吃过的东西,甚至有部分游客专门为了吃某地的特色食物而外出,进行美食之旅。网络上也不断有很多饮品或者特色餐饮不断爆红,吸引大量的游客前来消费品尝。

6. 对餐饮的求知需要

旅游消费者在旅途中就餐不仅仅是为了填饱肚子那么简单,他们也希望能了解和体验当地的饮食文化。他们在品尝菜肴的同时还想了解菜肴名称的寓意、来历和典故,用料和烹饪方法等,以满足自己的好奇心。

二、住宿需要

1. 安全的需要

住宿消费者在酒店对自己的财产安全和人身安全都非常重视。旅游消费者外出一般都会携带一些贵重物品或较多的行李物品,他们不希望在旅途中出现失窃、被骗和丢失事件,也不希望自己在酒店住宿期间出现触电、火灾、摔伤等意外事件。客房走廊和公共空间内健全的安保和视频监控装置、完好的客房安全喷淋装置和齐全的灭火设备都能使住宿的消费者产生酒店安全性较高的印象。

2. 清洁卫生的需要

清洁卫生是住宿消费者对客房的基本心理需要,旅游消费者来到酒店,最先注意到的就是房间的卫生情况，如床单和枕套是否是刚换新的，也会查看浴缸上是否有污渍，抽水马桶是否得到清洁。由于酒店不少的设施设备、生活用品是相当多的人使用过的，因此住宿消费者希望客房的全部设备和用品都经过充分消毒而达到清洁卫生的标准。除了后台严格执行相关标准保证设施设备的清洁卫生之外，为游客提供一些安全的一次性用品和一些诸如“已消毒可放心使用”的标签等可见的信息提示都能满足其对清洁卫生的需要。

3. 安静的需要

旅游消费者在游览过程中往往消耗了较多的体力，在客房的时间里无论是睡觉还是休息，都需要安静的环境，因此他们希望酒店的门窗、楼板和墙壁隔音效果良好。破坏安静环境的因素除了外部的车辆通行、人员嘈杂之外，还可能包括年久失修的空调漏水、电梯运行等。

4. 方便舒适的需要

刚来到酒店住下的客人，经过舟车劳顿，一般都十分疲倦，他们希望酒店能提供柔软舒适的床品，房间灯光柔和，温度适宜，没有其他诸如蚊虫或者噪声的干扰。有些旅游消费者希望一进房间就能洗个热水澡消除旅途疲劳；也有一些旅游消费者希望进入房间后对他所需要的东西不需要费神获取，例如网络能马上连接，文具用品能及时补充，非常用物品可借可租；还有一些旅游消费者希望酒店能提供洗衣、擦鞋甚至照看婴儿等服务。他们希望在家外之“家”的客房能像在自己家中一样方便舒适。

5. 尊重和隐私的需要

住宿消费的客人希望自己是受酒店欢迎的人，能随时见到服务人员热情的笑脸，也希望自己的隐私、人格、宗教信仰、生活习惯等都能得到工作人员的尊重，希望自己对房间的使用权得到尊重，还希望工作人员尊重前来拜访自己的亲戚朋友或者商业伙伴。如果是一些政要或者明星等公众人物下榻酒店，他们则特别不希望自己的信息泄露出去或者受到服务员的打扰。

三、购物需要

旅游购物是旅游活动六大环节之一，通常指旅游消费者在旅游过程中对有形产品的购买行为。由于旅游购物过程中旅游消费者经常接受附加于其上的有偿服务，因此旅游购物也应该包括对附加服务的购买。旅游消费者对有形产品的购买，既包含旅游日常用品的购买，例如旅途中所需要的毛巾、电池、衣物等，也包括旅游纪念品和工艺品的购买，例如纪念币、挂件等。

1. 纪念意义的需要

旅游购物和一般购物的差别主要体现在纪念性上，日常的购物中消费者更加看重物品的功能性和性价比，而旅游购物的纪念性往往更加重要。旅游活动是值得回味的活动，多数旅游消费者都希望能购买一些旅游纪念品留作纪念，有些旅游消费者还希望能在商品上刻下游览时间或铸造人名、地名等有纪念意义的文字，以留作曾到某地旅游的纪念或凭证。因此很多旅游消费者都有强烈的购物需求，甚至在一部分旅游消费者看来，外出旅游不购买一点旅游纪念品回家，就无法睹物思景，会是一个无法弥补的遗憾。而合适的纪念品将给游客留下永远值得回味的心情和享受，甚至有部分旅游消费者还需要借助旅游纪念品帮其回忆难忘的旅程。此外，还有部分旅游消费者在外出旅游的过程中需要给自己的亲朋好友或者同事邻居购买一些物品，回家后赠予他们，满足交往的需要。向他人馈赠旅游纪念品既能增进彼此的友谊，也可以提高自己的声望，甚至还能满足一部分旅游消费者的炫耀心理。

2. 求新奇的需要

对新奇事物的关注是消费者好奇心的体现。好奇心人皆有之，属于旅游购物中非常常见的一种需要。旅游消费者在外地看到一些平时在常住地没看到过的物品的时候，就会产生好奇感而购买。换言之，旅游消费者因为好奇心而出门旅游，看到新奇的物品并购买这些旅游纪念品也是满足他们好奇心的重要方式之一。日常的生活中很少有人因为新奇而购买物品，但是旅游消费者外出由于处于新奇的环境中，出于好奇心而购买旅游商品则是很常见的行为。

正因为如此，我们在设计和生产旅游商品的过程中要突出旅游商品的特色，与国外的旅游商品相比要突出民族性，与国内其他地方相比则要突出地方特色。目前，国内很多地方的旅游纪念品全是从同一个地方批发过来的毫无个性的工业成品，让很多旅游消费者完全没有购物的兴趣和欲望。

3. 质价相符的需要

追求旅游商品的物美价廉是旅游消费者对旅游商品的重要心理需求。有不少旅游消费者购买商品时完全是因为价格较低而产生购买行为。尽管追求物美价廉是旅游消费者的一种普遍心理，但旅游纪念品的品质还是要有基本的保证的，不宜因为价格低廉而降低旅游纪念品的质量。在当下旅游消费升级的大背景下，旅游纪念品的质量日益被成熟的旅游消费者所看重，只要质价相符，高价格的旅游纪念品依然能受到旅游消费者的青睐和追捧。

第三节　旅游消费者的出游动机

动机是推动个体实施行为的动力，这种驱动力源自需求未被满足时紧张状态的产生，个体有意识地或潜意识地通过行为缓解这种紧张状态，并且他们期望这些行为满足他们的需要，从而缓解紧张或减轻他们感受的压力。

旅游动机是在旅游需求的刺激下，促使人们产生旅游行为的内在原因或实质动力。艾泽欧-爱荷拉（Iso-Ahola）认为，旅游动机有两种驱动力：逃避动力和寻求动力。逃避动力是个体希望脱离日常环境的想法，寻求动力是个体希望通过在与平时生活反差巨大的环境中旅游以获得心理补偿。旅游消费者在这两种驱动力作用下产生旅游动机。

动机是使人产生旅游行为的首要因素。目的地种类的多样化和旅游消费者类型的多元化使得在不同旅游目的下，不同类型的旅游消费者旅游动机各不相同，不同的旅游动机之间产生了差异化需求和期望。

对于旅游目的地而言，如何理解旅游消费者的差异化需求与期望，针对不同类型的游客开展服务，在探究旅游动机的基础上，提升旅游消费者的满意度，最终获取旅游者的忠诚，是一个新命题、新趋势。

我们就是冲这个来的

小杨的团队到长沙之后，游客为先去什么地方游览产生分歧。小杨召开全团会议，希望能求得一个“平衡”。

刘太太先发言，她说：“我们报名时就看中了举世闻名的马王堆，我们就是冲着它来的，我们的意见是应该先去马王堆出土文物展览馆。”她的话立刻得到一部分游客的响应。

小杨心想：“中心人物”应该是团长欧阳先生，是不是现在刘太太取代欧阳先生了？要不，为什么她第一个发言，又得到其他客人的响应呢？可是——也不像，响应她的客人只占全团人数的三分之一呀。

李先生第二个发言，他说：“我们是从事教育工作的，我们到长沙就是为了看岳麓书院。它在中国的教育史上的地位是人所共知的。听我朋友说过，这个书院很大，所以我们明天应该先去岳麓书院，要不然时间肯定不够。”

李先生的话得到近一半游客的响应。小杨想：新的“中心人物”是李先生？也不像，如果是他，刘太太恐怕不会第一个跳出来说话。

欧阳先生站了起来，他说：“我们为什么这一次带着小孩来长沙？就是为了让他们看看毛主席当年在长沙从事革命活动的地方，让他们受教育，让他们知道今天的幸福生活来之不易。革命圣地当然应该优先安排……”

欧阳先生话音未落，就有人响应：“对，革命圣地当然应该优先安排！”“橘子洲头就应该先去！毛主席的词《沁园春·长沙》写的不就是这个地方吗？‘独立寒秋，湘江北去，橘子洲头’……你们说是不是？”

小杨闻到一点“火药味”了。他当机立断，对大家说：“大家的要求我都明白了，现在请大家回房间休息。我和地陪讨论一下，在少走弯路、节省时间的前提下，尽量满足大家的要求。”

分析:(1)旅游团内的动机冲突对旅游活动有何影响?(2)导游员应如何正确协调本案例中所出现的动机冲突?

一、格里克斯曼和田中喜一的出游原因分类

德国的格里克斯曼是最早尝试对旅游动机进行分类的学者，1935年他在《一般旅游论》中将旅游行为的动机分为心理的、精神的、身体的和经济的四大类。尔后日本旅游研究的先驱田中喜一于1950年对格里克斯曼的划分进行了细分和完善,他将心理的动机细分为思乡心、交游心和信仰心;把精神的动机区分为知识的需要、见闻的需要和欢乐的需要;把身体的动机区分为治疗的需要、修养的需要和运动的需要;把经济的动机区分为购物的目的和商务的目的。

二、托马斯的旅游动机分类

托马斯将旅游者的出游动机划分为以下四类:教育和文化方面的动机、种族和传统方面的动机、休闲与娱乐方面的动机以及其他方面的动机。

教育和文化方面的动机主要包括人们希望亲眼去看看别的国家和地方的人们如何生活、工作和娱乐,希望能有机会观赏独具特色的风景名胜点,希望能参加各种特别的节庆活动等。

种族和传统方面的动机主要体现在瞻仰或者追寻自己的祖先故土或者历史遗迹,拜访外地的家族成员或者去亲朋好友曾经去过的地方旅行等。

休闲和娱乐方面的动机主要是指人们希望摆脱日常枯燥的生活或者单调的生活,为生活中添加一些有趣的色彩或者事件,例如去非洲参与狩猎活动体验土著人的生活。

其他方面的动机则主要包含体验极端的气候、出于健康疗养乃至运动、冒险或者经济等原因的外出旅游动机。

托马斯对旅游动机的分类揭示了旅游动机的多样性和复杂性。但是其旅游动机理论仅仅停留在罗列动机因素的层面而未能从更深层次理解旅游者的出游动机。

三、麦金托什的旅游动机分类

罗伯特·麦金托什在他所著的《旅游学》一书中将旅游者的出游动机划分为追求身体健康的动机、文化的动机、交往的动机以及地位和声望的动机四大类。

追求身体健康的动机是指旅游者出游是为了追求身体健康,消除紧张和疲劳。出于这类动机出游的客人倾向于冬季前往各种度假村泡温泉,夏季则前往凉爽的山区度假。

文化的动机是指旅游者出游是希望通过旅行了解旅游地的音乐、舞蹈、绘画和雕

塑等艺术文化以及历史和宗教等内容，追求开阔视野，增长见识。例如当前很火爆的研学旅行就属于典型的文化动机驱动的旅游行为。

交往的动机则是指旅游者希望通过旅游活动结识他人或者与其他人建立更加不一样的关系，具体包括蜜月旅行、探亲访友、结交新朋友等。

地位和声望的动机是指旅游者希望通过旅游活动赢得他人的承认、注意、尊重或者良好的声誉。例如某些富豪前往一般人无法到达的原始森林探险或者外太空旅行就是为了追求自我实现或者引起他人的瞩目而出现的旅游行为。

四、丹恩：旅游动机的推拉理论

20 世纪 70 年代，丹恩（Dann）等人提出了推拉理论（push-pull theory）。根据该理论，旅游者的出游动机可以分为推力和拉力两类。推拉理论被普遍用于旅游动机方面的研究。推拉两种因素都可以驱动旅游行为的发生（表 2-1）。

表 2-1　旅游动机研究中常见的推动因素和拉动因素

推动因素	拉动因素
1. 参观文化历史吸引物 2. 观赏美丽的风景，享受天气 3. 看见不同的新的东西 4. 增长知识 5. 体验不同的生活方式 6. 参观朋友没去过或想去的地方 7. 实现旅游的梦想 8. 游览人们赏识的地方 9. 游览会给家人和朋友留下深刻印象的地方 10. 遇见新的人 11. 回家后能分享旅游经历 12. 探亲访友 13. 和家人、朋友一起 14. 建立友谊，发展关系 15. 合群、归属感 16. 逃脱日常生活 17. 得到锻炼，参加运动 18. 身体、心理放松休息 19. 缓解工作压力 20. 处于平静的气氛中 21. 寻求刺激和兴奋、有趣 22. 大胆、冒险感 23. 挑战体能 24. 亲近、了解自然	1. 旅游商品、服务费用 2. 独特的生活方式 3. 有趣的夜生活 4. 各种美食 5. 交通便利 6. 友好的居民 7. 住宿、运动等设施、信息 8. 服务质量 9. 历史文化吸引物 10. 美丽的风景、阳光、天气 11. 安全 12. 国际大都市 13. 安静、卫生、舒适 14. 熟悉 15. 了解自然的好地方

资料来源：张宏梅、陆林：《近 10 年国外旅游动机研究综述》，《地域研究与开发》2005 年第 2 期。

推动的因素是指旅游者内心对旅游的愿望，如减压放松、逃离现实生活等。推动因素具体包含逃离平庸的生活环境、探索与自我提升、放松身心、建立声望、增进亲情、促进人际互动等。

拉动的因素是指人们外出是因为受到旅游目的地的吸引，即旅游目的地对旅游者的外在吸引力，如自然景观、人文环境、历史文化等。新奇事物和旅游动机的教育功能是拉动人们外出旅游的重要因素。

五、皮尔斯：旅游需要阶梯理论

在20世纪80年代末，皮尔斯（Pearce）等人基于马斯洛需求层次理论提出了旅游生涯阶梯（travel-career ladder）理论（图2-3）。他们将旅游者的出游动机划分为身心放松（relaxation）、刺激（stimulation）、人际关系（relationship）、自尊和自我发展（self-esteem and development）以及自我实现（fulfillment）。这一理论说明旅游动机实质上是一个动态的发展过程（ever changing process），而且其发展过程受到个人生活阶段的影响，当然旅游动机也不断向上发展。

他们认为旅游动机在需求的基础上产生，不同层次的需求会对应生成不同层次的旅游动机，随着旅行经验的增长，旅游动机会出现阶梯式的变化。低层次的需要得到相对满足后，人们才会追求更高一层次的需要。

其中，“身心放松”可以理解为身心修养，转化心情，调整心态。这类人在旅游过程中始终享受一种逃离现实、放松自己的快乐，并有一种如释重负的感觉。

关注“刺激”层次的人既想要自身安全，但又不想无聊无趣地完成旅行，他们想要刺激但又不希望在途中遇到自然或者人为的危险。他们希望获得快乐、刺激的体验。当然一味地追求刺激也会使他们陷入危险的境地。

“人际关系”这一动机反映出旅游者希望通过旅行建立和扩大自己的交际圈，结识更多志同道合的朋友，共同分享旅途的美好时光，共同参与各种活动。

“尊重和自我发展”这一动机的旅游者特别注重提高自己的技能，吸取更多的知识，他们更多关心的是别人怎么看待自己，他们希望自己非常有能力，能够受到他人尊重，并且有自己的创新思维。

“自我实现”类的旅游者喜欢追求心灵的平静，挖掘旅行更深层次的快乐感和神秘感，以求实现自己的愿望，例如背包旅游者就愿意到一个完全不了解的地方去寻找精神上和肉体上的全新体验，并积极融入异域的环境。该理论认为，旅游者随着年龄和旅行经历的增加，旅行动机也会逐步从下向上慢慢发展。上层的旅游动机会包含下层的旅游动机，有时候在一定的阶段内，某一种动机会占据主导地位。低层次的旅行动机被满足以后，才有可能向高层次的旅游动机发展。

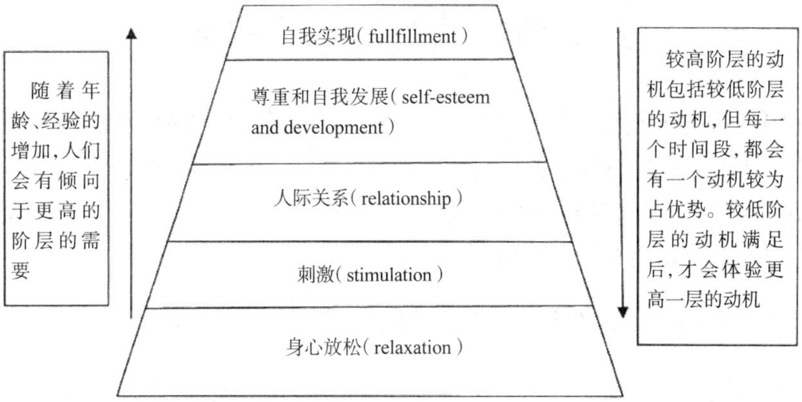

图 2-3 旅行生涯阶梯理论

六、国内学者对旅游动机的研究

黄宗成、余幸娟等将旅游动机分成两大类：个人和人际。个人包含心理、生理、知识技能等；人际包含结交朋友、团队，增进家庭感情，帮助他人，树立社会地位等。林威呈将旅游动机分成了五个方面：人际关系与能力培养、身心松弛与修养、积极求知与学习、独处与灵感寻求、亲情与友情培养。娄世娣将旅游动机划分为：更新生活、逃避现实、好奇探索、社会交往、健康娱乐。郭亚军认为旅游动机包括四个主要动机因素，包含社会因素、放松因素、技能因素、知识因素以及 14 个相关的小动机。

背包旅游者的出游动机分析

背包旅游在国内的发展始于 20 世纪 90 年代后期，作为一种新兴的自助旅游方式，因其克服了包价旅游的种种弊端，倡导更为自由的旅行体验而深受年轻人的喜爱。背包旅游市场已经成为不可忽视的旅游细分市场。因此，了解背包旅游者的出游动机和行为特征及其文化表征对旅游业的发展有着重要的意义。

研究发现，背包旅游者的旅游动机是寻求与了解自我，通过背包旅游的方式促进个人成长，同时了解和学习各种文化。他们以快乐主义和自我发展为动机，包括体验真正的自由，探险、尝试不同的定位和满足对异域风情的好奇心等。

同时，“与人接触”是背包旅游者的主要动机。他们追求旅游活动中的个性化、探险化和求知化。其旅游需求主要来自自我需求，他们注重提高自身的知识和能力，打破束缚，获得最大的满足，更加关注自身的发展，而这种自我发展也就是自我实现。而且背包客们热衷于挑战自我的身心，积极进行社会交往。

第四节　旅游动机的激发

旅游消费者的出游动机激发是指通过提高消费者的旅游积极性、刺激他们的兴趣，以促使潜在的旅游消费者积极地参与到旅游活动中去。旅游企业经营者需要在旅游产品的开发、旅游宣传的推广、完善旅游设施、提升旅游服务质量和加大旅游促销力度等方面采取切实有效的措施。

一、开发有特色、个性化的旅游产品

高品位、垄断性的旅游资源是优质旅游产品开发的前提条件，也是激发旅游消费者出游动机的基础。在旅游资源的开发过程中要以自然为本，尽可能地保持旅游资源的原始风貌，以满足旅游消费者求真求实的心理。在景区景点开发建设过程中，只有既维护自然之美，又利用现代技术，才能达到形、声、色和谐且有美感的目的。对旅游景点景区的任何过分修饰甚至全面毁旧翻新都不足取。自然景观应尽力保持原始天然的美，人文景观应保持原有的风韵，只有这样才能激发人们的旅游兴趣和动机。具有个性的旅游产品是激发旅游消费者出游动机的条件。独特的个性、鲜明的特色是旅游产品的吸引力所在。因此，在旅游产品的设计上要显示出与众不同的独特风格，以别具一格的形象去吸引旅游消费者，并不断强化、渲染以增加其魅力。例如四川九寨沟风景区正是以它独到的特色和鲜明的个性——原始古朴的山水美吸引了成千上万的中外旅游者，成为人人向往的“神话世界”。另一方面，越是民族的就越是世界的，因此应保持某些旅游产品的传统格调，突出民族性，注重地方特色。如在景区开发中建造具有本地区、本民族风格的木屋、竹楼、帐篷和草房等，不仅实现了与景区的统一和谐，又给游客以美感和新奇感。

针对不同的旅游消费者群体开发出各具特色的旅游产品也能很好地激发不同旅游消费群体的出游动机，例如目前旅游市场上围绕考验意志和耐力的极限游乐项目令年轻人趋之若鹜，针对老年市场的“我送爸妈游北京”等旅游线路由于主题设计鲜明、针对性强，旅游消费者积极参加，获得很好的市场反响。

二、加强宣传推广，塑造良好形象

通过加强旅游宣传可以塑造旅游企业和旅游目的地的良好形象，以扩大知名度和影响力。旅游企业和旅游目的地既可以通过广播、电视、报纸、杂志、展览会、推介会和新闻发布会等传统媒体进行宣传推广，也可以通过抖音、微信等网络新媒体对年轻消费者群体进行宣传推广，让不同的群体对旅游产品和旅游目的地都有认知，在所有的消费群体中树立良好形象，强化市场地位。

由于旅游是一种高层次的消费与审美活动，通过生动而有说服力的旅游宣传推广活动，往往可以塑造友好、热情、安宁、服务周到以及其他人格化的良好旅游服务形象，赢得更多潜在旅游消费者的厚爱。旅游市场风云多变，一旦出现有碍旅游地或旅游企业发展的因素时，就可通过一定的宣传推广手段，重塑自身的形象，以达到恢复、稳定甚至扩大其市场份额的作用。

三、完善旅游设施，提升服务质量

美观、实用和完善的旅游设施是激发旅游者出游动机的保证。旅游资源、旅游产品具有吸引力，仅仅是旅游动机产生的条件和基础，而使旅游消费者产生出游动机的保证是完善的旅游设施。旅游设施的数量、规模、档次和位置分布要充分满足旅游消费者的需要，保证旅游消费者进得来、住得下、玩得开、走得动、出得去。在设计上要造型独特，外观雅致，内部舒适，旅游设施要满足不同阶层、不同地区旅游消费者的需要。

高水平的服务是激发旅游消费者做出消费决策的前提。因此旅游企业必须根据国家的政策法令和国际惯例，建立健全各种规章制度和服务规范标准，提高从业人员的业务素质和职业道德水准，为广大的旅游消费者提供高质量的服务。如旅游线路安排要合理、新颖，餐饮服务人员要热情、周到，客房服务要在标准化的基础上体现个性化，导游人员要有问必答、耐心细致，驾驶人员的安全意识强、技术过硬。总之，所有的服务都必须从旅游消费者的需求出发，尽力让旅游消费者在旅游过程中体验到愉快、舒适和安全，尽力做到让旅游消费者“乘兴而来，满意而归”，同时借助旅游消费者的口碑效应，诱发其亲朋好友的出游动机，让更多的旅游消费者投入旅游活动中来。

四、加大促销力度，刺激旅游需求

旅游促销是指旅游企业通过各种传播媒介向目标旅游者传递有关旅游企业和旅游产品的信息，帮助旅游消费者认识旅游产品所能带来的利益，引起旅游消费者的注意和兴趣，刺激旅游消费者的需求，影响旅游消费者的购买行为，从而达到促进旅游产品销售的目的。简言之，旅游企业促使旅游消费者对旅游产品产生消费愿望的行动，就是旅游促销。对于旅游企业来说，旅游促销就是要通过各种不同的促销组合手段向旅游消费者传递旅游产品能够为旅游消费者带来怎样的利益，激发旅游消费者的需求，从而达到诱发旅游行为的目的。

旅游促销能有效刺激旅游需求，引导旅游消费者的消费行为。旅游产品作为高层次的非一般生活必需品，其消费需求弹性大，波动性强，具有一定的潜在性和朦胧性。通过生动、形象、活泼、多样的旅游促销手段，可以唤起旅游消费需求，强化旅游消费需求,甚至创造和引导特定旅游产品的消费需求,从而增加旅游企业的市场销售量,获取更多利润。如回归大自然旅游热、漂流热的兴起,可以说都与相应的旅游促销活动有关。

旅游促销能冲销旅游淡旺季差异,稳定销售。旅游产品的脆弱性决定了旅游产品较易受到各种因素的影响,诸如政治因素、自然条件等。旅游产品在淡季和旺季的需求差别较大。如果旅游营销主体经营多种旅游产品,而这些产品又分布在不同的季节,就可以在不同的季节都有适时的旅游产品供应,并对其进行大规模的促销,使淡季与旺季需求差别缩小,稳定销售,并且促进自身经营活动发展。

本章小结

需要是影响旅游消费者行为的内部因素,诱因是影响旅游消费者行为的外部因素,需要和诱因共同引起了旅游动机的产生从而影响了旅游消费者的行为。

根据马斯洛需要层次理论,旅游消费者在出游的过程中,既有生理的需要和安全的需要,也有归属与爱的需要、尊重的需要,而特立独行的背包客更加追求自我实现的需要。不同的旅游产品满足着旅游消费者不同层次的需要。在旅游产品的开发中,我们要力求某一个旅游产品能满足旅游消费者不同层次的需要。走马观花的观光旅游产品是为了满足旅游消费者多样性的需要,度假休闲产品则是为了满足旅游消费者单一性的需要。旅游消费者在酒店的前台、餐厅和客房,以及在购物的过程中,既有着共同的尊重的需要,也有着或是卫生,或是特色与物美价廉,或是纪念意义等各不相同的需要。

旅游消费者出游的动机多种多样,有基于求知、了解世界而出游的人,也有为了消除内心的压力和紧张而出游的人,还有为了与他人交往、加强与他人联系外出旅游的人,也有想通过旅游获取声望或者树立自己的某种形象而出游的人。无论是哪种旅游消费者,都可以通过下列措施来激发他们的旅游动机:一是开发有特色和个性化的旅游产品;二是加强宣传推广,塑造旅游目的地良好的形象;三是完善旅游设施,提升旅游服务质量;四是加大促销力度,刺激潜在旅游者的旅游需求。

例如宜昌百里荒景区春、秋两季的促销活动主推电影《山楂树之恋》的外景拍摄基地主题,夏季则主推星空帐篷露营纳凉休闲活动,冬季重点推销高山滑雪项目,实现了旅游活动全年差异化的覆盖,取得了较好的经济效益。

关键术语

诱因(incentive)

需要(need)

动机（motivation）
推拉理论（push-pull theory）
旅游生涯阶梯（travel-career ladder）
身心放松（relaxation）
刺激（stimulation）
人际关系（relationship）
自尊和自我发展（self-esteem and development）
自我实现（fulfillment）

复习与课后阅读

[1] 曾韬. 国外旅游动机概念与维度研究进展与评述 [J]. 学术研究，2019（7）：171-176.

[2] 石朋，胡月，周儒. 近十年国内旅游动机研究综述 [J]. 河北旅游职业学院学报，2018，23（3）：1-7.

第三章 感觉、知觉与旅游消费者行为

学习目标

- 了解感觉和知觉的区别和联系
- 掌握知觉的特征和影响因素
- 理解旅游消费者常见的知觉偏差
- 理解基于旅游消费者角度的旅游目的地形象的形成与塑造
- 理解旅游消费者的时空知觉特征
- 理解旅游消费者产生觉察风险的原因
- 掌握消除旅游消费者风险觉察的方法

第三章　感觉、知觉与旅游消费者行为

本章思维导图

- 感觉和知觉
  - 感觉及其测量
    - 感觉的重要性
    - 感觉的种类
    - 感觉的测量
    - 感觉现象
  - 知觉及其特点
    - 选择性
    - 整体性
      - 接近律
      - 相似律
      - 连续律
      - 闭合律
      - 图形-场地律
    - 理解性
    - 恒常性
      - 大小恒常性
      - 形状恒常性
      - 颜色恒常性
      - 方向恒常性
  - 旅游消费者的知觉偏差
    - 三种知觉偏差
      - 首因效应
      - 刻板印象
      - 晕轮效应
    - 交通工具知觉偏差：交通工具的安全性、舒适性等
  - 旅游目的地形象的知觉
    - 旅游目的地形象概述
    - 旅游目的地形象的测量
    - 旅游目的地形象的塑造与管理
  - 旅游消费者的时空知觉
    - 空间知觉
      - 积极的促进作用
      - 消极的阻碍作用
    - 时间知觉
      - 旅途要快
      - 游览要慢
      - 活动准时
      - 时间压力下的“最后一分钟购买”
  - 旅游消费者的风险认知
    - 风险认知的类型
    - 旅游消费者认知到风险的原因
    - 旅游消费者消除风险认知的方法
      - 增加购买的确定性
      - 减少购买失败的结果

第一节　感觉与知觉概述

人的行为的产生首先有赖于他对自己所生活的环境的看法，而这种看法是通过感觉、知觉作用产生的。因此，也被称为“知觉世界”或“认知世界”。这种直接影响人类行为的知觉世界称为“行为环境”，以区别于外界存在的客观环境 。

在人类行为研究中，感觉和知觉具有重要的奠基性的意义，它为人的认识提供必要的资料和经验内容，是人类行为的起点。同时，对人类感觉和知觉的研究也是认识、解释、预测和控制人类行为的基础。正因为如此，在旅游消费者行为研究中，对旅游消费者感觉和知觉的研究是重点内容。

一、感觉及其测量

感觉（sensation）是人的大脑对直接作用于感觉器官的客观事物的个别属性的反映。

1. 感觉的重要性

感觉是人的全部心理和行为现象的基础。人对各种事物的认识活动从感觉开始，感觉是最初级的认识活动，是一切较高级复杂的认识活动的基础。人的知觉、记忆、思维等复杂的认识活动必须借助于感觉提供的原始材料。人的情绪体验也必须依靠人对环境和身体内部状态的感觉。

感觉为人类提供了内外环境信息。通过感觉，人能够认识外界物体的大小、形状、颜色和气味等，从而了解事物的各种属性。通过感觉，人还能够认识到自己机体的各种状态，比如饥饿、寒冷等，从而有可能实现自我调节，比如饥则食。

感觉保证了人与环境的信息平衡。人要正常生活，必须保持和环境之间的信息平衡，信息过载或不足都会破坏信息平衡。例如心理学历史上著名的“感觉剥夺”实验，让部分被试产生了焦虑和不安的情绪甚至出现了幻觉，而现代社会海量的信息输入导致信息过载，有可能让现代的城市人变得更加冷漠。

2. 感觉的种类

感觉根据刺激来源可划分为外部感觉和内部感觉。外部感觉是指由外部刺激引起，反映外部事物个别属性的感觉，主要包括视觉、听觉、嗅觉、味觉、皮肤觉等，其中皮肤觉又可以分为温度觉、痛觉和触觉。内部感觉则是指由有机体内部刺激引起，反映内脏器官、身体平衡及自身状态的感觉，主要有运动觉、平衡觉、机体觉（也称内脏感觉）等。

3. 感觉的测量

外部感觉主要是由外界物理量（刺激）引起的，因此在研究中用感受性来描述物理量和心理量之间的关系，而感受性则是用感觉阈限来进行度量。

感觉阈限（sensory threshold）是指人的感觉器官感到某个刺激存在或刺激发生变化所需刺激强度的临界值。感受性和感觉阈限之间成反比例关系，感觉阈限愈高，感受性愈弱；感觉阈限愈低，感受性愈强。每种感觉都有两种类型的感觉阈限：绝对感觉阈限和差别感觉阈限。在心理学的历史上，首先对人类的感觉阈限进行科学研究的是心理学的先驱人物韦伯。

对感觉的第一次测量

19 世纪 30 年代，在德国莱比锡大学，一位年轻的生理学教授正在进行一项有关人类感觉的研究。他的名字叫恩内斯特·海因里奇·韦伯。他打开一把圆规，把两只圆规脚撑开，在一位蒙上眼睛的男性的身体的不同部位按下，使圆规脚接触身体。当圆规的两只脚张得很开时，被试知道两个点都被接触到了，可是当韦伯将圆规脚拉得近一些的时候，被试就很难说出到底是一只脚还是两只脚都接触到了身体，直到在一个临界点上，他感觉两只脚就是一只脚。韦伯发现这个临界的距离根据身体的不同部位而有所变化：在舌尖上，这个距离不到 0.05 英寸（0.127 厘米）；在脸上，这个距离只有 0.5 英寸（1.27 厘米）；而在脊背上，这个距离为 0~2.5 英寸（0~6.35 厘米）——其敏感度有 50 倍的差别，这说明每个部位神经末梢的感知有相当大的差异。（据《心理学的故事》略有改动）

韦伯在对人类的感觉系统进行了一系列的实验后，成功地确定了最小的差别——“仅可注意到的差别”（just noticeable difference，JND）——这是他的被试可以感觉到的区别。同时他还得出了一个非常重要的公式，即

$$\delta(R)/R = K$$

这个公式表明，在任何感觉系统中，最小可感知刺激 $\delta(R)$ 和标准刺激强度 R 之间的比率是一个常数 K。这个公式被称作韦伯定律。这是人类生理与心理世界之间准确计量的相互关系，也是最早的一个描述。尽管韦伯对人类感觉系统敏感度进行的全部实验都相对简单，但在心理学史上却非常重要。

心理学家费希纳在韦伯定律的基础上提出了费希纳定律，即刺激量越大，人产生一个 JND 需要的变化量越大，但当物理量不断增加时，心理量的变化却有所降低，即感觉经验和刺激强度之间在数量上是一种对数关系。

心理学家斯蒂文斯则提出了心理物理学的幂函数定律，认为心理量并不随刺激量的对数的上升而上升，而是刺激量的幂函数。

1954 年，特纳和斯威茨将信息论中的信号检测论（signal detection theory）引入心理学，用于感觉（视、听觉）的研究。信号检测论的运用改变了人们对感觉阈限的理解。信号检测论为我们提供了一条从信息加工角度重新审视感知觉过程的途径。它

告诉我们，人类对客观世界的知觉是外部刺激和内部状态共同作用的结果。信号检测论在心理学中的应用为现代心理学家在传统心理物理学和认知心理学之间架起了一座桥梁。

4. 感觉现象

感觉适应是指刺激持续作用于同一感受器而使感受性发生变化的现象。刺激持续作用于某个感受器，导致对后来刺激的感受性发生变化，因此，感觉适应既会表现为感受性提高，也会表现为感受性降低。但是人对痛觉极难产生适应，正因如此，痛觉成为伤害性刺激的预警信号，具有重要的生物学意义。

感觉对比是指不同性质的刺激作用于同一感受器产生相互作用而使感受性发生变化的现象。感觉对比广泛存在于视觉、温度觉、味觉等各种感觉通道中。感觉对比增强了人的感觉差别，从而使人能够更好地辨别事物。根据刺激呈现时间的不同，一般把感觉对比分为同时对比和继时对比。同时对比是指两个刺激同时作用于同一感受器时产生的感觉对比现象。继时对比是指两个刺激物先后作用于同一感受器产生的感觉对比现象。例如，吃糖之后接着吃柠檬，会觉得柠檬更酸。

联觉是指由一种感觉引起另一种感觉的心理现象。联觉是感觉相互作用的表现，常见的有颜色与温度联觉、色听联觉和视听联觉。例如，红、橙、黄等颜色类似于太阳和烈火，往往会引起人的温暖感觉。

感觉补偿是指某种感觉缺失后由其他感觉加以弥补的现象。例如，盲人一般具有较好的听觉和触觉能力，可以通过脚步声或拐杖击地的回响来辨别附近障碍物、房屋、河流、马路等地形，也可以通过触摸觉“阅读”盲文。

景观设计中的视觉效果提升

要提升景观设计的视觉效果，需要从景观入口设计、建筑立面营造、地面铺装优化以及植物、水景和夜景照明等方面进行有意识的设计和改造，给旅游消费者留下深刻的视觉感知。

（1）强化入口处的景观设计。入口是景观的重要节点，是旅游消费者进入空间景观的最初部分，是旅游消费者对此处景观环境认知的首要标志性特征。

（2）景区建筑立面的营造。对建筑立面进行必要的视觉创造，增强景观的垂直视觉冲击，使空间层次分明和具有美感。

（3）优化地面铺装。地面在旅游消费者的视野区域中占了很大的面积，影响着旅游消费者对周围景观氛围的感受和评价。地面的铺装宜采用与景观和谐的材质和颜色，根据颜色和材质质感限定及引导空间，形成统一的风格。

（4）植物配置。在植物配置的景观视觉效果设计中，要注意与非植物景观的恰当搭配，多以点、线结构进行设计，使其与环境相融，让旅游者有舒适的感受。

(5)水景。水景分两类,一类是利用地理位置或者是土建建筑的结构来模拟自然水体景观,如瀑布、溪流、人工湖;另一类是人工制造的水体景观,如音乐喷泉等。人近距离接触时,平静的水面让人感到宁静,潺潺流动的水让消费者心情欢悦,瀑布让消费者感受到开阔、兴奋。

(6)夜景的照明。景观中的夜景照明是视觉景观的重要部分,使景观在夜景中更具有吸引力,设计景观夜景照明时应注意视觉美观和景观整体的和谐性。

二、知觉及其特点

知觉是脑对直接作用于感觉器官的客观事物的整体属性的反映。知觉是人类一系列组织并解释外界客体和事件的产生的感觉信息的加工过程。

知觉是各种感觉的结合,它来自感觉,但不同于感觉。感觉只反映事物的个别属性,知觉却认识了事物的整体;感觉是单一感觉器官活动的结果,知觉却是各种感觉协同活动的结果;感觉不依赖于个人的知识和经验,知觉却受个人知识经验的影响。同一物体,不同的人对它的感觉是类似的,但对它的知觉就会有差别,知识经验越丰富的人对物体的知觉越完善、越全面。显微镜下边的血样,只要不是色盲,无论谁看都是红色的,但受过训练的医生还能看出里边的红细胞、白细胞和血小板,没有医学知识的人就看不出来。

1. 知觉选择性

作用于人的客观事物千变万化,复杂多样,但由于感官通道的限制,在有限的时间内,人不会接受全部信息,总是会有选择地接受少部分的信息而忽略了大部分的信息。大脑对注意到的信息进行凸显而使信息变得更加清晰,而被忽略的信息很快就会消失而不被大脑所意识到。

旅游消费者在旅游的过程中,往往只会注意到自己感兴趣或者显眼的事物,很容易忽略背景环境等。例如旅游消费者第一次到一个陌生的地方游玩,往往会注意到被本地人忽视的景观或者事物,这就是旅游者和本地居民在知觉同一个环境时其知觉选择性存在的差异。

2. 知觉整体性

知觉整体性是指人的知觉经验是完整的格式塔,不能人为地区分为元素。例如人在观察房屋及其周围的树木和天空的时候,看到的不是多少光和色的元素,而是房屋、树木和天空;即便它们确实由若干元素组成,人也只能看到这些元素自然组合而形成的整体,而不是人为抽象得出的感觉元素的累加。这类知觉经验是通体相关的有组织的整体:整体先于部分,并非部分之和,而且部分也不含有整体的特性。

知觉整体性的形成遵循着接近律、相似律、连续律、闭合律、图形-场地律等规律。

(1)接近律。人们在感知各种刺激时,彼此相互接近的刺激物比彼此相隔较远的刺激物更容易被组合在一起，构成同一个知觉对象。即在空间、时间上彼此接近的部分容易被人知觉为一个整体。例如，人们认知并描述图 3-1，多数人会将前面三只小狗知觉为一个整体，而将后面两只小狗知觉为一个整体。

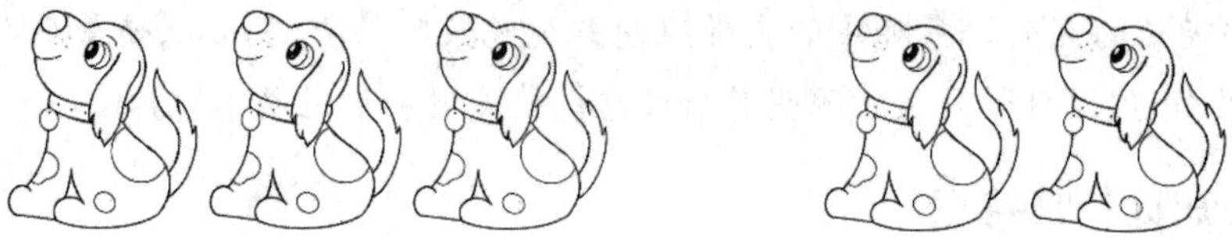

图 3-1　知觉接近律示意

在旅游消费者对各旅游城市或者旅游地的知觉中，很多旅游消费者会对相近的景区景点有相似的知觉，认为其属于同一组。

（2）相似律。物理属性（强度、颜色、大小、形状）相似的个体易被知觉为一个整体。例如对于图 3-2 的知觉，多数人会将图案知觉为四列，很少有人会将该图知觉为四行，就是因为人在知觉时采用相似律对图 3-2 进行了认知加工。

图 3-2　知觉相似律示意

在实际的旅游景区景点组合中，人们会将中国的名山大川归纳为三山五岳、四大佛教名山、三十六洞天七十二福地等。这些现象都是利用了相似律将各地相似的景观知觉为一个整体。

（3）连续律。具有连续性或共同运动方向等特点的客体，易被知觉为同一个整体。例如在某景区，人们会把向同一个方向前进并且戴着同样旅游帽的游客知觉为一个旅游团，这反映了人们知觉的连续律。

（4）闭合律。当刺激不完整时，感知者倾向于自动填补缺失元素，即人们倾向于根据以往的经验填补空白。例如，很多人在知觉图 3-3 的时候，会有意无意地认为该图案的顶部缺了一个圆圈而有将缺口补齐的冲动。

当导游员在导游的过程中说出“上有天堂”的时候故意停顿一下，旅游者多数情况下会不自觉地说出“下有苏杭”这一句，让整个句子完整，这就是很好地利用了人类知觉的闭合原理。因此在我们的实际工作中，适当留白让游客参与进来会产生很好的效果。

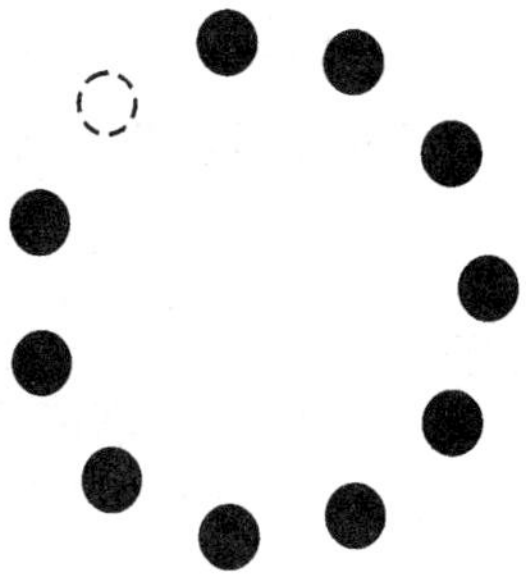

图 3-3　知觉闭合律示意

（5）图形-场地律。图形-场地律又称为背景原理，是指刺激的一部分居于主位（图形），而其余部分退为背景。例如当人们把注意力放在图 3-4 黑色部分的时候，会知觉到一个吹萨克斯的大鼻子男性，白色部分会变成背景而不被人们意识到。当人们注意到该图白色部分的时候则会知觉到一个年轻女性的脸，黑色的部分变成背景而被人们忽略掉。

图 3-4　知觉背景原理示意

3. 知觉的理解性

知觉的理解性是指人的知觉并不是像照相机那样详细而精确地反映出刺激物的全部细节，人的知觉过程并不是一个被动的过程，而是一个非常主动的加工过程。对于旅游消费者而言，它会根据个人的知识和经验，对旅游刺激物进行一定的加工和处理，这种处理过程有时候也被称为“脑补”过程。

旅游消费者知觉的理解性主要受到个人的知识经验、兴趣爱好以及他人的言语指导等因素的影响。旅游消费者已有的消费经验是他们对知觉对象理解的前提,知识经验不同的人对同一事物的理解不同。对事物的知识经验越丰富的人,对事物的理解就越深刻和丰富,知觉速度也更快。例如在游览山水景物的过程中,通过导游员适当的语言诱导加上自己的想象和创造,旅游消费者就能将某旅游景区的几块普通的石头想象成唐僧师徒四人西天取经的场景,或者将一片薄雾笼罩中的山石想象出诗意。

4. 知觉的恒常性

知觉的恒常性是指当客观条件在一定范围内改变时,人的知觉映象在一定程度上却保持稳定的倾向。恒常性是人们知觉客观事物的一个重要特性。知觉恒常性可分为大小恒常性、形状恒常性、颜色恒常性、方向恒常性等。

(1)大小恒常性是指在一定范围内,个体对物体大小的知觉不完全随距离变化而变化,也不随视网膜上视像大小的变化,其知觉映象仍按实际大小知觉的特征。例如一个成年人从近处走向远处,我们视网膜上的像虽然相应缩小,但我们不会把他知觉为儿童。

(2)形状恒常性是指个体在观察熟悉物体时,当观察角度发生变化而导致视网膜上的影像发生改变时,其原本的形状知觉保持相对不变的知觉特征。例如消费者在观察一扇门的时候,无论是从正上方看还是从斜下方看,都知觉到门是矩形而不会根据视网膜上的映像而知觉成一个平行四边形。

(3)颜色恒常性是指当物体的颜色因光照条件改变而改变时,个体对熟悉物体的颜色知觉仍趋于一致的知觉特性。例如餐厅内的家具或熟悉的食品,在不同色光照明下,消费者对其颜色知觉仍保持不变。一面红旗,无论是在白天还是在晚上,在路灯下还是在阳光下,在红光照射下还是在黄光照射下,人都会把它知觉为红色。从物理特性和生理角度看,当色光照射到物体表面时,由于色光混合原理的作用,其色调会发生变化,但人对物体颜色的知觉并不受照射到物体表面色光的影响,人仍会把物体知觉为其固有的颜色。

(4)方向恒常性是指个体不随身体部位或视像方向改变而感知物体实际方位的知觉特征。人身体各部位的相对位置时刻在发生变化,弯腰时、侧卧时、侧头时、倒立时等,身体部位一旦改变,与之相应的环境中的事物的上下左右关系也随之变化,但人对环境中的知觉对象的方位的知觉仍保持相对稳定,并不会因为身体部位的改变而变化。方向恒常性与个体的先前经验和已有的知识多寡密切相关。在熟悉的环境中,个体原有的经验会提供某物体朝向的附加信息。遇到自己不熟悉的、复杂的环境,例如旅途中人们进入茂密的树林中时,就不容易识别出方向。

三、人类知觉形成的过程

人类的知觉形成一般会经历接触、选择性注意、理解和选择性保持四个过程（图3-5）。接触是人们在其感官接收范围内对刺激注意的程度。接触具有一定的选择性，而感觉则具有一定的适应性。选择性注意是信息筛选的过程，人每天接触大量的信息，但是只有部分被选择性地注意到而进入下一步的信息加工过程。理解是人的大脑对信息主动加工的过程，经过选择性注意的信息只有经过理解后才能被送入长时记忆系统。选择性保持是指进入长时记忆系统的信息有可能会丢失一部分，最后只有部分信息可以被提取和重现。

图 3-5　人类知觉的形成过程

多数情况下，人们的知觉形成过程是一个快速、自动化的过程，只有当在信息加工的过程中遇到问题或者障碍的时候，这些过程才会被重新注意和加以控制。例如图 3-6，大多数人在知觉的时候会迅速知觉到图片上是一头大象，而忽略大象有几条腿这样的问题，就是一个快速、自动化的信息加工过程，当人们被问到图中的大象有几条腿的时候，多数人会重新审视自己的知觉加工过程而意识到自己最初没有意识到的细节，从而引发注意的兴趣。

图 3-6　知觉一头大象

四、知觉偏差

1. 首因效应

首因效应也叫首次效应、优先效应或第一印象效应，指人际知觉中双方形成的第一次印象对今后交往的影响，也即是先入为主带来的效果。虽然这些第一印象并非总是正确，但却最鲜明和最牢固，并且决定着以后双方交往的进程。如果一个导游员在和旅游消费者初次见面时给大家留下了很好的印象，那么旅游消费者就愿意和他接近，后期的游览参观活动中能较快地取得相互信任，并会影响旅游消费者对他以后一系列服务行为和表现的评价。反之，对于一个初次见面就引起旅游消费者反感的导游员，后期的工作中旅游消费者很容易对其很冷淡，在极端的情况下，双方甚至会在心理上和实际行为中产生对抗状态。

人际关系学大师卡耐基在其产品《人性的弱点》中总结了给人留下良好第一印象的途径：①真诚地对别人感兴趣；②微笑；③多提别人的名字；④做一个耐心的倾听者，鼓励别人谈他们自己；⑤谈符合别人兴趣的话题；⑥以真诚的方式让别人感到他自己很重要。而在旅游活动中的人际关系更多的是一种浅表型人际交往，因此第一印象往往非常重要。

2. 刻板印象

刻板印象（stereotype）主要是指人们对某个事物或物体形成的一种概括、固定的看法，并把这种观点看法推而广之，认为这个事物或者群体全部具有该特征，而忽视个体差异的一种认知偏差。

刻板印象的积极作用在于当旅游消费者对于具有许多共同之处的某类人在一定范围内进行判断，不用探索信息，直接按照已形成的固定看法即可得出结论，这就简化了认知过程，节省了大量时间、精力，使人们能够迅速了解某人的大概情况，有利于人们应对周围的复杂环境。例如某国际导游经常接待意大利团队的客人，形成了意大利客人比较散漫自由，在集合时多数情况下会有客人迟到的刻板印象，那么在接待一个新的意大利团队的时候，在各项时间安排上预先留足机动时间，以便为客人提供更好的服务就是正确利用刻板印象的例子。

刻板印象的消极作用则表现在被给予有限材料的基础上做出带普遍性的结论，会使人在认知别人时忽视个体差异，从而导致知觉上的错误，造成先入为主，妨碍对他人做出正确的评价。

导游是一位活泼的姑娘，从南京起就担起了“华东五市”的讲解任务。为了便于大家记住此行所参观过的地方，她将“南京看石头、无锡啃骨头、苏州看桥头、杭头看丫头、上海看人头”这一段颇为幽默的顺口溜说给大家，要求大家牢记背熟，否则罚讲一个笑话或唱首民歌。她这一既简单又有大众参与的小插曲，使整个车厢一路充满欢声笑语，使人忘记了旅途的疲劳，彻彻底底地融入自然和谐之中，又能记住此行的所有地名。她富有娱乐性和趣味性的顺口溜，调动了客人的积极性，缩短了人们相互之间的内心交流距离，取得了游人的充分信任。这就是精明的导游带团的非凡艺术才能。而北方导游就不同，扭扭捏捏、死气沉沉，讲不到位、乐不到点，惹得客人不高兴，自己受委屈。这其实是一个导游综合素质的体现。我记录此文的目的只是想说明一点：让北方的导游学着点，那样才会有社会效益、经济效益，否则，不光是自己受委屈，自己的区域优势也会逐渐销声匿迹。人常说：看景不如听景，三分景七分说才是完美的。

——摘自某旅游消费者的博客

从上述游客发表在自己博客上的文字可以明显看出，不少旅游消费者对南方导游员的刻板印象就是活泼外向的年轻女性，对北方的导游员则存在着较为呆板、不会来事的刻板印象。但事实上北方应该也有很多各方面都不错的导游员，但是该旅游消费者没有意识到这一点，而是以偏概全地描述他对北方导游的刻板印象。

3. 晕轮效应

晕轮效应（the halo effect）又称成见效应、光圈效应等。在人们交往认知中，对方的某个特别突出的特点、品质会掩盖人们对他其他品质和特点的正确了解。心理学中称这种错觉现象为"晕轮效应"。

从认知心理学角度看，晕轮效应的形成原因与人类知觉特征的整体性有关。人们在知觉客观事物时，并不是对知觉对象的个别属性或部分孤立地进行感知，而总是倾向于把具有不同属性、不同部分的对象知觉为一个统一的整体，这是因为知觉对象的各种属性和部分有机地联系成一个复合刺激物。例如尽管我们闭着眼睛，但只需要闻到苹果的气味或只摸到苹果的形状，我们头脑中就形成了有关苹果的完整印象，因为经验为我们弥补了苹果的其他特征，如颜色（绿中透红）、滋味（甜的）、触摸感（光滑的）等。由于知觉整体性作用，我们知觉客观事物就能迅速而明了，"窥一斑而见全豹"，用不着逐一地知觉每个个别属性。

晕轮效应是人的一种以偏概全的主观心理臆测。晕轮效应产生的原因在于以下几个方面。

（1）人们喜欢抓住事物的个别特征，习惯以个别推及一般，就像盲人摸象一样，以点代面。

（2）人们更喜欢把并无内在联系的一些个性或外貌特征联系在一起，断言有这种特征必然会有另一种特征。

（3）说好就全都肯定，说坏就全部否定，这是一种受主观偏见支配的绝对化倾向。

事实上，晕轮效应不仅仅表现在常见的以貌取人上，在旅游活动的人际交往中，不少旅游消费者很容易以服装来判断导游或其他旅游消费者的地位和性格。旅游消费者在对不太熟悉的人进行评价时,晕轮效应体现得尤其明显。

晕轮效应除了与人们掌握对方的信息太少有关外,主要还是个人主观推断的泛化、扩张和定势的结果。它往往容易形成人的成见或偏见,产生不良的后果。心理学家戴恩做过一个这样的实验:先让被测试者看一些人的照片,这些人形色、着装各不相同,然后让这些被测试者从特定的方面来评价这些人。结果表明,被测试者赋予了那些有魅力的人更多的、理想的人格特征,比如和蔼、沉着、好交际等。

有些旅游消费者看到一些导游的个别缺点,或对他们的生活习惯或衣着打扮看不顺眼,于是就会把他们看得一无是处,而看到某旅游从业人员的字写得好,就认为他思路清晰,办事果断、认真、有条理等。总之,这种戴着有色眼镜去判断对方的行为正是陷入了晕轮效应的迷宫。良好的导游形象会使导游与旅游消费者相处得更加和谐。导游即使偶尔存在不足也会因整体素质高而被旅游消费者包容。

4. *旅游消费者对交通工具知觉的偏差分析*

旅游消费者外出旅游,必须借助各种交通工具,他们对交通工具的知觉主要有安全性、舒适性、准时性、灵活性和自主控制权等几个维度。

如果是乘坐长途交通工具飞机、火车等,导游或领队要向旅游消费者告知安全保证(比如已经购买了各类保险等)以及各种安全注意事项等;另外,外出的旅游消费者对导游和领队有一定的依赖心理,导游或领队要注意旅游消费者的心理变化,比如对初次搭乘飞机的旅游消费者进行一定的心理安抚等,还有就是对旅游消费者的旅行需要进行了解与满足;方便旅游消费者可以随时找到相关工作人员等。如果是短途就要注重娱乐性和旅游消费者积极性的调动。不同的旅游消费者对于同一交通工具的安全性存在各种认知偏差,例如有的旅游消费者认为飞机安全性非常高,而另外一部分旅游消费者则认为飞机的安全性非常差。

旅游消费者对于交通工具的舒适性的感觉差异更加明显。有些旅游消费者因为恐高或者安全因素不喜欢坐飞机旅行,而有些旅游消费者则因为飞机快捷的特点而更愿意选择飞机出行。对多数旅游消费者而言,高铁相对于传统的火车,舒适性更高。绝大多数旅游消费者对于乘坐旅游巴士进行长途旅行的舒适度都不太满意,而对于自驾游,则因为其灵活性和较强的自主控制感而没有那么排斥。

旅游消费者对交通的感知和需要还体现在对准时性的要求上。相比普通的交通,旅游交通有更加严格的连贯性,上一站的晚点会导致后续行程的系列变化,产生不可预见性。交通工具不准时会引发系列的经济责任事件,例如因为某一站的延误导致后续支付的房费、餐费发生变化以及额外增加了交通费用等。不仅如此,还有可能让客人错过一些重要会议或者会面,还有可能使一些国际游客不能按时出境等,因此旅游消费者往往比较重视旅游交通能否按计划准时运行。一般来说,多数旅游消费者认为高铁比其他交通工具更加准时；在大城市，地铁往往比公共汽车更加快捷和准时。

第二节　旅游消费者对旅游目的地形象的知觉

一、旅游目的地形象概述

旅游目的地形象（tourism destination image）是指公众对旅游地总体的、抽象的、概括的认识和评价，是对区域内在和外在精神价值进行提升的无形价值，是旅游地现实的一种理性再现。国内学者对旅游目的地形象有多种提法，如旅游形象、旅游区形象、旅游地形象等。

对旅游目的地形象的研究始于20世纪70年代亨特（Hunt）的博士论文《形象旅游发展的一个因素》一文。他认为旅游地形象是纯粹主观的概念，即人们对非居住地所持的印象，外界作用于人脑所形成的意识流。旅游地形象和该地的可进入度、基础设施等是旅游决策过程中的决定因素。

在国外，旅游形象的概念通常依据"image"来定义。"image"是一个广泛使用但定义模糊的概念。有学者认为，"image"是人们对已知事物的理解，具有个人的、主观的、概念性的特征；也有学者认为"image"是人以人脑信息处理过程为建立基础所呈现出的一种内在信念和总体印象，因此旅游目的地形象就是由旅游目的地的各种旅游产品和要素交织而成的总体印象。巴洛格鲁（Baloglu）等认为，旅游目的地形象是一种表示旅游消费者个人态度的概念，它是指个体对旅游目的地的认识、情感和印象。塞尔比（Selby）等则从旅游消费者认知的角度提出了朴素形象（naive image）和再评估形象（re-evaluated image）的概念。加拉尔萨（Gallarza）等提出的旅游目的地形象的概念化模型同样着眼于旅游消费者的视角。其他大多数的研究虽未直接涉及旅游目的地形象的概念阐释，但都以旅游消费者对旅游目的地的感知形象（perceived image）作为研究对象。

国内学者李蕾蕾于1999年著作的《旅游地形象策划：理论与实务》是国内第一本系统探讨旅游形象的专著。中山大学保继刚认为旅游目的地形象是旅游消费者选择旅游目的地时把接收到的各种媒介信息射入脑海中对环境所形成的一个整体印象。杨永德认为旅游目的地形象是蒲公英模型，从形象主体、客体及信息媒介三个方面概括旅游形象本体所拥有的维度，构建了一个比较全面的内在结构。

国内大多数专家学者认为旅游目的地形象是旅游消费者对旅游地进行抽象，高度概括旅游目的地总体形象的感知和评价，是对旅游地内在和外在精神价值进行提升的无形价值，是旅游地现实的一种理性再现。较具代表性的有：张建忠认为旅游形象是旅游消费者对区域内各种自然、社会经济等方面的旅游要素的综合感知和印象；邓明艳指出旅游形象是旅游消费者在经历了旅游后，或潜在旅游消费者通过电视、杂志、广告、网络信息等媒体，获得的关于旅游地的总体印象；黎洁分析了旅游目的地形象的构成因素，如旅游目的地政治经济状况、自然环境、人文旅游资源、基础设施、旅游业发展与旅游设施等；廖卫华将形象定义为现实和潜在旅游消费者对旅游地的认知，是对旅游地各要素产生的印象总和，是旅游地特征在旅游消费者心目中的反映。

反过来说，一个旅游城市的旅游形象设计直接决定了该地旅游开发的方向，从而会对旅游目的地的经济、社会和环境发展产生深远的影响。

二、旅游目的地形象的测量

准确科学的旅游目的地形象的测量是目的地进行形象定位、推广和改进的有力保证，同时进行形象测量也可以加强与旅游消费者之间的互动，从而提高旅游目的地的知名度与美誉度，以促进旅游目的地的长远发展。

依据马赞斯（Mazance）对旅游目的地形象构成维度的划分，可以将形象分为本体形象、媒介传播形象和游客感知形象。甘恩（Gunn）则认为旅游目的地形象主要包括原生形象、诱导形象和复合形象三个层面。

旅游目的地形象的测量主要包括三个方面：①围绕着旅游原生形象进行旅游目的地本体形象的测量；②围绕诱导形象即旅游目的地宣传形象展开的媒介传播形象测量；③围绕复合形象进行的游客感知形象测量。

原生形象是旅游者在旅游活动之前，对旅游目的地一般性和独特性的客观形象，具体包括由地脉形象和文脉形象形成的印象和评价。围绕旅游原生形象的旅游目的地本体形象测量不仅包括了对旅游目的地的地理位置、气候、环境和自然资源的分析，也包括了对地方经济发展、人文资源和居民素质等地方文脉的研究。

诱导形象是旅游目的地试图通过一定的渠道和方式传达给旅游消费者的形象。围绕诱导形象的媒介传播形象测量，主要是对目的地形象传播内容和传播渠道的分析。

复合形象是旅游消费者在旅游前、旅游中和旅游后对旅游目的地的印象、认识以及评价的综合，强调的是旅游消费者的主观感受。围绕复合形象进行的游客感知形象测量主要就是对旅游消费者主观感受的测量。

三、旅游目的地形象的塑造与管理

我国旅游业经过几十年的积累和发展，开始进入由观光向休闲度假转变的时期，区域旅游随之由单个景区、单个城市之间的竞争，上升为区域旅游目的地的综合竞争。以省或者旅游城市为单元，打造区域旅游品牌，不仅成为旅游业发展的现实要求，而且具有可能性。旅游作为最广泛的社会消费需求，作为一种全面兴起的新产业，迫切需要一个具有广泛涵盖力、突出影响力以及心理感召力的形象品牌来支撑旅游业的品质转型和规模跨越。现代旅游业的发展已经进入了“形象导向”阶段，旅游目的地形象会直接影响旅游消费者的出游决策行为。

旅游目的地形象的树立、旅游品牌的打造是旅游目的地增强自身竞争力、吸引旅游者眼球的重要战略手段。因此，旅游目的地形象的塑造和管理成了旅游目的地管理者市场推广中最重要的任务。旅游目的地形象作为旅游目的地的名片和无形资产，是推动旅游业发展的主要动力之一。

案例：“好客山东”不敌一只“青岛大虾”

山东省的一句“好客山东”宣传语准确提炼和概括出山东人鲜活的形象和深刻的内涵，语言简洁凝练，感召力强烈，让旅游消费者读来朗朗上口，过目难忘。“好客山东”深深植根于齐鲁文化，高度概括了山东人的品德和齐鲁文化的内涵，是山东文化灵魂的准确表达，让人体会到了齐鲁文化的大气、孔孟之乡的豪气，扑面而来的是齐鲁山水的豪情和山东人的热情。这一形象塑造通过多角度、多层面的立体化推广和应用，传递出丰富的信息，增强了山东旅游形象的社会认知度，也将激发更多更强烈的对山东和中国文化的向往、求知与探索欲望。结合山东人的“好客之道”，以“诚实、尚义、豪放”的鲜明个性，传递特色化、国际化的现代形象与文化意识。一个饱含“山东人”热情的充满感召力的新形象，构成强烈的视觉记忆。

但是，2015 年在山东青岛市发生的“38 元大虾”事件①对青岛乃至山东旅游形象的破坏也有目共睹。在自媒体时代下，信息的传播和接收都变得极为简单便捷，自媒体成为旅游者获取目的地信息的重要渠道，以个人为信息传播中心，具有高度信息参与性和交互主体性的信息传播模式，使得信息尤其是负面事件的传播速度更快，范围更广，产生的影响更大。

耗资百万塑造出的“好客山东”形象败给了 38 元一只的“青岛大虾”，这一事实警示我们，要常态化加强对政府职能部门工作人员、旅游从业人员乃至市民的思想认识教育，广泛宣传和引导他们牢固树立“旅游目的地形象就是旅游业的生命线”的理念。所有的人都要像保护自己的眼睛一样维护旅游目的地形象，做到文明、规范、热情地服务游客，决不能为了眼前的一点蝇头小利而做出有损旅游目的地形象的事。

① 2015 年国庆节期间，游客朱先生和肖先生在青岛市一家烧烤店吃饭时各自分别点了一份虾，点餐时该价目单显示“海捕大虾 38 元”，结账时，店老板坚持按每只虾 38 元的价格收费。经过多方协商后，最后两人分别给了烧烤店老板 2 000 元和 800 元的餐费后离开。该宰客事件在网络上引发网民热议，对青岛市和山东省的旅游形象造成了巨大的消极影响。事后，青岛市物价部门在检查后发现，该烧烤店提供的菜品虽已明码标价，但是极不规范，涉嫌误导消费者消费。鉴于此，将根据《中华人民共和国价格法》有关规定，责令其退还非法所得，并按照涉嫌价格欺诈、违反明码标价及侵害消费者权益的规定，依法进行立案查处。

第三节 旅游消费者的时空知觉

一、旅游消费者的空间知觉

空间知觉是指人对物体距离、形状、大小、方位等空间特性的知觉,引用到旅游消费者行为的研究中来,就包含了旅游消费者对常住地和旅游目的地之间的距离和方位的知觉。旅游消费者在经历了时空转换后构建出一个与日常生活迥异的"充满符号的世界"。通常可以采用"时空转换"与"心理距离"两个概念来表述旅游消费者的空间感知。

距离及对距离的感知影响着人类行为的选择,因此理解旅游消费者对旅游环境的感知是解释旅游消费者行为的关键。对旅游消费者而言,距离的过程感知可能比距离本身更为重要。对"远方"和"异乡"的感知是影响人类旅游行为选择的关键因素之一。因此有些旅游消费者只要出门感知到空间距离的变化就会产生兴奋感。

1. 旅游消费者的空间距离感知

旅游消费者对空间距离的感知会影响其出游决策。一般来说,旅游消费者对空间距离的感知会对他们的旅游态度产生积极的促进作用和消极的阻碍作用两个方面。

1)积极的促进作用

通常情况下,人们都认为近处无风景,遥远而陌生的地方才会唤起消费者的好奇心,从而对旅游决策产生积极的促进作用。

旅游审美本质上是一种"心理距离",是旅游消费者与激起他们欣赏感动的根源或媒介对象之间的心理感知距离。旅游消费者心理距离的建立方法是使旅游对象陌生化,当旅游消费者与旅游地(旅游产品)之间建立了非功利的关系以后,他们看待对象的心境变得平和,祛除了功利心,开始发现那些日常里不曾被注意到的美的特质。在这一旅游审美过程中,变的不是旅游吸引物,而是旅游消费者的视角。其实质是通过从功利到非功利性视角的转换建立起审美心理状态,而这一从功利到审美心境的转换是通过心理距离的建立而实现的,此即"距离产生美"的原理。

2)消极的阻碍作用

遥远的距离能激发旅游消费者的好奇心推动旅游行为的实施,但是当旅游消费者知觉到的空间距离过于遥远,就会产生一定的阻碍作用。因为旅游活动是需要耗费时间、金钱、体力等代价的消费行为,空间距离越远,旅游消费者需要付出的代价就越大,其旅游行为发生的概率就随之下降。

需要指出的是,这里的距离不完全等同于实际的物理空间距离,而是旅游消费者知觉到的距离。例如对于很多南方旅游消费者而言，他们认为的北京和天津之间的距离很可能没有实际的距离那么远，从北京到天津并不需要花费多少时间，因此他们在决定去北京游玩的时候，较容易将天津也纳入自己的行程之中。但是在实际操作的过程中，他们发现在较短的时间内游玩 2 个城市还是有很多的不方便。某些旅游消费者在前往一些面积比较大的省份或者交通不是特别便利的省市去游览的时候，也会有类似的空间知觉误差，比较典型的是一些初次到新疆旅游的游客对于各景点之间距离的理解常常会超出自己过去的经验，低估了各个景点之间的距离。

2. 旅游消费者的认知地图与空间记忆

在生活、工作、学习和娱乐中，人们需要时刻了解和记忆空间信息，处理日常生活中的空间问题。人们在解决各种空间问题时通常以认知地图作为空间表征的重要形式，认知地图在人类的空间问题解决中起着不可替代的作用。

美国新行为主义心理学家托尔曼在 1948 年进行老鼠走迷宫实验时最早提出认知地图（cognitive map）的概念。托尔曼认为，认知地图是关于某一局部环境的综合表象，它不仅包括事件的简单顺序，还包括方向、距离甚至时间关系，所以老鼠可以通过反复训练来习得一种空间思维，并应用该空间记忆来指引自己的判断和思维。斯旺（Swan）和休（Sue）认为认知地图是将复杂的问题在人脑中进行重构，然后结合自身的认知再将问题表述出来，使其具有易读性和理解性。科塞特（Cossette）认为认知地图是一种语义网络，空间记忆是和人的认知相连接的，在地图中所反映出的情绪和态度能够对接下来所做出的行为起到解释作用。阿克塞尔罗德（Axelrod）和伊登（Eden）等人认为认知地图是个人对某一特定领域独特认识的图形化描述，这一过程是将隐性知识显性化，所绘制的图形只是一种表达手段，便于产生持续的影响力。

对旅游这一现象而言，“旅”本身就具备空间上的位移，“游”则需要花费一定的时间。在游览过程中，旅游消费者会在大脑中绘制出移动的方位和路径（即空间地图），并自我感知途中要耗费的游览时间，最后将记忆中的景点通过不同的道路和节点串联，以构成一幅独特的认知地图。

马丁（Martin）最早将认知地图理论运用于旅游意向研究领域，认为游客的认知地图是编码和存储在游客大脑中动态的、立体的旅游环境综合表象，可以用于描绘旅游者在目的地游览过程中的事物构成和空间分布。孟奕爽等通过收集 87 份岳麓山游客手绘地图来分析游客形成不同意向的原因是否与游览次数、教育水平和景区导览图有关，主要是为了更好地挖掘景区发展潜力和进行形象定位。郑荣娟等研究了 836 份美国游客游览中国八个不同城市后所形成的认知地图，发现旅游者的空间认知结构可以分成单体型（只能描绘出单一的景观，无相关联的辅助景观）、散点型（由两个或两个以上的单体景观构成，但景观之间存在一定的空间地理位置关系）和空间格局型（能够清晰地描绘出一个空间区域内存在的景观及其方位）三种类型。

旅游者的空间记忆是指游客从做出旅游决策那一刻起至旅途结束期间，个体与周围环境相互作用所产生的一系列主、客观映像。记忆中会包括游览路线、各吸引物的空间布局和所处方位、不同景观之间相隔的物理距离以及不同景观游览的时间分配。借鉴环境心理学的相关理论和知识研究游客的空间记忆，可以考察旅游消费者与所处的旅游环境如何相互作用。例如环境心理学中有“记忆错位”和“失忆”两个概念，记忆错位是指正确的记忆顺序和布局被打乱，因而使得个体有时很难回忆出某个记忆点的详细内容，甚至会把具体内容错误地穿插在不同事物上；失忆则是指地域中存在的事物内容与整体的空间布局脱节，从而使这些内容在个体心中没有留下任何印象。旅游消费者在空间记忆中也会出现记忆错位和失忆的现象。

二、旅游消费者的时间知觉

1. 时间知觉概述

时间知觉（time perception）是指人对客观现象延续性和顺序性的感知。旅游消费者的时间知觉与旅游活动的内容、自身的情绪、动机、态度有关，也与旅游消费的情境有关。旅游消费者在旅途中对较长的时间间隔往往估计不足；而对较短的时间间隔则估计偏高。在判断时间间隔正确性方面，不同的感官存在差异，听觉和触觉对时间间隔的估计最准确。由于年龄、生活经验和职业训练的不同，人与人之间在时间知觉方面存在着明显的差异。在面对游客讲解时，有经验的导游员往往比刚入职的导游员能很好地控制讲解时间和时长。

旅游消费者对时间知觉的信息，既来自外部，也来自内部。外部信息包括计时工具，也包括宇宙环境的周期性变化，如太阳的升落等等。内部标尺是机体内部的一些有节奏的生理过程和心理活动。神经细胞的某种状态也可成为时间信号。用计时器测量出的时间与估计的时间不完全一致。处于休闲时间中的个体，其情绪状态有别于工作时间。在每天周而复始的工作中，人们的情绪状态多是无聊、疲惫的，在旅游时却是享受、轻松的。

2. 影响旅游者时间知觉的因素

旅游消费者对时间的流逝感是时间意识的典型特征，具有明显的主观性，会受到个体情绪、注意、自我意识等多方面因素的影响。

情绪是影响旅游消费者时间流逝感的因素，开心的时候旅游者会感觉时间过得很快，无聊的时候会觉得时间过得很慢。当旅游者处于开心、愉悦的积极情绪状态时，会感觉时间流逝得快；当他们处于难过、伤心的消极情绪状态时，会感觉时间流逝得慢，即“欢娱嫌夜短，寂寞恨更长”。

注意也是影响旅游消费者时间流逝感的因素。当个体将注意集中在时间信息上时，会觉得时间过得很慢，而当其沉浸在其他非时间信息上时，会感觉时间过得很快。

身体化的自我意识也与旅游消费者的时间流逝感有关。当自我意识发生变化、身体意识下降时，内部时间的主观体验会发生变化。

时间压力也会影响旅游消费者的时间流逝感。旅游消费者的时间压力越大，越会感觉时间流逝得快，当时间压力小时，便不会觉得时间过得快。

个体的活力状态也会影响其时间流逝感，如年轻的旅游消费者活力性高，会觉得时间流逝得快，老年旅游消费者的活力性低，会觉得时间流逝得慢。

个体年龄、文化等特质也会影响旅游消费者的时间流逝感，表现出流逝感或快或慢的动态性变化，存在典型的年龄效应：儿时我们希望自己快快长大，总感觉时间流逝得很慢；而成年后，又感觉时间总是不够用，时间流逝得很快。

3. 旅游消费者时间知觉的体现

旅游在特定的时间段内发生，因此旅游消费者对旅游活动中时间的感知较为敏感，一般来说，旅游消费者对时间的知觉体现在旅途要快、游览要慢、一切活动要准时三个方面。

旅途要快是指旅游消费者总是倾向于将较少的时间花费在乘坐交通工具上，希望能尽快从出发地到达旅游目的地。其原因在于在当前工业化发展的时代，闲暇时间总是很宝贵，因而人们不愿意将时间浪费在路上。不过随着大家旅行经验的逐渐丰富，有越来越多的旅游者对旅途时间的要求开始变得不那么高。例如部分背包旅游者就比较喜欢慢慢在路上行走，对他们而言，只要出门就可以了，至于去哪里并不是那么重要，因此这些旅游消费者对旅途要快的要求就没有那么强烈。

游览要慢是指旅游消费者总是希望在景区景点停留的时间更长一些，从容欣赏并充分领略景区景点的美好风景。目前多数旅行社组织的包价旅游团为了提高经济效益，往往对行程的安排比较紧凑，不少导游会限制游客在景区景点停留的时间而延长在购物店停留的时间，这些都是让旅游消费者很不满意的地方。所以在可能的情况下，尽量延长旅游消费者在景区景点停留的时间有助于提高旅游消费者的满意度，获得更好的出游体验。例如，现在有不少旅行社推出了纯玩团或者是自助游的团队，由旅游消费者自行决定在某些游览点停留的时长，这些方式都取得了较好的市场反响。

一切活动要准时是指旅游消费者希望在能按照事先计划和约定的时刻完成旅游活动中的食宿行游购娱项目。因为对多数旅游消费者而言，出门已经增加了生活中的不确定性，为此保持旅游活动的可预期能够降低心理风险的感知，他们会要求各种活动安排有序。如果活动不准时将会影响整个行程，让他们的心理紧张程度加深。如果一个旅游团的活动不准时，会让旅游消费者怀疑旅行社或者导游的业务能力，对他们形成不好的印象。

距离与旅客的时间知觉

英国一家机场原来的设计是这样的:乘客下飞机后只需要步行2分钟的路程就能到达取行李的地方,但在那里需要等5分钟以上才能拿到行李。旅客纷纷投诉机场工作效率太低,耽误了大家的时间。机场方面在增加雇员和设施都有困难的情况下,采取了将行李领取处迁移的措施,使旅客走5分钟左右才能到达行李领取处,等候时间缩短到了3分钟。机场方面的工作效率并没有提高,客人仍需用7~8分钟的时间方可取到行李,但由于感知时间被缩短,客人不满意的现象大大减少。

还有一些景区利用同样的原理,在需要客人排队等候的地方把路线设计成“S”形,使人总感觉一直在走动,不致因感觉等候时间过长而产生不满。

4. 旅游消费者的最后一分钟购买行为

在旅游消费者做出决策的时候,因为他们对时间的感知差异会导致出现“长时间计划”和“最后一分钟”购买两种截然不同的决策购买行为。

一些旅游消费者喜欢在他们旅行前的数月就开始计划和预订他们的度假产品。这很可能是因为他们担心如果不提早收集信息并进行分析,就不能发现合适的产品或者不能如他们所希望的那样安排旅行。因此这种类型的旅游消费者通常希望有一个非同寻常或是有异域情调的度假或旅游过程,或者是他们已经有了想要入住的酒店。

而另一些旅游消费者不喜欢进行计划和预订他们的度假旅行,通常会在非常晚的时候甚至在即将出发的前一刻才拿定主意,即出现“最后一分钟”购买行为,出现这种行为的原因可能是:①他们想抓住旅游经营商提供的“最后一分钟”购买的较大折扣;②享受直到最后一刻才做出决定时感受到不确定性的惊喜或者是刺激;③因为各种原因在最后时刻才知道自己有一个度假旅游的机会。一般来说,“最后一分钟”购买的旅游消费者对去哪里旅游、住什么样的酒店并不是特别在意。他们对于价格要么不敏感,要么过于敏感。

第四节　旅游消费者的风险认知

一、风险认知的类型

风险认知是指消费者在购买产品或服务时,对不确定性和不利结果的认知。需要指出的是,这里的风险是指旅游消费者主观认知到的风险,而不是“真实世界”(客观)的风险[①]。个人情绪会影响旅游消费者对风险的认知,如不良情绪将导致较高风险的认知,而积极的心情则将导致较低的风险认知。

风险认知一直是消费心理学研究中备受关注的一个重要领域。1960年,鲍尔(Bauer)首次将风险认知的概念引入消费者行为学研究中,用以解释信息搜索、品牌忠诚、意见领袖、参照群体和购买前的慎重考虑等现象。他指出,消费者都面临着购买决策所带来结果的不确定性,这些结果中不可避免地会有一些是负面的,因此消费行为就含有冒险的成分在里面。时至今日,风险认知的概念已日趋成熟,在消费者行为学研究中也常被视为重要的解释变量。

风险认知产生于不同类型的潜在消极后果中。旅游消费者经常体验到的风险认知有四种类型:自我损失、机会损失、金钱损失和时间损失。例如旅游消费者决定去海南旅游的时候就意味着他失去了前往北京旅游的机会,或者某旅游消费者在一次出游中感觉非常糟糕,认为金钱上的损失尚可在一定程度上追回,但时间上的损失则永远无法追回。

也有学者将旅游消费者的风险认知分为心理风险、财务风险、功能风险、身体风险和社会风险。其中心理风险是指旅游消费者在做出错误的购买行为后对自我的认知;社会风险是指旅游消费者对他人对自己购买的行为做何反应的认知。在不同的购买行为中,旅游消费者对风险的认知存在差异。如旅游消费者对餐饮消费安全的认知,主要考虑身体风险;对外出旅游活动,主要考虑功能风险。

二、旅游消费者认知到风险的原因

旅游消费者在购买旅游产品或服务的时候,认知到风险的原因主要如下。

(1)旅游需求模糊。当旅游者出门的时候都不知道自己究竟想要一个什么样的旅游体验的情况下,他会认知到出游存在各种风险。

(2)购买经验缺乏,导致其对于支付的费用和购买酬报不清。例如一个没有什么出游经验的旅游消费者相对一个出游经验丰富的旅游消费者更容易认知到旅游活动中的各种风险。

(3)该旅游消费者对其他品牌的商品或服务有不满意的体验,担心发生类似错误。

(4)旅游购买中机会成本的丧失也会让一些旅游消费者感知到风险。

(5)群体伙伴的影响或者经济因素的考量。例如某旅游消费者在通过网络预定了北京七日游之后,发现同样的旅游线路通过线下旅行社购买的价格更加便宜就会

① 保险公司的统计师可以依据大量历史数据来估计风险发生的可能性,而普通的消费者掌握的信息非常有限,他们经常会面对全然陌生的产品服务或购买情境,很难对购买风险做出准确的评估。因此这里讨论的风险认知,是指消费者主观意识到的风险。

认知到经济因素的风险。

三、旅游消费者消除风险认知的方法

旅游消费者常采用增加购买的确定性或者减少购买失败的结果两种途径来降低风险。

1. 增加购买的确定性

1)搜集更多的信息,重视旅游产品的质量信息

旅游消费者为了降低认知到的风险水平,会采取两种信息搜索的策略,一是“正常”的策略,即为获得一般的产品类别信息而进行信息搜索;二是“额外”的策略,即把对特定产品的风险认知降低到可以接受的水平。只要特定产品风险高于可接受风险水平,消费者就会不断进行信息搜索。

2)购买使用过的产品或服务

某旅游消费者外出只会选择他以前入住过并且满意的快捷酒店入住,因为他很清楚该酒店旗下的品牌服务水准已经能够满足自己的需要。

3)购买高价或名牌产品

某些旅游消费者会根据品牌偏好购买商品和服务。例如某旅游消费者出门必定选择某豪华酒店品牌旗下的酒店入住就是一种降低风险认知的方法。

4)从有信誉的渠道购买产品

这些旅游消费者会利用有关线索,依靠酒店大堂的形象挑选酒店,或者获得销售商的质量承诺。

5)从众购买

旅游消费者等待机会,模仿他人的选择来降低风险,即从众消费。

2. 减少购买失败的结果

除上述方法之外,还有一些旅游消费者通过减少购买失败的结果来消除购买风险的认知,具体方法有以下几种。

(1)一次只购买少量的产品或服务,这样即使有损失也不大。

(2)购买低价产品。其实很多低价旅游团之所以有市场就是因为有不少旅游消费者认为自己只付了很少的费用,即便有损失也不会很大,本质上是用投机的心理甘冒风险。

(3)获取旅游企业或者旅游从业人员的保证或承诺,例如某旅行社承诺旅游不满意可以保证退款就吸引了不少游客。

(4)降低对旅游活动或者酒店服务的预期。

本章小结

旅游消费者的感觉和知觉是旅游消费者行为的基础和起点。感觉是人的大脑对直接作用于感觉器官的客观事物的个别属性的反映，知觉是人脑对直接作用于感觉器官的客观事物的整体属性的反映。人类的知觉具有选择性、整体性、理解性和恒常性。

旅游消费者在人际知觉的过程中常常出现首因效应、刻板印象和晕轮效应等各种认知偏差。旅游消费者对各类旅游交通工具的知觉过程中对于安全性、舒适性也存在着各种偏差。旅游目的地形象是旅游消费者对旅游目的地形成的一种综合形象，旅游企业或者旅游目的地政府需要在旅游消费者认知中塑造积极正面的旅游目的地形象。旅游消费者在旅游的过程中还会以认知地图的方式体验到旅游地的时间和空间的变化，觉察到各类风险并形成自己消除各类风险的方法。

关键术语

感觉(sensation)
感觉阈限(sensory threshold)
信号检测论(signal detection theory)
刻板印象(stereotype)
晕轮效应(the halo effect)
旅游目的地形象(tourism destination image)
感知形象(perceived image)
认知地图(cognitive map)
时间知觉(time perception)

复习与课后阅读

[1] 钟士恩，黄佩红，彭红松，等. 儿童旅游认知的探索性研究 [J]. 旅游学刊，2020，35(2):38-52.

[2] 黄清燕，白凯，袁佳钰. 丽江度假者的慢活时间研究 [J]. 旅游学刊，2020，35(11)：54-67.

[3] 胡孟姣，梁玥琳. 国内旅游目的地形象测量研究综述 [J]. 湖北农业科学，2019，58(7)：11-15.

第四章 情绪与旅游消费者行为

学习目标

- 掌握旅游消费者情绪的产生、表现和分类
- 识别旅游消费者常见的面部表情和姿态表情
- 掌握引导和控制旅游消费者情绪的方法

本章思维导图

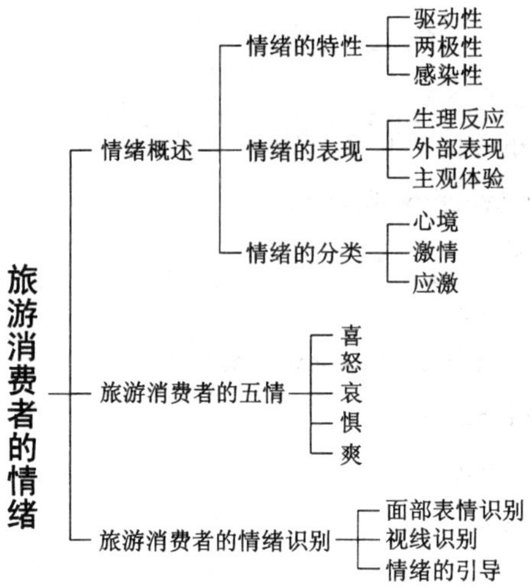

第一节 情绪概述

一、情绪的定义、特性和影响

1. 情绪的定义

情绪(emotion)是个体的一种内部的主观体验,但在情绪发生时,又总是伴随着一定的生理反应以及某种可以观察到的外部表现和行为特征。情绪蕴含着丰富细腻的主观体验,涌动着隐秘的生理反应以及丰富多彩的表情行为。情绪是个体适应环

境过程中的身心反应倾向。情绪是生物进化的产物，也是人类个体在发生、发展过程中随着认知能力的发展不断成熟的适应调节机制。当个体面临各种重要的机遇和挑战的时候，情绪就发生于个体快速敏捷的评估过程中。

情绪是人们对客观事物是否满足自己需要的一种内心感受和态度体验，消费情绪则是指人们在产品使用或消费过程中所诱发出来的情绪反应。如果产品或服务满足了需要，旅游消费者就会产生积极、正面的情绪；反之，就会产生消极、负面的情绪。情绪的认知评价理论认为，消费情绪是消费者对客观事物或所处环境认知评价的结果。因此，认知过程会对消费情绪产生影响，消费情绪又会对顾客满意和顾客忠诚等态度和行为产生显著的影响。

2. 情绪的特性

情绪具有驱动性、两极性和感染性。情绪的驱动性是指人的情绪反应带有某种不可抑制的驱动力，情绪能改变旅游消费者的关注点，引起更多的信息加工，重新认识环境，并组织各种适应及应对行为。情绪强烈的驱动性是个体适应功能得以实现的基本属性。

情绪的两极性是指消费者的情绪都包含肯定与否定、积极和消极、紧张和放松、激动和平静、强和弱等对立的两极。一般来说，高兴、喜欢、热爱和满意等情绪具有肯定的、激动的和积极的特征，而不满、悲伤、忧愁和厌恶等情绪具有否定的、消极的特性。人的高兴情绪也有狂喜、高兴、微笑等强弱程度的差异。

情绪的感染性则是指一个消费者的情绪会感染和影响到周围其他消费者的情绪体验，例如一个情绪饱满的导游会通过自己的语音语调、身体姿态语言等方面无意识地唤醒旅游消费者对旅游目的地的关注和喜爱。在旅游接待服务工作中，旅游从业人员强调服务要热情、态度要好，为游客提供微笑服务，目的就是利用情绪的传染性诱发游客的积极情绪，同时游客相互之间的情绪也具有一定的传染性，因此也要及时发现问题和解决问题，防止消极情绪在游客中间传播和扩散。

3. 情绪对旅游消费者行为的影响

人的任何活动都需要一定程度的情绪激发，因此情绪对旅游消费者行为具有强烈的影响。欢喜和愉快的情绪能增强旅游消费者的消费动机，增加其购买频率。情绪也会影响旅游活动中的人际关系和心理氛围。当旅游消费者处于积极的情绪状态时，服务中一些小的瑕疵或不足会被其有意无意地忽略掉而具有较高的评价；相反，当旅游消费者处于生气或者愤怒等消极的情绪状态的时候，以前的一些小失误也可能会因为消极情绪的放大而引起较低的评价。同时，情绪也会对旅游消费者的生理和身体健康状态产生影响，例如当旅游消费者处于焦虑状态的时候，旅游消费者会吃不下饭，甚至会出现偏头痛、胃痛等身体和生理上的消极状态。

二、情绪的表现

人的情绪发生时既有内心的主观体验，也有外部的行为表现，同时还有与情绪活动相伴发生的生理反应。这三者共同构成了消费者的情绪。

1. 生理反应

人在体验到情绪的时候，由于自主神经系统的活动，往往与之伴随有各种生理变化和反应，具体包括皮肤电、脉搏、血压、心跳、脑电波等生化指标。以呼吸为例，在情绪发生的时候，人的呼吸频率、深浅、快慢、均匀程度都会发生变化。研究表明，呼吸频率在消极悲伤时大约每分钟 9 次，在高兴时大约每分钟 17 次，在愤怒时大约每分钟 40 次，在恐惧时大约每分钟 60 次。消费者情绪紧张时其呼吸加快、加强，心跳速度加快、加强，血压和血糖升高，血中的含氧量增加，肾上腺素和甲状腺素分泌增加。反之，当消费者处于惊恐时心跳减慢，呼吸有时候暂停，面部小血管收缩，脸色发白，出冷汗，口干等。正是因为情绪发生的时候总是伴随着生理活动的可计量指标，因此在实验室进行研究时，可以采用这些客观指标在一定程度上衡量旅游消费者的情绪反应强度。

2. 外部表现

人的情绪发生时，除了有伴随的生理反应之外，往往还有各种外部行为表现，具体包括面部表情、姿态表情和语调表情等各种表情，这些表情统称为“身体语言”（body language）。表情是人类的非言语交往形式，是表达思想、传递信息的手段，也是了解旅游消费者情绪主观体验的客观指标之一。

面部表情（facial expression）是指通过眼部肌肉、颜面肌肉和口部肌肉的变化来表现各种情绪状态。面部表情最能精细展示不同性质的情绪，也是最能鉴别情绪的方法和手段，例如眉飞色舞、怒目而视、目瞪口呆等。面部表情可以分为八类：感兴趣—兴奋，高兴—喜欢，惊奇—惊讶，伤心—痛苦，害怕—恐惧，害羞—羞辱，轻蔑—厌恶，生气—愤怒。一般来说，眼睛和口腔附近的肌肉群是面部表情最丰富的部分。

姿态表情（body expression）是指除了面部表情以外的其他表情动作。例如欢乐时手舞足蹈、捧腹大笑，骄傲时趾高气扬、昂首阔步，慌张时手足无措等。一般而言，姿态表情多数是后天习得的，由于社会文化、传统习惯的影响往往具有民族性或存在团体的差异。旅游从业人员在与旅游消费者交往的过程中，尤其要注意身体姿态表情的文化差异。例如在南亚某些部落中人们以点头表示否定，摇头表示肯定，而与多数文化背景下的点头表示肯定和摇头表示否定相反。

语调表情（intonation expression）是伴随着言语出现的一种辅助表达情绪的形式。言语是人们沟通交流的工具，同时，语音的高低、强弱、抑扬顿挫等也表达了说话者的情绪。例如，当导游员讲解的时候，尖锐、急促、高分贝的声音表达了一种紧张而兴奋的情绪;而当他的语调缓慢而深沉,就表达出一种坚定而庄严的情绪。旅游消费者的朗朗笑声表达了他们愉快的情绪,而呻吟表达了其痛苦的情绪。

旅游从业人员和旅游消费者之间除了使用言语沟通达到互相了解之外,还可以通过由面部表情、身体姿势、手势以及语调等构成的身体语言,来表达个人的思想、感情和态度。在许多场合下,旅游消费者无须使用言语,只要看看对方的脸色、手势、动作,听听语调,就能知道其意图和情绪。

悲情菜单:用你的情绪和客人说话

有一次,意大利著名的悲剧影星罗西应邀参加了一个欢迎外宾的宴会。席间许多客人要求他表演一段悲剧,于是他用意大利语念了一段台词,尽管客人听不懂他的台词内容,然而他那动情的声调和表情,凄凉悲怆,使大家不禁流下了同情的泪水。可一位意大利客人却忍俊不禁,跑出会场大笑不止。原来,这位悲剧明星念的根本不是什么台词,而是宴席上的菜单。

思考:语调真有这么大的威力吗?旅游服务中如何正确使用语调表情?

3. 主观体验

情绪的主观体验是指人在主观上感受到、意识到或者可以口头报告的情绪状态。例如,也许我们看到某消费者情绪比较稳定,但他私下告诉你,他现在其实内心很不高兴,这就是典型的主观体验和外部表情的不一致现象。尽管不是所有的内部体验都表现为情绪,但是任何情绪都具备一定的内部体验。

三、情绪的分类

1. 情绪状态分类

情绪的状态可分为心境、激情和应激三种。

1)心境

心境(mood state)是指人比较平静而持久的情绪状态。心境具有弥漫性,它不是关于某一事物的特定体验,而是以同样的态度体验对待一切事物。

心境持续时间有很大差别。某些心境可能持续几小时;另一些心境可能持续几周、几个月或更长的时间。一种心境的持续时间依赖于引起心境的客观刺激的性质,如一次不愉快的购物经历可能使旅游消费者产生较长时间的郁闷心境。一个人取得了重大的成就(如高考被录取、实验获得成功和作品初次问世等),在一段时期内会使人处于积极、愉快的心境中。旅游消费者的人格特征也能影响他们心境的持续时间,同一事件对某些人的心境影响较小,而对另一些人的影响则较大。性格开朗的旅游消费者对于游览过程中的不愉快往往事过境迁不再考虑,而性格内向的旅游消费者则容易耿耿于怀。心境产生的原因有多个方面,生活中的顺境和逆境、工作中的成功与失败、人际关系是否融洽、个人健康状况、自然环境的变化等都可能成为引起某种心境的原因。心境对人的生活、工作、学习、健康有很大的影响。积极向上、乐观的心境可以提高人的活动效率，增强人的信心，使人对未来充满希望，有益于健康；而消极悲观的心境则会降低认知活动效率，使人丧失信心和希望。经常处于焦虑状态，有损于健康。人的世界观、理想和信念决定着心境的基本倾向，对心境有着重要的调节作用。

2）激情

激情（intense emotion）是一种强烈的、爆发性的、为时短促的情绪状态。这种情绪状态通常是由对个人有重大意义的事件引起的。重大成功之后的狂喜、惨遭失败后的绝望、亲人突然死亡引起的极度悲哀、突如其来的危险所带来的异常恐惧等都是激情状态。

激情往往伴随着生理变化和明显的外部行为表现，例如人暴怒时全身肌肉紧张，双目怒视，怒发冲冠，咬牙切齿，紧攥双拳；狂喜时眉开眼笑，手舞足蹈；极度恐惧、悲痛和愤怒后，可能导致精神衰竭、晕倒、发呆，甚至出现所谓的激情休克现象，表现为过度兴奋、言语紊乱、动作失调。

激情状态下的消费者往往会出现"意识狭窄"现象，即认识活动的范围缩小，理智分析能力受到抑制，自我控制能力减弱，进而其行为失去控制，甚至做出一些鲁莽的动作或行为。例如某旅游消费者在因过量饮酒诱发的激情状态下，完全失去理智，自己无法控制。面对这样的客人，旅游从业人员一方面要对客人的行为保持理解和宽容，另一方面要善于控制自己的激情，保持自我冷静，不与客人争辩，做自己情绪的主人。

3）应激

应激（stress）是指人受到某种意外的环境刺激时，身心处于高度紧张的状态，是个体所做出的一种适应性反应。处于应激状态的个体必须运用自己的智慧和经验，动员自己的全部力量，迅速做出选择，采取有效行动。例如正常行驶的旅游车突然遇到故障，司机紧急刹车，或者战士排除定时炸弹时的紧张而又小心的行为等。应激状态的产生与人面临的情景及人对自己能力的估计有关。当情景对一个人提出了要求，而他意识到自己无力应付当前情境的过高要求时，就会感到紧张，而处于应激状态。人在应激状态下，机体会产生一系列生物性反应，如肌肉紧张度、血压、心率、呼吸以及腺体活动都会出现明显的变化。这些变化有助于个体适应急剧变化的环境刺激，维护机体功能的完整性。

个体对应激的反应有两种表现：一种是活动抑制或完全紊乱，甚至发生感知记忆的错误，表现出不适应的反应，如目瞪口呆、手忙脚乱、陷入窘境等；另一种则是调动各种力量，活动积极，以应对紧急情况，如急中生智、行动敏捷、摆脱困境。

在应激状态下，人的生理系统发生激烈变化，肾上腺素以及各腺体分泌增加，身体活力增强，使整个身体处于充分动员状态，以应对意外的突变。但是持续的应激状态会击溃一个人的生物化学保护机制，使人的抵抗力降低，容易罹患心身疾病。长期处于应激状态会对人的健康不利，甚至会造成危险。

2. 基本情绪和复合情绪

基本情绪是指那些先天预成的、不需要后天习得的情绪。基本情绪一般是人和动物所共有，有时候也被称为原始情绪，有文化共通性。研究中常把快乐、愤怒、悲哀和恐惧列为情绪的基本形式。基本情绪发生于个体对所处环境的基本评价（例如满意），有独特的内在主观体验，外显的面部表情、行为以及外周生理反应模式。独特的表情和体验是基本情绪的核心特征。艾克曼（Ekman）指出基本情绪有六种：快乐、兴趣、悲伤、愤怒、恐惧和厌恶。伊扎德（Izard）认为基本情绪应该包含更多，即快乐、惊奇、愤怒、悲伤、恐惧、厌恶、兴趣、羞涩、羞愧、蔑视、内疚以及自我敌意 12 种。基本情绪与复合情绪相对应，被视为情绪现象的基本单位，并具有较强的先天遗传基础。

复合情绪是由基本情绪的不同组合而派生出来的情绪。例如由疼痛引起的不愉快是比较单纯的情绪，而羞耻、悔恨这些情绪则包含着不愉快、痛苦、怨恨等复杂因素，是一种复合情绪。在伊扎德的分类中，由基本情绪组合产生的复合情绪有以下三类：①基本情绪混合的复合情绪。例如紧张这种复合情绪可能是轻微的人际关系恐惧和羞涩这两种基本情绪的混合。而某旅游消费者的敌意就是一种复合情绪，是由愤怒、厌恶和蔑视这三种基本情绪组成。②基本情绪与内驱力混合而成的复合情绪。例如某旅游消费者在交通事故中受重伤以后，其体验到的复合情绪是逃离痛苦的内驱力与恐惧、愤怒两种基本情绪的混合。③基本情绪与认知结合形成的复合情绪。例如在参观圆明园大水法遗址的时候，旅游消费者体验到的复合情绪就包含了对中国近代屈辱史的认知、对列强侵略的愤怒和对当前强大祖国的自豪感。

有些复合情绪是可以命名的，例如愤怒、厌恶、轻蔑等基本情绪的复合可命名为敌意，恐惧、内疚、痛苦和愤怒几种情绪的复合是典型的焦虑，但有更多的复合情绪难以命名。复合情绪与基本情绪在概念上存在一定的相似性，有些场合也会相互通用。

第二节　旅游消费者情绪的分类

人的基本情绪可以分为喜、怒、哀、惧、恶。旅游消费者在整个旅途中能全面体验到这些基本情绪，其中以欢乐为基调的高兴、愉悦情绪为主要的正面、积极的情绪体验。但是在一些特殊的景点或者紧急、突发状况下，旅游消费者也可能会体验到一些诸如恐惧、愤怒或者悲伤的情绪。故此我们对旅游消费者的情绪体验描述将从这些基本情绪体验入手。此外，近年来由积极心理学开创的畅爽体验（flow experience）

也逐渐成为研究消费者体验的重点，在此一并介绍。

一、喜：旅游消费者的快乐情绪

快乐体验是个体盼望的目标达成后，紧张感消除的一种情绪体验。旅游消费者快乐的程度取决于其愿望的满足程度。旅游消费者外出旅游在很大程度上是为了所谓的“找乐子”。因此，旅游从业人员应该在不违反法律法规和社会公共道德原则的前提下，尽量满足他们的要求，使其感受到愉悦和快乐。很多的旅游消费者希望导游具有幽默诙谐的个性也是基于这种“找乐子”的需要。旅游消费者快乐的强度从满意开始，可以到愉快、欢乐甚至狂喜。在通常的服务中，让旅游消费者满意仅仅是让他们体验到快乐情绪的起点，要让他们体验到愉悦、欢乐和喜出望外还需要旅游从业人员提供更多的超常服务和个性化的心理服务。

二、怒：旅游消费者的愤怒情绪

愤怒体验是旅游消费者体验到的一种消极情绪，往往是因为旅游产品或者服务出现缺陷，未能满足其心理需要而产生的。例如，因为行程的变化，游客不能按时进餐或者未能在景区停留预定的、足够的游览时间等。这种影响游览或者消费体验的事情导致其紧张情绪累积之后超过临界点后产生了愤怒的情绪。对于同样的旅游产品或者服务中的缺陷，不同的旅游消费者可能因为认知或者归因的不同而产生不同强度的愤怒体验。一般而言，面对旅游产品或者服务的缺陷，当旅游消费者将其归因为企业或者旅游从业人员可控而没有控制的因素时，容易体验到异常愤怒的情绪，甚至引发其攻击性行为的出现。如果其要求未能被满足，一些旅游消费者可能会通过故意破坏房间的设施或者用言语挑衅旅游从业人员来发泄自己的不满。此外，一些特殊的旅游景点也有可能唤起旅游消费者愤怒的情绪体验，例如一些旅游消费者在圆明园景区参观游览时，看到满眼的断壁残垣，想象出八国联军曾经在中国大地上横行霸道的场景，就会体验到愤怒的情绪。

旅游从业人员或者旅游企业要尽量注意到旅游消费者的情绪状态变化，尽量将其不满意消灭在萌芽状态，避免其冲动性地大怒或者暴怒，适当的时候可以考虑通过引导旅游消费者将问题归因为不可抗力等外在因素，这样能有效消除旅游消费者愤怒情绪的爆发。

愤怒的客人

有一次，一个西欧旅游团深夜到达某饭店，由于事先联系不周，客房已满，只好委屈客人睡大厅。全团人员顿时哗然，扬言要敲开每一个房间，吵醒所有宾客，看看是否真的无房。此时客房部经理却“微笑”着向他们耸耸肩，表示无可奈何，爱莫能助。

这使客人更为不满，认为经理的这种微笑是一种幸灾乐祸的“讥笑”，是对他们的污辱，便拍着桌子大声喝道：“你再这样笑，我们就要揍你！”这位经理十分尴尬。后来在翻译人员的再三解释下，客人的愤怒才平息。客房部经理此处的“微笑”就诱发了客人的愤怒情绪，使客人产生了非常不好的愤怒体验。

三、哀：旅游消费者的悲伤情绪

悲伤体验是个体失去自己心爱的人或事物，或者自己的愿望破灭以后产生的一种消极情绪体验。多数情况下，旅游消费者会避免在旅途中出现悲伤类的消极体验，但在一些特殊的景点，旅游消费者也会产生悲伤的情绪，例如绝大多数游客在参观四川汶川地震遗址或者南京大屠杀纪念馆等此类黑色旅游吸引物时会体验到强烈的悲伤情绪。在这样的场合中，旅游从业人员需要有强烈的“共情”意识，否则会让旅游消费者产生强烈的不适感。旅游消费者体验到的悲伤程度取决于所失去对象的重要性和价值，失去的对象越重要，他们体验到的情绪可能会从遗憾到难过，再到悲伤乃至哀痛和绝望等。他们的悲伤体验往往会引发紧张性的释放行为——哭泣行为的产生，在这种场合或者情境中，旅游从业人员不需要进行太多的言语劝说，往往只需要在旁边细心观察，必要的时候奉上纸巾或者毛巾，偶尔说上一两句共情或者安慰的话语即可。

四、惧：旅游消费者的恐惧情绪

恐惧体验是个体企图摆脱逃避某种危险情境但又无能为力时产生的情绪体验，其产生的主要原因在于缺乏处理可怕情境的能力或者应付危险事物的手段。一般而言，旅游消费者在旅游途中较少体验到恐惧的情绪体验。旅游消费者一般在两种情况下可能体验到恐惧的情绪。

（1）一些特种旅游项目或者活动引发的恐惧体验，例如蹦极、高空跳伞，在消费者看来此类的恐惧体验多数情况下是可控的体验，至少自己可以选择不去体验此类项目。

（2）旅途中一些意外情况导致旅游消费者陷入某种困境而引发的恐惧体验。例如旅游过程中出现严重车祸，有旅游消费者溺水或者在丛林中迷路等，此类情境引发的恐惧体验往往让他们产生一种场面不可控的认知而产生恐惧和焦虑情绪。在此类情境中，导游或者旅游从业人员首先要保持情绪稳定，不能惊慌失措，否则很容易导致恐惧情绪在旅游消费者群体内部扩散并引发整个旅游团的不安和慌乱。这也提醒我们在安排旅游线路或者选择旅游景点的时候，需要把旅游安全问题放在首位，尽量避免安排那些开发尚不成熟的景点，降低旅游消费者体验到恐惧情绪的可能性。

一半美景，一半恐惧

我和牛牛5月6日早晨上山，蒙蒙细雨，北海景区被雾气遮住，不见美景，无限幻想留在心中。6日下午2点半左右，我们两人才到排云亭，准备探险西海大峡谷。几位保安同志十分严厉地警告我们只能走一段便原路返回，时间已经太晚，十分危险。牛牛为我们的安全担心，有些犹豫。而我对他的犹豫十分生气，只憧憬着梦幻的景色，根本没想安全问题。在我的坚持下，我们开始向谷底行进。大峡谷的路，比起天都峰，不算险。如果有一队人马，有充足的时间，应该可以玩得十分尽兴。在出发时，一对情侣和我们相伴，但没有走多远，他们担心天黑走不完，就原路返回排云亭看日落了。当我们下到谷底时，我心里的恐惧一点点增多。本来就是多云天气，时阴时晴，到了谷底已经4点半了，深谷内光线更加暗。我害怕无边无际的天黑，虽然在白天的时候我的胆子很大。害怕，又不敢讲出来。没做什么停留，在谷底留影后，我们加紧赶路，希望天黑前走出峡谷。上行的路走起来很费劲，地图上显示一共要穿过四个山洞，距离很近。可我们穿过了一个之后，怎么也走不到第二个了。随着海拔升高，光线好像又充足了。我心里渐渐不害怕了。左腿膝盖处的一块肌肉十分疼痛，两条腿都很酸疼，我们停下来休息了几次，补充水分和能量。在一处宽阔的平地上，我还唱了首歌。我对着天空喊："太阳公公不要走！"乒乒乓乓传来击石的声音，是工人们在修建大峡谷内的宾馆。除了刚过谷底时遇见一队人马外，这些工人们是我们在峡谷内看到的唯一的一群人。终于走完了四个山洞，要到步仙桥了吧？一段跋涉之后，又过了一个山洞，牛牛判断我们已经走出了峡谷。终于有了路标，正是步仙桥！赶紧走！天色已经暗了，6点40分了！刚按着路标向天海方向走了几步，我突然想起来，怎么没有看到桥的影子？我们回头，一处观景之地出现在眼前。原来没出山洞时右手边还有一个山洞，走下去就是一座搭在两边石壁上的石桥。走过桥去，真是一片观景好地！蓦然回首，茫茫云海之边际，条条锦霞欢送之间，一圈柔柔的红日正要告别而去。正是6点44分！这个告别场景真的美极了，但是这个告别也意味着阳光要消失了。我们庆幸能看到至美的景象，但在对黑暗的恐惧中，我们无心静静地品味日落。拍几张相片，回去慢慢欣赏吧。我还没有完全看清楚步仙桥的样子，怀着无限留恋，不得不加速赶往天海。太阳走了，月亮陪着我们。清冷的月光下，可以看清山路。但四周的山和树看不清楚，我还是十分恐惧。我能感觉到我们走的是山脊。终于看到了一点灯光，我心神稍定。后来才知道那是白云宾馆。我们不顾腿疼，继续前行。7点40分，我们到达了天海山庄。看到了人，我觉得回到了安全的地方。

——采自某旅游消费者的博客游记

从上述旅游消费者的游记中，我们能体验到他们在黄山景区游览的过程中体验到的恐惧感和兴奋感交织的过程。这种不听劝告，执意前往危险地区的行为是不可取的，如果想要获得良好的旅游体验，必须优先保障自身的安全。

五、爽：旅游消费者的畅爽体验

畅爽体验有时候也翻译为心流体验，这一概念最初源自积极心理学家契克森米哈伊（Csikszentmihalyi）对艺术家、棋手、攀岩者及作曲家行为的观察，他注意到当这些人在从事他们工作的时候，几乎是全神贯注地投入工作，经常忘记时间以及对周围环境的感知，这些人参与活动都是出于共同的乐趣，这些乐趣来自活动的过程，而且外在的报酬极小或不存在，这种由全神贯注所产生的心流体验是一种最佳的体验。畅爽体验是一种将个人精神力完全投注在某种活动上的感觉，心流产生时，人会有高度的兴奋感及充实感。

具体到旅游消费者，当他们进入畅爽体验情境的时候，他们会将注意力集中于旅游活动本身，或者被特定的景区景点所吸引，此外还会有暂时失去自我意识、时间感消失等特征。例如一些旅游消费者在旅途中经常忘记了自己出游前的社会身份，或者很多人在旅游途中会觉得时间过得比通常情况下要更快一些。在畅爽体验之下，旅游消费者能从活动中获得更大程度的愉悦感，某些特殊的旅游项目如果能唤起旅游消费者的畅爽体验将会受到市场的欢迎和青睐。

第三节 旅游消费者情绪的识别

一、面部表情识别

面部表情的识别包含两类：一是日常生活中我们对包括旅游消费者在内的其他人的面部表情的识别，这种识别更多的是依靠过去经验的学习，属于一种下意识的识别过程，例如我们会从对方的眼睛、眉毛和口部肌肉的变化和组合中识别出他们的悲伤和快乐；二是随着认知科学的发展，各种仪器设备甚至人工智能能够自动、快速地识别消费者的表情，这种面部表情的识别成为当前市场营销和行为科学研究的热点。

面部表情的研究始于 19 世纪，1872 年达尔文在《人类和动物的表情》一书中阐述了人的面部表情和动物的面部表情之间的联系和区别。1971 年，埃克曼（Ekman）和弗里森（Friesen）对现代人脸表情识别做出了开创性的工作，他们研究了人类的六种基本表情（即高兴、悲伤、惊讶、恐惧、愤怒、厌恶），确定识别对象的类别，并系统地建立了有上千幅不同表情的人脸表情图像数据库，细致地描述了每一种表情所对应的面部变化，包括眉毛、眼睛、眼睑、嘴唇等等如何发生变化。1978 年，诹访（Suwa）等人对一段人脸动画视频进行了人脸表情识别的最初尝试，提出了在图像序列中进行面部表情自动分析。20 世纪 90 年代，K. 梅斯（K. Mase）和 A. 彭特兰（A. Pentland）

使用光流来判断肌肉运动的主要方向，自使用提出的光流法进行面部表情识别起，自动面部表情识别进入了新的时期。当前有不少的科研机构开始采用这些方法在实验室对消费者购物时的面部表情进行研究，取得了一些进展。

表情研究常用的开源数据库

自埃克曼（Ekman）等人于20世纪70年代开创了对表情的科学研究以来，出现了很多表情研究的开源数据库。

1. KDEF与AKDEF表情库

这个表情库最初被开发以用于心理和医学研究。它主要用于知觉、注意、情绪、记忆等实验。开发者在创建数据库的过程中，特意使用比较均匀、柔和的光照，要求被采集者身穿统一颜色的T恤。这个数据库包含70个人，其中男性和女性各35名，年龄为20~30岁，他们没有胡须、耳环或眼镜，且未明显化妆。他们的表情分为7种，每个表情有5个角度。表情库中总共有4 900张彩色图片，图片尺寸为562×762像素。

2. RaFD表情库

该数据库由奈梅亨大学行为科学研究所整理，是一个高质量的脸部数据库，总共包含67个模特，其中有20名白人男性成年人，19名白人女性成年人，4个白人男孩，6个白人女孩，18名摩洛哥男性成年人。表情库中共有8 040张图片，包含8种表情，即愤怒、厌恶、恐惧、快乐、悲伤、惊奇、蔑视和中立。每一个表情包含3个不同的注视方向，且使用5个相机从不同的角度同时拍摄。

3. CelebA表情库

这是商汤科技用于研究人脸属性的数据库，包含超过20万张表情图片，每个子数据库都有40个注释属性。该数据库中的图像涵盖了大型姿态变化和复杂背景。Celeb A的多样性非常好，有约10万张带微笑属性的数据。

4. Fer2013表情库

该表情库包含约30 000张48×48灰度图，图片的分辨率比较低，除中性表情外，共有6种表情，分别编号为0号生气（anger）、1号厌恶（disgust）、2号恐惧（fear）、3号开心（happy）、4号伤心（sad）、5号惊讶（surprised）、6号中性（normal）。

二、视线识别

俗话说“眼睛是心灵的窗户”，眼神是反映人的情绪状态的重要窗口，人眼的注意是一个无意识的过程。人总是会被有趣和新奇的事物所吸引，因此对人的眼视线进行研究对于识别消费者的兴趣和情绪状态具有重要的意义。随着技术的进步，心理学家开发出了能够对人的眼视线进行追踪研究的设备——眼动仪（eye movement recording apparatus)。眼动仪能够记录人眼的注意点、凝视时间以及扫视轨迹(从一个注意点快速移动到另一个注视点)这些眼动数据。研究者可以通过相关的软件对这些数据进行综合分析,提供了一种研究消费者注意点和情绪变化的方法。

眼动仪包括固定式眼动仪(也被称为头戴式眼动仪)和移动式眼动仪。固定式眼动仪主要用于实验室实验。移动式眼动仪则可以在真实环境下对消费者的眼视线进行研究。在旅游消费者研究领域,当前国内外眼动实证研究关注的热点集中于旅游广告、文创产品、网络地图、旅游酒店等方面,也有学者运用脑电、眼动和自我报告的混合应用,为研究旅游消费者的情绪提供了新的方法和思路。

三、情绪的引导

1. 创造有利于产生积极情绪的客观条件

创造有利于产生积极情绪的客观条件需要从以下方面着手:一是在旅游活动中开展丰富多彩的活动,满足旅游消费者的各种需要,安排好他们的食宿行游购娱等基本环节。二是严格执行活动计划,保证活动按照约定的顺序进行,尽量避免临时更改行程,因为行程的更改会给旅游消费者带来焦虑的情绪。如果实在需要更改行程,一定要征得客人的同意和谅解后方可执行。三是旅游项目的安排要劳逸结合,行程过于紧张或者过于松垮都会给旅游消费者造成消极的情绪。

转怒为喜的客人

正值秋日旅游旺季,有两位外籍专家出现在上海某大宾馆的总台。总台服务员实习生小刘查阅了订房登记簿之后,简单地向客人说:“客房已定了 708 号房间,你们只住一天就走吧?”客人们听了以后就很不高兴地说:“接待我们的工厂有关人员答应为我们联系预订客房时,曾问过我们住几天,我们说打算住三天,怎么会变成一天了呢?”小刘机械呆板地用没有丝毫变通的语气说:“我们没有错,你们有意见可以向厂方人员提。”客人此时更加火了:“我们要解决住宿问题,我们根本没有兴趣也没有必要去追究预订客房的差错问题。”

正当形成僵局之际,前厅值班经理闻声而来,首先向客人表明他是代表宾馆总经理来听取客人意见的,他先让客人慢慢地把意见说完,然后以抱歉的口吻说:“两位所提的意见是对的,眼下追究接待单位的责任是其次的。这几天正当旅游旺季,双人间客房连日客满,我想为您安排一处套房,请各位明后天继续在我们宾馆入住,价格虽然要高一些,但设备条件还是不错的,我可以给您九折优惠。”客人们觉得值班经理的表现还算是诚恳,符合实际,于是应允照办了。

评析:在旅游服务过程中,旅游服务人员首先要注意到旅游消费者情绪的变化,尽量避免旅游消费者出现愤怒的情绪,万一旅游消费者在心理上产生不快和恼怒时,旅游服务人员首先要稳定旅游消费者的情绪,倾听他们的意见,以低姿态的致歉语气,婉转地加以解释,用协商的方式求得问题的解决。当客人感到满意又符合情理时,饭店的情感服务才算得上成功。

2. 控制不良情绪在游客中传播

旅游服务工作属于典型的情绪劳动(emotional labor)。情绪劳动是指要求员工在工作时展现某种特定情绪以达到其所在职位工作目标的劳动形式。例如酒店的服务员,即使被惹怒了,也要微笑着迎合顾客。

当工作要求员工表达出的情绪与他们的真实情绪感受不吻合时,情绪劳动便面临困境。为了应对这种困境,员工可以采取三种不同的情绪劳动策略:一种是浅层动作,也就是装装样子,假装表现出需要的情绪,而不触及深层的感受;另一种则是深层动作,采取这种策略的员工会努力调整内心感受,以迎合组织的要求;第三种是自然动作,这种情况下,员工不需要从认知上进行情绪调节,自然而然地会表达出工作场所中所体验到的情绪,即经常所说的职业素养。

旅游从业人员要学会控制自己的情绪,尽量采用自然动作和深层动作,少采用或避免采用浅层动作。自然动作的形成要求旅游从业人员平时注意自我修养,同时保持良好的心境,尽量以正面积极的情绪诱导客人产生积极乐观的情绪。深层动作则要求旅游从业人员随时观察游客的情绪变化,发现不良情绪的苗头,及时帮他们解决各种问题,以避免不良情绪扩散。在服务中万一产生了消极情绪,旅游从业人员也可部分采用浅层动作转移自己或者游客的注意力,同时减少环境刺激,避免再次诱发双方的消极情绪。

本章小结

旅游消费者不仅是理性的决策者,也是有各种情绪的个体。人类的情绪表现分为生理反应、外部行为表现以及主观体验三部分。不同的旅游产品、旅游情境会使旅游消费者体验到喜、怒、哀、惧、爽等各种不同的情绪。采用眼动仪以及一些新的技术手段对旅游消费者的面部表情以及视线进行研究可能是未来旅游消费者行为研究的一个新的突破点。旅游消费者情绪的引导则需要从创造有利于产生积极情绪的客观条件和控制不良情绪在游客中的传播两个方面进行。

关键术语

情绪(emotion)
身体语言(body language)
面部表情(facial expression)

姿态表情（body expression）
语调表情（intonation expression）
心境（mood state）
激情（intense emotion）
应激（stress）
畅爽体验（flow experience）
眼动仪（eye movement recording apparatus）
情绪劳动（emotional labor）

复习与课后阅读

[1] 陈钢华，李萌. 旅游者情感研究进展：历程、主题、理论与方法 [J]. 旅游学刊，2020，35（7）：99-116.
[2] 耿聪聪，王平，孟亚军. 酒店动态定价背景下的顾客情绪与购后行为研究：基于在线评论的证据 [J]. 旅游研究，2021，13（2）：57-70.

第五章 态度与旅游消费者行为

学习目标

- 了解人类态度的结构和形成过程
- 理解旅游消费者态度改变的认知失调理论、双加工模型和态度说服模型
- 掌握改变旅游消费者态度的方法

本章思维导图

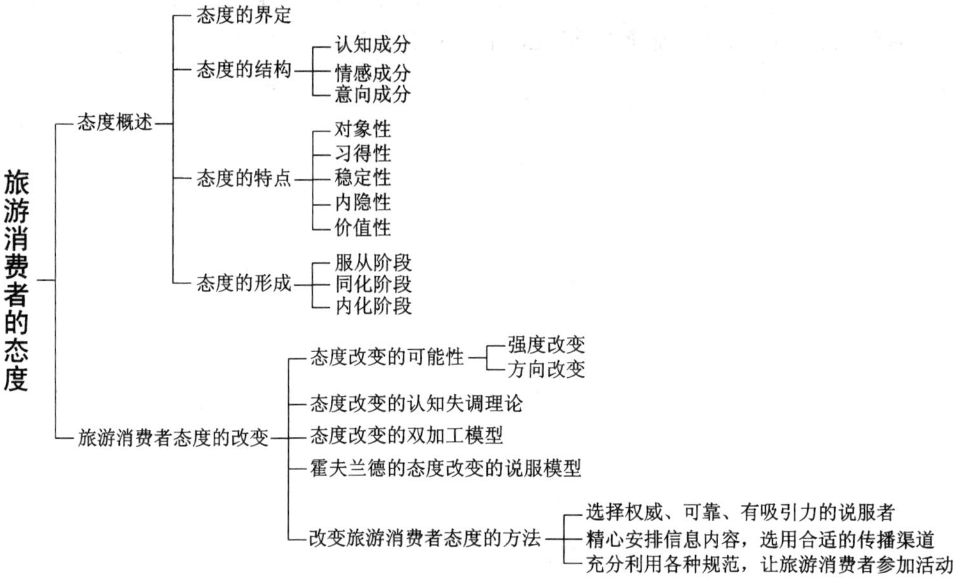

第一节 态度概述

一、态度的界定

态度（attitude）是个体对特定对象（人、观念、情感或者事件等）所持有的稳定的心理倾向。这种心理倾向蕴含着个体的主观评价以及由此产生的行为倾向性。态度

也是一种喜欢或者不喜欢的评价性反应,在人们的认知、情感和行为倾向中表现出来。

旅游态度则是旅游消费者对各种旅游对象或者旅游条件做出行为反应的心理倾向。旅游态度决定着旅游者将以何种活动水平投入即将进行的旅游活动中,因此它是一种从事旅游活动的心理准备状态。

旅游态度不等同于旅游行为,是旅游消费行为出现的心理准备状态。例如有些旅游消费者认为外出旅游可以开阔眼界、增长知识,有愉悦身心和增进身体健康的作用,因此他们喜欢旅游活动,有机会的话愿意外出旅游,表明该旅游消费者对旅游活动持有积极的态度,未来出行的概率会更高。而另外一些人认为出门旅游花钱多,饮食和住宿条件不如家里,纯属花钱买罪受,是一种浪费时间和金钱的行为,因此不喜欢外出旅游,即便具备条件也不一定选择出门旅游,这些人对旅游活动持有消极否定的态度,未来出行的可能性很小。

二、态度的结构

迈尔斯指出,态度的结构涉及三个维度:认知、情感和行为意向。每个消费者的每一种具体态度都包含这三种成分。

1. 认知成分

认知因素就是指个人对态度对象带有评价意义的叙述。叙述的内容包括个人对态度对象的认识、理解、相信、怀疑以及赞成或反对等。例如某些旅游者认为冬天泡温泉有益于身体健康,暑期带领小孩子出去旅游增长见识,对于提升孩子未来的竞争力具有重要意义等,这些都属于消费者对旅游活动的认识和看法,是属于其态度的认知成分。

2. 情感成分

情感成分就是指个人对态度对象的情感体验,如尊敬—蔑视,同情—冷漠,喜欢—厌恶等。例如某些旅游消费者喜欢山水风光,而另外一些旅游者更喜欢人文景观,或者某些旅游消费者偏爱选择入住不同品牌的酒店等,这些都属于态度的情感成分。

3. 意向成分

意向因素就是指个人对态度对象的反应倾向或行为的准备状态,也就是个体准备对态度对象做出何种反应。例如某旅游消费者打算在假期前往西藏旅游,有的旅游消费者希望能乘坐游轮去海上巡游,这些“打算”“希望”都属于其态度的意向成分。

一般来说,态度的三种成分之间是协调一致的,例如某旅游消费者在出游的过程中,如果认为导游员服务态度好,酒店入住快捷方便,食物合乎自己的口味,他就会对此次旅游形成喜欢和愉快的情感，那么他下次会继续选择这家旅行社为自己安排旅游行程。

但是在一些特殊的情况下，旅游消费者态度的三种成分之间也可能存在冲突，其态度就将变得非常复杂，旅游消费者需要去调整自己的认知、情感或者意向，使三者达到一致。例如某家长认为外出旅游是浪费钱，小孩在外面又辛苦又学不到东西，对旅游持有消极的态度，但是他的小孩又必须参加学校组织的研学旅行，这个时候他对旅游的态度中认知、情感和意向之间就发生了冲突，这种情况下，他行为意向上显然不能拒绝自己的小孩出门旅行，最后为了让自己能形成态度三种成分的一致，他想办法改变了自己对外出旅游的认知，认为研学旅行对小孩具有重要的教育意义，为了促进小孩的成长，花一笔钱让小孩参加研学旅行也是一件很好的事情，从而形成正面的情感和积极支持的意向，使三者协调一致。

三、态度的特点

1. 对象性

任何态度都指向一定的对象，这个对象可以是某个人或者某个群体，也可能是某物或者某件事情。例如某旅游消费者认为酒店的某位服务员的服务没有达到自己的心理预期而对这个服务员有比较低的评价，就属于对某个人的评价；而另外一位旅游消费者认为旅行社应该对航班晚点导致的行程变更负责任，就属于对晚点这件事的看法。总之，旅游消费者的态度不是没有对象的泛泛之谈，而往往是与具体的人或事相联系。

2. 习得性

人的任何态度都源自其过去的经验，或者说来自学习而具有习得性。例如某人曾经因为参加旅行社组织的团队游有过很不好的体验，而对包价旅游形成了一种旅游就是花钱买罪受的态度，但是因为某次单位组织的包价游体验很好而改变了先前的消极态度，这就是消费者态度的改变或者习得性的体现。

3. 稳定性

人的态度一旦形成，就将持续一定的时间，甚至成为其个性的一部分，因而具有一定的稳定性。正是因为消费者的态度具有稳定性，所以试图改变旅游消费者的态度往往是一件比较难的事情。特别是当旅游消费者形成了某种消极的态度以后，任何试图改变其态度的行为都会遭遇其内在的抵抗。

4. 内隐性

态度是一种内在心理结构，存在于消费者的内心，无法被直接观察到，只能通过他们的行为或者与行为有关的言语行为间接推测出来。例如某游客对酒店提供的特色菜品赞不绝口，我们就可以推测他对该菜品持有积极的态度。

5. 价值性

价值性是态度的核心，态度的价值性体现在对消费者的意义上。消费者对某事、某人的态度的价值性大小，一方面取决于该事件或者该人对其的重要性，另一方面也与该消费者的需要、兴趣、动机以及性格、信念等因素有关。消费者对能满足其需要的事物，对有重要意义的事物容易持有正面积极的态度，否则就容易形成负面消极的态度。

四、态度的形成

人的态度不是生来就有的，而是在一定的社会环境中形成的。例如刚出生的婴儿只存在无所谓态度，人在其不断发育成长的过程中不断接触周围的人和事，从而在大脑中形成了一定的印象、看法等认知，体验到了各种积极或消极的情绪，逐渐形成了各种态度。依据心理学家凯尔曼的理论，人的态度形成一般经历了服从、同化和内化三个阶段。

1. 服从阶段

人们为了获得物质或者精神的报酬，或者避免惩罚而采取的表面顺从行为被称为服从阶段。处于服从阶段的消费者的行为不是出自内心的真实意愿，而是一种适应环境的权宜之计，其目的在于获得奖赏、赞扬、被他人承认或者避免受到惩罚等。当环境中奖励或者惩罚的因素消失时，他们的行为会很快发生变化。例如某些旅游者在车上仅仅是因为想获得其他人的夸赞而将座位让给其他游客，他对待给其他人让座的态度就处于服从阶段。或者某游客很想在景区的树木或者建筑物上涂刻“××到此一游”的字迹，但是害怕被景区罚款或者处罚而没有让这种行为出现，反映出该游客对于爱护景区公共财物这个观念的态度是处于服从阶段，一旦惩罚措施消失，或者他认为处罚可以接受的时候，这种乱刻画的行为就会出现。

2. 同化阶段

这一阶段的消费者不是被迫而是因为自愿才接受他人的观点和信念，使自己的态度与多数人保持一致。应该说同化阶段的消费者行为不完全是受到环境压力的行为表现。例如某个新入职的导游员看到周围的其他人都在认真为游客服务，而他又迫切希望自己成为导游群体中的一员，他在每次出团的时候都愿意遵守“客人永远是对的”这一服务规范。

3. 内化阶段

内化阶段是指人们从内心深处真正相信并接受某个观点而彻底改变自己的态度并以此自觉指导自己的思想和行为的阶段。在这一阶段，个体会把这些观念纳入自己的价值观和世界观，形成稳固的态度，不会因为受到环境或他人压力而轻易改变。例如经过多年工作环境的浸润，某旅游从业人员在长期的工作中一直践行“把‘对’

让给客人”的观念,并不会因为周围的人不认同这个观念就去改变自己的观念或者行为模式。

态度的形成从服从到同化再到内化是一个复杂的心理过程,对同一事件的某一个态度而言,一些人处于服从阶段,而另外一些人已经处于同化或者内化阶段。

第二节 旅游消费者态度的改变

一、态度改变的可能性

旅游消费者的态度具有稳定性,但同时也具有习得性。因此任何人的态度都可能在一定条件下发生改变。无论是主动引起其认知成分发生改变还是强迫其情感成分和意向成分发生改变都会导致其态度成分的冲突,从而引发其态度的改变。

消费者态度的改变包含两种形式:强度的改变、方向(性质)的改变。态度的强度改变更容易发生,例如让一个强烈反对外出旅游的人变得不那么反对就属于态度的强度改变。人的态度改变总体上都属于渐变的改变,少有突然方向性的改变。态度的方向改变则是人以一种全新的态度代替以前的态度,例如某消费者之前一直对某酒店品牌持有消极的负面态度,但是因为某次危机事件酒店处理恰当,让消费者对该酒店刮目相看,态度来了一个 180 度转弯就是消费者态度方向的改变。

态度的强度改变和方向改变存在着内在的联系,态度的强度改变是量的变化,态度的方向改变是质的变化。态度的方向改变包含了强度的改变,态度强度的逐渐改变最终演变成态度方向的改变。

消费者经常会对自身过去、现在或将来的经历进行评价,评价结果会激发相应的情感,而情感会进一步影响消费者行为,最终表现为“评价—情感响应—行为意向”的连续发生过程。其中评价过程包括对“结果—愿望”单元的评价。消费者若拥有良好体验或达成目标,就会实现“结果—愿望”和谐,产生积极的情感响应,从而产生积极的行为意向。消费者若经历了不好的事件或未达成目标,则“结果—愿望”冲突,容易出现消极的行为意向。

二、态度改变的认知失调理论

费斯廷格的认知失调理论(cognitive dissonance theory)认为,态度改变是为了维持态度各成分之间的一致。如果态度中有两种不一致的认知,就会造成认知失调;如果失调认知的成分多于协调认知的成分,则会引起更大的失调;认知失调给个人造成心理压力使之处于不愉快的紧张状态。此时,个体就会产生清除失调、缓解紧张的动机,通过改变态度的某些认知成分,达到认知协调的平衡状态。

不充分合理化实验

让被试做1小时枯燥无味的绕线工作，在其离开实验室时，实验者请他告诉在外面等候参加实验的被试（其实是实验助手）绕线工作很有趣、很吸引人；说谎的被试随机得到一笔酬金（1美元或者20美元）。然后实验者再请他填写一张问卷，以了解他对绕线工作的真实态度。结果发现，得到20美元的被试对绕线工作仍持有低的评价；得到1美元报酬的被试对绕线工作的评价有所提升，变得更喜欢这个工作了。

费斯廷格的解释是：当被试对其他人说绕线工作很有趣时，心口不一致。他头脑中有了两个认知因素："我本不喜欢绕线工作"和"我对别人说这实验有趣"。两者相互冲突导致了其认知失调。为了消除心理上的失调感，他需要把自己的行为合理化。费斯廷格认为，得钱多（20美元）的被试会用这笔不小的酬金为自己的行为辩解，认为自己之所以对别人说绕线有趣是因为有明显的外部好处，这样说是值得的。心口不一致所带来的失调感就削弱了。可是对得钱少（1美元）的被试来说，用这种理由为自己的说谎行为开脱就较困难。由于失调感所带来的心理压力，他会再审视两个相互矛盾的认知因素。其中第二个是对自己行为的认知，做出的事不易收回；第一个是对自己内部态度的认识，相对来说要较为容易改变。所以，被试便不自觉地提高了对绕线工作的评价。新的认知因素"我比较喜欢绕线工作"与"我对别人说绕线工作很有趣"就相互协调了。结果，得报酬少的人比得报酬多的人更喜欢绕线工作。这种情况被称为在不充分的合理化条件下因认知失调引起的态度改变。

在旅游消费领域，广泛存在一种被称为"购买后失调"的现象，即旅游消费者在支付了相关费用或者预定了旅游产品以后，想到了自己放弃的其他旅游线路的优点以后出现的认知失调。购买后失调会让消费者产生不舒服的感觉，为了消除这种不愉快的感觉，他们通常会寻找支持自己决定的信息或者忽略后续信息，以暗示自己的选择正确无误。从旅游企业的角度而言，不断地赞美和认同旅游消费者的决定，额外提供支持其选择的信息或者增加售后服务内容，能有力缓解旅游消费者的购买后失调，让其对旅游产品形成正面积极的态度，促进下一次的购买行为。

三、态度改变的双加工模型

佩蒂和卡司欧泊在1986年提出了双加工模型，该模型认为个体态度的改变通过两条截然不同的说服路径发生：中心路径和外周路径。如果要遵循中心路径说服消费者，就需要符合逻辑的有力论证；如果要通过外周路径说服消费者，则需要通过与话题无关的额外因素来说服消费者，例如请专家或者名人来担任信息的传播者。

从个体的认知加工过程来看，接受中心路径传递信息需要付出注意力和认知资源，仔细思考论据及其观点、结论之间的关系，需要消费者积极主动地寻求理解，通过外周路径形成的态度改变一般比较稳定和持久。当消费者通过外周路径接受传统的消息时，不需要花费太多的时间和精力即可理解和接受相关信息，并没有真正关注信息的内容，仅仅是关注了谁在说，至于说了什么并不重要。外周路径传递的信息较为容易改变旅游消费者的态度，但是难以持久改变对方的态度。

在实际的营销工作中，广告商或者企业一般更偏爱采用外周路径来进行信息的传递，其根本原因在于中心路径的说服比外周路径的说服更难以实施和操作。同时，中心路径说服一般需要通过专业知识的传授和严密的逻辑来论证自己的观点，而大多数旅游消费者对过于专业的知识没有兴趣也无法理解。在当下信息爆炸和自媒体的时代，旅游消费者更加没有时间、没有精力也没有意愿去仔细甄别各种信息，他们对于利用外周路径（例如各种明星和名人）传递的信息更加敏感，他们的态度也更容易因此发生改变，因此采用明星为旅游目的地做广告的方式说服旅游者改变态度往往是非常有效的手段。

四、霍夫兰德的态度改变的说服模型

霍夫兰德等研究者在 20 世纪 50 年代提出了态度改变的说服模型，认为要改变个体的态度，需要从说服者、被说服者、情境和信息的传递四个方面着手。

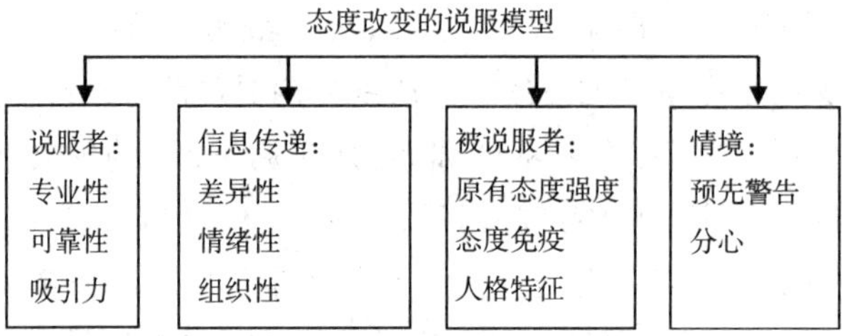

图 5-1　态度改变的说服模型

1. 说服者

说服者的专业性、可靠性和吸引力会影响态度改变的效果。

1）专业性

说服者的专业身份具有使他人更信服的权威性。说服者的受教育程度越高、接受过的专业训练越多、社会经验越多、年龄越大、社会地位越高，其权威性就越大，被说服者改变自己态度的可能性就越大。

2）可靠性

外表仪态大方、说话自信的说服者更让人觉得可靠。当说服者的主张与自身利益无关的时候，其影响力会更大。一旦说服者被他人意识到是为了谋取私利或别有用心，其说服力与可靠性就会很低。

3)吸引力

外貌漂亮、仪表堂堂、有人格魅力的说服者更讨人喜欢,有吸引力的人在说服沟通和改变他人态度方面有先天的优势。因为人们认同所喜欢的人,进而接纳他的态度,包括他的爱好与行为方式。

2. 信息传递

信息传递的差异性、情绪性和组织性会影响态度改变的效果。

1)差异性

新奇的信息更容易引起消费者的注意,与消费者习惯看法不一样的内容更容易被注意到。

2)情绪性

带有情绪色彩的信息更能打动消费者而改变其态度。

3)组织性

简洁明了的信息相比复杂冗余的信息具有更好的说服效果。

3. 被说服者

被说服者原有态度的强度、态度免疫以及人格特征也会影响信息传播和接受的效果。

被说服者原有的态度越强烈,其态度越不容易被说服和改变。从人格特征来看,有一定地位、自信的消费者更不容易被说服。如果消费者在接收信息之前就存在"态度免疫"[①],说服往往很难取得效果。因为一个人会无意识地维护自己原来的观点,如果不能充分地说服他,他的本能反应会选择认同自己,因为自己的观点是自己的一部分,和自尊密切相关。

4. 情境

说服的情境也会影响说服和信息传播的效果。嘈杂喧闹的环境会使消费者分心,或者消费者本身处于心不在焉的状态也会影响说服传播效果。有一些消费者事先意识到自己是被说服对象的时候,他们会产生类似态度免疫的心理,从而变得更不容易被说服。

五、改变旅游消费者态度的方法

1. 选择权威、可靠、有吸引力的说服者

专业性所引起的态度改变是因为触动了态度中的认识成分,在涉及知识与事实的沟通时,选择权威、可靠的说服者效果更好。

说服者的吸引力引起的态度改变是触动了态度中的情感成分,因此在涉及评价

① 态度免疫是指用一个说服力较弱的内容去影响某个人的某种态度,如果没有说服成功,那么以后出现类似的说服内容时,该个体将会对此类说服内容产生抵制而变得更难以被说服。

的问题时，与旅游消费者有类似性的人的沟通效果好。例如某旅游消费者到旅游商场购买纪念品，售货员推荐了一款优质商品，但是该旅游消费者看到其他并非内行的旅游消费者购买了另一款商品后，会拒绝售货员的推荐，购买其他旅游消费者的同款商品，其原因就在于人们会更加喜欢和相信与自己类似的人的选择。

当旅游消费者遇到困难时，专业导游说服效果好，更能改变其态度；如果旅游消费者遇到心理上的问题，具有类似性的旅游消费者说服效果更优，更容易改变他们的态度。

对旅游目的地而言，专家学者、行政长官等公众人物是权威的、可靠的，作为旅游地代言人更容易引起游客的认同。对于一些酒店或者游乐园，体育明星、演员等对于消费者更具有吸引力。通过外周路径渠道传播信息更容易转变旅游消费者的态度。

2. 精心安排信息内容，选用合适的传播渠道

信息的组织形式会对消费者态度的改变产生不同的作用。例如在传播信息的过程中，是传递单方面信息（有利于自己的信息）还是传递正反两方面信息（对自己有利的信息和不利的信息），这是信息传播者必须面对的一个问题。一般而言，双面信息的传递会给消费者造成一种客观公正的印象，可以降低消费者对信息和信息来源的抵触。不过，心理学研究表明，单方面的信息传递和双方面的信息传递没有绝对的优劣之分。单方面的信息传递对于改变文化程度较低的消费者更为有效，双方面信息传递对于文化程度较高的消费者而言说服力更强。如果传播的信息与旅游消费者的原有态度一致，单方面的信息传递更有效；如果传播的信息与旅游消费者的原有态度不一致的话，双方面信息传递更可能改变旅游消费者的态度。

旅游消费者对不同渠道传播的信息的认可度也不一样。在中国文化背景下，老年旅游消费者更愿意相信报纸、电视等传统媒体提供的信息，而对于网络信息的信任度较低。对于年轻的旅游消费者而言，他们一方面对传统的媒体保持着信任，同时由于他们对网络信息的甄别能力较强，因此更倾向于从传统媒体和网络多个渠道获取信息。因而，旅游企业在信息渠道的选择上，针对不同年龄段的旅游消费者，其信息投放渠道应该有所差异。

3. 充分利用各种规范，让旅游消费者参加活动

制定各种群体规范是改变旅游消费者态度的重要途径，因为所有的旅游消费者都有归属于群体的心理需求。无论是正式群体还是非正式群体，其形成的一些规范都具有强制力和约束力，能有效改变旅游消费者的各种态度。

传统的观点认为旅游消费者是先有态度后有行为，其实在很多消费情境下，由于旅游消费者缺乏相关的经验，他们处于没有态度的状态，即既无所谓喜欢，也无所谓不喜欢。对于这样的旅游消费者，旅游企业需要通过各种尝试，让他们参加具体的活动，使之形成对旅游活动的积极态度。

登门槛效应

在一般情况下，人们都不愿接受较高较难的要求，因为它费时费力又难以成功。相反，人们却乐于接受较小的、较易完成的要求，在实现了较小的要求后，人们才慢慢地接受较大的要求，这就是态度改变的“登门槛效应”。明代洪应明也曾谈到这个问题，他在《菜根谭》中说：“攻人之恶毋太严，要思其堪受；教人之善毋太高，当使其可从。”美国社会心理学家弗里德曼与弗雷瑟于1966年完成的“无压力的屈从实验”验证了登门槛效应的存在。

实验过程：实验者让助手到两个居民区劝人们在房前竖立一块写有“小心驾驶”的大标语牌。在第一个居民区，助手向人们直接提出这个要求，结果遭到很多居民的拒绝，接受的人数仅为被要求者的17%。在第二个居民区，助手先请求各位居民在一份赞成安全行驶的请愿书上签字，这是很容易做到的小要求，几乎所有的被要求者都照办了。几周后，助手再向他们提出竖牌的要求，结果有55%的人接受了这个要求。

后一组的被试同意率之所以超过半数，是因为在这之前对他们提出了一个较小的要求；而前一组的被试同意率之所以不足20%，是因为在这之前并未对他们提出一个较小的要求。换言之，后一组被试的同意率之所以高于前一组的被试，是因为人们的潜意识里总是希望自己给人留下前后一致的印象。

人们很容易拒绝难以做到的或违背意愿的请求，但是一旦对于某种小请求找不到拒绝的理由时，就会增加同意这种要求的倾向；而当他卷入了这项活动的一小部分以后，便会产生自己是关心社会福利者的知觉、自我概念或态度。这时如果他拒绝后来的更大要求，就会出现认知上的不协调，于是恢复协调的内部压力就会使他继续干下去或做出更多的帮助，并使态度改变变得更为持久。

拒绝—退让策略：发高球技术

对于自己比较熟悉的人，想要改变对方的态度，则可以采用拒绝—退让策略让对方同意自己的要求。例如先向对方提出一个比较大的、对方极有可能拒绝的请求，然后在对方拒绝后，随即提出一个比较小的、真正想提出的请求，对方因为之前已经拒绝过一次，当面对较小的要求时，他很可能因为心怀愧疚而做出让步，从而答应这个较小的要求。例如，当我们推销价格昂贵的酒店产品被拒绝之后，不是推出另一个更便宜的产品，而是向客户索取推荐名单，包括他的朋友、同学和同事等，借助名单再结合“喜好原则”则可以大大提高销售人员的成功率。

本章小结

旅游消费者的态度决定了旅游消费者的行为。态度包含了认知成分、情感成分和意向成分。个体态度具有对象性、习得性、稳定性、内隐性和价值性。个体态度的形成包含了服从、同化和内化三个阶段。

对消费者态度的改变有各种理论和模型,可以通过以下三种方法对旅游消费者的态度进行改变:①选择权威、可靠、有吸引力的说服者;②精心安排信息内容,选择合适的传播渠道;③充分利用各种规范,让旅游消费者参与活动。

关键术语

态度(attitude)

认知失调理论(cognitive dissonance theory)

复习与课后阅读

[1] 夏韦. 基于涂尔干理论的社区居民对旅游者态度研究 [D]. 泉州:华侨大学,2015:91.

第六章　气质、人格与旅游消费者行为

学习目标

- 了解气质、个性和人格等概念的区别和联系
- 理解普洛格的旅游消费者个性理论与旅游地生命周期理论的关系
- 掌握 PAC 人格结构理论与旅游消费者行为的关系
- 理解自我概念、生活方式与旅游消费者行为的关系

本章思维导图

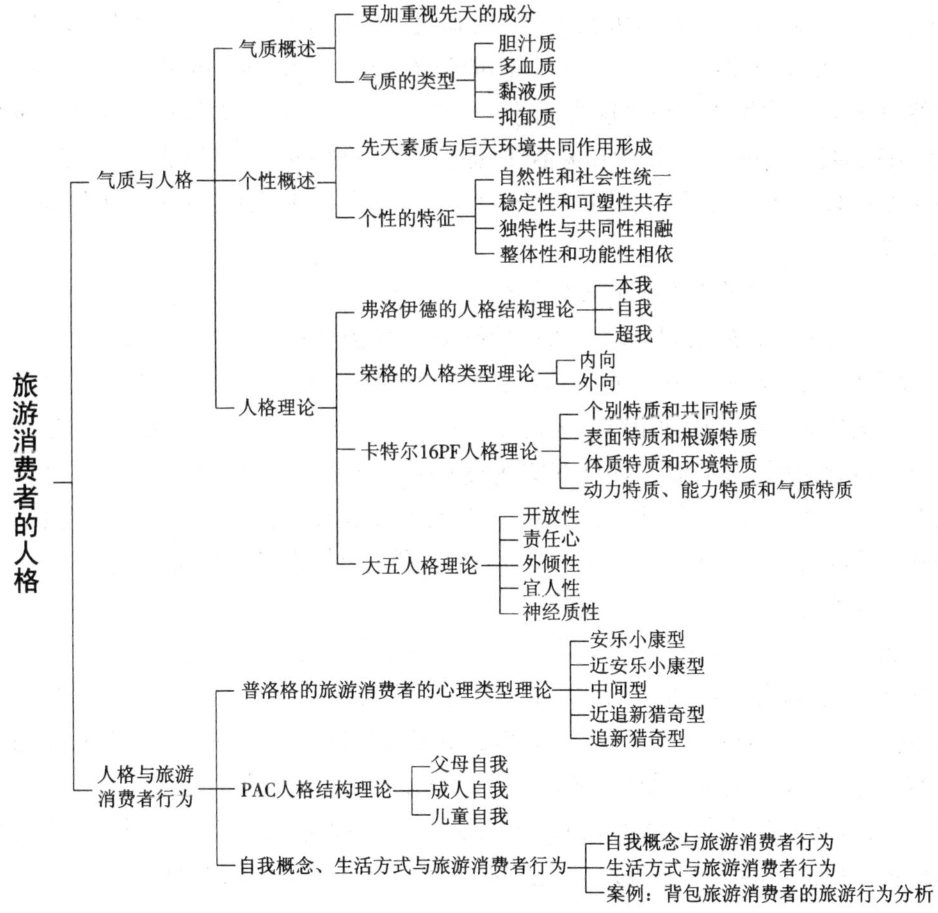

第一节　气质与人格概述

一、气质概述

1. 气质的概念

气质(temperament)是个体表现在心理活动的强度、速度、灵活性与指向性等方面的一种稳定的心理特征。人的气质差异受高级神经系统活动的类型和特性所制约,属于先天性因素。例如婴儿刚出生时,有的孩子爱哭好动,有的孩子平稳安静,这些行为差异就属于先天性的气质差异。气质不因活动的内容、目的、动机而改变,气质使人的全部活动都涂上其个人独特的色彩,表现出个体与生俱来的自然特征,与"脾气""秉性""性情"相似。

古希腊医生希波克拉底和盖伦根据自己的观察提出了体液说,他们猜测人体内有四种体液:血液、黏液、黄胆汁和黑胆汁。这些体液不同的配合比例形成了个体不同的气质类型。我国的教育家孔子则从类似气质的角度把人分为"中行""狂""狷"三类。春秋战国时期的医书《内经》按阴阳强弱,把人分为太阴、少阴、太阳、少阳、阴阳平和五种气质类型。到了近代,俄国生理心理学家巴甫洛夫依据神经活动过程(兴奋和抑制)的强度、平衡性和灵活性,也提出了气质的神经类型说。由此看到,无论古今中外,气质理论都强调用先天性的气质概念来解释个体心理和行为层面出现的差异。

2. 旅游消费者的气质及其服务策略

按照希波克拉底的划分,人有四种不同的气质类型:①多血质,体液中血液占优势;②黏液质,体液中黏液占优势;③胆汁质,体液中黄胆汁占优势;④抑郁质,体液中黑胆汁占优势。尽管这种用体液来划分气质类型的方法缺乏科学根据,但是这些气质类型概念使用得最广泛。因此在实际的工作中,我们也可据此将旅游消费者的气质类型分为胆汁质(兴奋型)、多血质(活泼型)、黏液质(安静型)、抑郁质(抑制型)四种。旅游从业人员在为不同气质类型的旅游消费者提供服务的时候要注意采用不同的服务方法和手段。

胆汁质(兴奋型)的旅游消费者神经活动强而不平衡,精力旺盛,外向直率,情绪易冲动,性情暴躁,心境变换剧烈。他们在旅游中喜欢新奇、热闹且富于刺激性的项目,对人热情,好争辩,不喜欢等待,较粗心,容易发生冲动型购物行为;一旦被激怒就很容易冲动,言语和行为偏激。旅游从业人员在为其提供服务时要注意不要主动刺激,不要与其争强好胜,不要计较其一时不顾后果的冲动言语,万一出现矛盾应当避其锋芒,为其办事应尽可能迅速,在适当时候要注意提醒其不要遗留相机和手机等随身物品。

多血质(活泼型)的旅游消费者神经活动强而平衡、灵活,活泼好动,喜欢与人交往,思维敏捷,反应迅速,适应性强,注意力容易转移,兴趣多变而喜形于色。他们在旅游中喜欢变化大、花样多的项目,容易成为中心人物,购物决策快且易改变。旅游从业人员在为其服务时不仅要热情大方、办事迅速、说话简洁,而且应尽可能主动交往,善于发挥中心人物优势,主动介绍项目新意,在其购物后要求退货时应尽量做好解释工作。

黏液质(安静型)的旅游消费者神经活动弱而平衡,不灵活,内向、安静而情绪稳定,情绪不易外露,反应平和,耐心踏实,善于忍耐,交际适度。他们到新的环境会略微感到有些不自在,语言和行动较稳重,面对再精彩的场面也不易激动,喜欢熟悉的环境和食物,购物决策慢,喜欢自选购物,对新产品不放心。旅游从业人员在为其提供服务时,说话语速要适当放慢,重点之处要重复一下,不宜过多交谈和过于主动,在他们购物时切勿催促。旅游从业人员应尽量将这类旅游消费者的住宿与就餐安排在僻静的环境,并尽量满足他们“怀旧”的需求。

抑郁质(抑制型)的旅游消费者神经活动弱而不平衡,不灵活,多疑多虑,行动迟缓而体验深刻,胆小孤僻而敏感,认真仔细,动作迟缓,优柔寡断,善于觉察别人不易觉察到的细小事物。他们不喜欢热闹、竞争性强的旅游活动,喜欢能表现深刻情感、手法细腻的内容。他们喜欢独行,为人低调。易疲劳,动作缓慢,购物决策极慢。旅游从业人员在为其提供服务时要耐心、多关照,尽量提供有深刻文化内涵和表现手法细腻的旅游产品。旅游从业人员不宜与其说无关的话,更不要开玩笑,应将他们的食宿尽量安排在清静环境,购物时应让其自由挑选,不可催促。

尽管旅游消费者的气质类型可以分为以上四种,但实际工作中我们会发现属于某一种典型类型的人较少,多数旅游消费者是介于各类型之间的中间类型,即混合型,如胆汁—多血质、多血—黏液质等。

一路向北,勇敢地出发

其实就像《蓝莲花》里唱的,没有什么能够阻挡你对自由的向往。然而你知道,我并不仅仅是向往而已。

生命是一个上下起伏的波。旅行的时候,那种动荡的曲线更接近于生命的本质。所以,我们内心感到安定以及无比强大。

我在QQ签名里写道:爱音乐、爱生活、爱户外、爱LOMO。

当我们还是孩子的时候会说,生命是用来浪费的,才华是用来挥霍的。大抵是因为年轻,所以才会这样嚣张地说。可是多年以后,我们究竟还有多少勇气打破现实,实现心中小小的渴望,而那些出行的蠢蠢欲动又该如何去平复呢?

旅行的意义,究竟是什么?对我来说,在旅行的过程中学会感谢以及宽容,让我变得更加勇敢和平和。我相信生活,相信童话,相信爱情,相信奇迹,相信永恒,相信一切美好的东西。

1月17日出发,2月6日回家,历时21天。我的行程路线为:宜昌—武汉—哈尔滨—齐齐哈尔—漠河—北极村—哈尔滨—牡丹江—绥芬河—海林—长汀—雪乡—哈尔滨—长春—吉林—敦化—长白山—沈阳—武汉—宜昌。计划的行程其实只到雪乡就停止了,这还不到实际行程的一半,其余的地方打算走到哪儿算哪儿。我一向信奉:只要有嘴巴,就不用担心太多。

最早想去东北的念头是3年前,看到关于漠河的介绍。翻出地图来看,北极村在中国地图的最顶端,到达北极村就再也没有任何前进的道路了。对我来说,"神州北极"漠河和西藏一样,是一个神秘的、容易造梦的地方。地理位置的最北,二十多小时的极昼,绚丽五彩的北极光,以及零下40摄氏度,一个个的光环吸引着我一路追随而去。所以,我去漠河,在冬季。

这个冬天刚好结束一段工作,我死皮赖脸地不找工作,窝在家里。我迫切地想要出发。出发吧,出发吧!这突然之间的强烈的渴望和冲动来得那么迅猛,那么急不可耐,使我无法按捺。于是,我开始埋头研究路线,找攻略,然后在企图在网上找同伴未果的情况下,买好车票,背上65 L的大包,一个人就莫名其妙地上路了。

疯了疯了,从决定出发到上火车,我只花了3天时间。那本被无数人当作圣经的《在路上》里说:"我们在路上,我们眺望远方。"

一个人出行的好处是没有计划,行程可以随时变动,但是这也是最大的坏处。为了避免行程上的变动,我决定直接北上,一路不做任何停留直接杀向北极村。

这是根据一个背包旅游者发在某论坛的旅游经历改编的,背包旅游者的气质类型和性格特征跃然纸上。针对这样的背包游客,我们应该为他们提供什么样的旅游产品和服务呢?

二、个性概述

1. 个性的概念

旅游消费者在消费活动中所表现出来的行为千差万别,重要的原因之一在于其不同的个性心理。个性(personality)一词源于拉丁文persona,原指演员在舞台上所戴的体现人物行为特征的面具,后被引申为人在生命的舞台上扮演的角色。

个性有时候也被称为性格、人格,是指个人在先天素质(气质)的基础上,在一定的历史条件和社会实践活动中形成和发展起来的比较稳定的心理特征的综合。其实质是人的社会化过程。其中人的生理素质是个性形成的基础,社会历史条件是个性形成的环境,生活实践是个性形成的重要途径。

从上述概念界定来看,气质是个性或者人格的重要组成部分,气质更多地强调个人源自先天的生理条件或素质所造成的差异,个性所包含的内容更多一些。因此,消费者的个性表现在知、情、意等心理活动的各个方面,包括个人的认知能力的特征、行为动机的特征、情绪反应的特征、人际关系协调的程度、态度和信仰的体系、道德价值的特征等。

从词源上看,中国古代汉语中没有“人格”这个词,只有“人性”“人品”“品格”等词。在日常生活中,“个性”和“性格”等词的使用非常广泛,随着心理和行为科学的发展,在学术领域,“人格”一词逐渐取代“性格”和“个性”。

2. 个性的特征

一般来说,人的个性是他过去的整个生活历程的反映,个性的形成也和人的生物遗传因素有关。用以区别人与人之间不同特点的个性具有以下四个特征。

(1)自然性和社会性统一。人的个性形成既受到先天生理基础(气质)等生物自然属性的影响,也会受到后天社会环境和教养的影响,因此是自然性和社会性的统一。

(2)稳定性和可塑性共存。人的个性一旦形成,就具备了相对的稳定性,即所谓的“江山易改本性难移”。但是在受到一些特殊环境或者事件的影响时,人的个性也能在一定程度上发生变化,即具有一定的可塑性。

(3)独特性与共同性相融。每个人都有自己独特的行为方式和思维模式,我们也能很容易注意到一个人和另外一个人之间消费方式的差异,这些都体现了个性的独特性。但是因为受到共同的环境文化的影响,同一个国家和地区的消费者在行为方式上也有较多的共性,即体现出人的个性之共同性。

(4)整体性和功能性相依。个性的整体性体现在,人的个性包含了多个方面,不同的方面整合成一个完整的个性。个性也会决定一个人的生活方式,甚至决定一个人的命运,从而具有一定的功能性,即性格决定命运。

三、人格理论

心理学和行为科学在研究个体的人格结构及其形成的过程中,逐渐形成了很多独具特色的人格结构理论,比较有影响力的人格理论除了经典的弗洛伊德、荣格等心理学家的人格结构理论外,还有奥尔波特的人格特质论、卡特尔 16PF 理论以及最近得到很多跨文化验证的大五人格理论等。

1. 弗洛伊德的人格结构理论

精神分析学派的创始人弗洛伊德认为人格由本我(id)、自我(ego)和超我(superego)构成。

本我是人格结构中最原始的部分,从人一出生就存在。构成本我的成分是人类的基本生理需求,例如饥、渴、性等。本我需求产生的时候,个体追求立即出现。例如婴儿感到饥饿时要求立刻喂奶,绝不考虑母亲有无困难。

自我是个体出生后,在现实环境中自本我中分化发展而产生的,由本我而来的各种需求,如不能在现实中获得立即满足,就必须迁就现实的限制并学习如何在现实中获得需求的满足。此外,自我介于本我与超我之间,对本我的冲动与超我的管制具有缓冲与调节的功能。

超我是人格结构中居于管制地位的最高部分,是个体在生活中接受社会文化道德规范的教养而逐渐形成的。超我包含两个重要部分:一为自我理想,即要求自己的行为符合自己理想的标准;二为良心,即规定自己的行为免于犯错的限制。因此,超我是人格结构中的道德部分。

人格结构中的三个层次相互交织,形成一个有机的整体。它们各行其责,分别代表着人格的某一方面:本我反映人的生物本能,按快乐原则行事,是“原始的人”;自我寻求在环境条件允许的条件下让本能冲动能够得到满足,是人格的执行者,按现实原则行事,是“现实的人”;超我追求完美,代表了人的社会性,是“道德的人”。

在通常情况下,本我、自我和超我是处于协调和平衡状态的,从而保证了人格的正常发展。如果三者失调乃至遭到破坏,就会产生心理障碍,危及人格的发展。

2. 荣格的人格类型理论

瑞士心理学家荣格根据个体内在心理动力是指向内部还是外部将人格划分为内倾和外倾两大类。他认为心理动力倾向于自己的内心世界就是内倾型的人格,而个体心理动力如果倾向于外部环境和世界就是外倾型的人格。

按照这种划分方法,内倾型(内向型)的人,重视主观世界,好沉思,善内省,常常沉浸在自我欣赏和陶醉之中,孤僻、缺乏自信、易害羞、冷漠、寡言、较难适应环境的变化。外倾型(外向型)的人,重视外在世界,爱社交、活跃、开朗、自信、勇于进取,对周围一切事物都很感兴趣,容易适应环境的变化。

后期荣格认为个体的心理活动有感觉、思维、情感和直觉四种基本机能。感觉(感官知觉)告诉我们存在着某种东西,思维告诉你它是什么,情感告诉你它是否令人满意,而直觉是人们在缺乏事实材料的情况下进行推断的机能。他将这四种机能与前面的内、外倾两种类型进行组合,形成了人格的八种机能类型。

1)外倾感觉型

这是偏于感觉功能的外倾性人格。具有这种人格的人头脑清醒,倾向于积累外部世界的经验,但对事物并不过分地追根究底。他们的知觉来自外部世界,是客观对象的直接反映。外倾感觉型的旅游消费者,寻求享乐,喜欢追求刺激,直觉压抑。

2)内倾感觉型

这是偏于感觉功能的内倾性人格。具有这种人格的人远离外部客观世界,常常沉浸在自己的主观感觉世界之中。内倾感觉型的旅游消费者，知觉深受自己心理状态的影响，似乎是从自己的心灵深处产生的，他们艺术性强，直觉压抑。

3）外倾思维型

这是偏于思维功能的外倾性人格。具有这种人格的人的思想特点是一定要以客观的资料为依据，以外界信息激发自己的思维过程。例如科学家多数情况下是外倾思维型，他们认识客观世界，解释自然现象，发现自然规律，从而创立理论体系。外倾思维型的旅游消费者，情感压抑，缺乏鲜明的个性，在某些场合甚至表现得有点冷淡和傲慢。

4）内倾思维型

这是偏于思维功能的内倾性人格。具有这种人格的人除了思考外界信息外，还经常思考自己的内在精神世界，他们对思想观念本身感兴趣，通过收集外部世界的事实来验证自己的思想。不少哲学家都属于这种类型。内倾思维型的旅游消费者，情感压抑，冷漠，更沉溺于玄想，固执，具有刚愎和骄傲等特点。

5）外倾情感型

这是偏于情感功能的外倾性人格。具有这种人格的人的情感符合客观的情境和一般价值，他们在爱情选择上表现得最为明显。他们不太考虑对方的性格特点，而考虑对方的身份、年龄和家庭等方面。外倾情感型的旅游消费者，思维压抑，情感外露，爱好交际，寻求与外界的和谐。

6）内倾情感型

这是偏于情感功能的内倾性人格。具有这种人格的人的情感由内在的主观因素所激发。内倾情感型的旅游消费者思维压抑，情感深藏在内心，沉默，力图保持隐蔽状态，气质常常是忧郁的。

7）外倾直觉型

这是偏于直觉功能的外倾性人格。具有这种人格的人力图从客观世界中发现多种多样的可能性，并不断地寻求新的可能性。他们对于各种尚孕育于萌芽状态但有发展前途的事物具有敏锐的感觉，并且不断追求客观事物的新奇性。外倾直觉型的人，可以成为新事业的发起人，但不能坚持到底，商人和各种经纪人等通常属于这种类型的个体。

8）内倾直觉型

这是偏于直觉功能的内倾性人格。具有这种人格的人力图从精神现象中发现各种各样的可能性。例如多数艺术家就拥有内倾直觉型人格。内倾直觉型的旅游者，不关心外界事物，脱离实际，善幻想，观点新颖，但有点稀奇古怪。

3. 卡特尔 16PF 人格理论

心理学家卡特尔（R.B.Cattell）受化学元素周期表的启发，提出了基于人格特质的模型。卡特尔首先搜集了 1 万多个形容人格特质的词，然后将其归纳为 171 类，用统计学方法将其归并为 35 个特质群，即为表面特质，然后进一步运用因素分析法对 35 个表面特质进一步加以分析，最终获得 16 个根源特质。以此研究结果为基础构建了 16PF（16 personality factor）人格理论。

卡特尔据此将人格特质区分为表面特质和根源特质。表面特质是指通过外部行为表现能直接观察到的特质，表面特质不会随时间的改变而改变。根源特质是内在的、决定表面特质的最基本的人格特质，是那些稳定的作为人格结构的基本因素的特质。

通过研究得到的这 16 个根源特质分别是：因素 A—乐群性、因素 B—聪慧性、因素 C—稳定性、因素 E—恃强性、因素 F—兴奋性、因素 G—有恒性、因素 H—敢为性、因素 I—敏感性、因素 L—怀疑性、因素 M—幻想性、因素 N—世故性、因素 O—忧虑性、因素 Q_1—变革性、因素 Q_2—独立性、因素 Q_3—自律性、因素 Q_4—紧张性。

对每个人而言，使用 16PF 人格测试问卷测出来的每个因素都有高分和低分两个维度，不同维度对应着他不同的人格特征和行为方式。如果某人在因素 A—乐群性上得分高，则表明他是具有外向热情的人格特征，喜欢与人打交道，合作能力强。如果他在该因素上得分低则可以认为他是内向、享受孤独生活的人，不喜欢与人交往，更愿意独自工作。例如图 6-1 即为据此绘制的某被试的人格特征剖面图。

因素	原始分	标准分	低分特征	高分特征
A	10	6	缄默孤独	乐群外向
B	3	2	知识面窄	知识面宽
C	14	5	情绪激动	情绪稳定
E	14	7	谦虚顺从	好强、固执
F	14	7	严肃审慎	轻松、兴奋
G	10	4	权宜敷衍	有恒、负责
H	14	7	畏缩退却	冒险敢为
I	10	5	理智、着重实际	敏感、感情用事
L	12	6	信赖随和	怀疑、刚愎
M	12	5	现实、合乎现实	幻想、狂放不羁
N	10	6	坦白直率、天真	精明能干、世故
O	14	7	安详沉着、有自信心	忧虑抑郁、烦恼多端
Q_1	12	6	保守、服从传统	自由、批评激进
Q_2	10	4	依赖、随群附众	自主、当机立断
Q_3	10	4	矛盾冲突、不明大体	知己知彼、自律严谨
Q_4	14	7	心平气和	紧张困扰

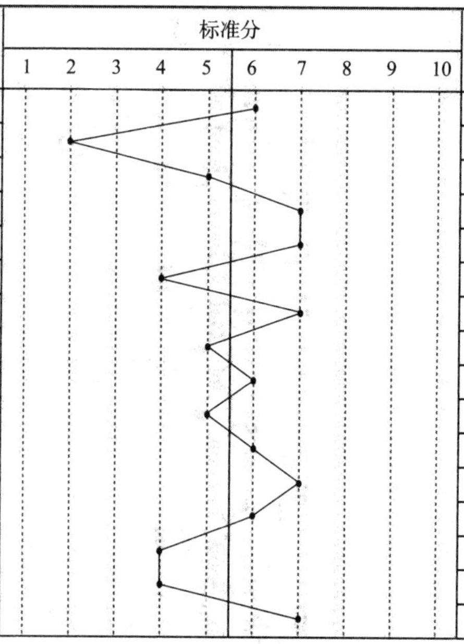

图 6-1　某被试的 16PF 人格特征剖面图

4. 大五人格理论

20 世纪 40 年代开始，研究者从卡特尔的词汇表中选出了 22 个词用于分析，对比了使用这些特质进行自我评定、同伴评定和心理咨询师评定之间的关系，最终发现有五个因素总是最先出现在列表上，这就是后来的大五人格因素。随后多年，在更大范围的样本研究中，大五人格因素一直不断地被重复发现，直至成为一个全球心理学界公认的人格特质模型。这五个因素分别是：

（1）开放性（openness），具有想象、审美、情感丰富、求异、创造、智能等特质；

（2）责任心（conscientiousness），显示胜任、公正、条理、尽职、自律、谨慎、克制等特质；

（3）外倾性（extraversion），表现出热情、果断、活跃、冒险、乐观等特质；

（4）宜人性（agreeableness），具有信任、利他、直率、依从、谦虚、移情等特质；

（5）神经质性（neuroticism），难以平衡焦虑、敌对、压抑、自我意识、冲动、脆弱等情绪的特质，即不具有保持情绪稳定的能力。

这五个因素同样有高分特征和低分特征两个维度，高分者和低分者分别对应不同的人格特征，又因为这五个因素英文的首字母组成了单词 ocean（海洋），因此该理论也被称为人格的海洋理论。

第二节　人格与旅游消费者行为

一、普洛格的旅游消费者的心理类型理论

美国学者普洛格按照人的兴趣、注意力的集中点，把旅游消费者的性格划分为安乐小康型、近安乐小康型、中间型、追新猎奇型和近追新猎奇型五类。

他认为典型的安乐小康型的旅游消费者很注重旅游服务中的细节完美，在选择旅游目的地的时候，更愿意去传统而成熟的旅游度假地，他们对国内的风景名胜点非常感兴趣，而且出行一般是和家人、朋友一起的。

而追新猎奇型的旅游消费者性格开朗，富有冒险精神和探索欲望，好奇心和自信心强烈，对于传统的旅游景点缺乏兴趣，希望去一些人迹罕至的地方，更愿意在旅游途中结识更多的陌生人，喜欢根据自己的心情随意游览，不喜欢被导游牵着鼻子从一个景点匆匆赶往另一个景点。这部分旅游者更愿意选择背包出行，目前已经有相当多的户外俱乐部都已经开展这类旅游项目以吸引他们。表 6-1 列出了安乐小康型与追新猎奇型旅游消费者的行为差异。

表 6-1　安乐小康型与追新猎奇型旅游者行为差异

安乐小康型	追新猎奇型
喜欢熟悉的旅游地	喜欢去一般旅游者未到过之处
喜欢旅游地老一套的活动	喜欢追新猎奇，在新地区捷足先登
活动量小	活动量大
喜欢坐车前往旅游地	喜欢乘飞机前往旅游地
喜欢设备齐全的食宿设施，如家庭式餐馆和游客商店	希望能提供较好食宿服务的饭店，但不一定要求现代化的联营饭店，"游客"吸引物要少
喜欢熟悉的气氛、熟悉的娱乐活动，异国情调要少	喜欢跟不同文化背景的人会晤、交谈
喜欢把旅游活动排得满满的，如包价旅游	要求有基本的旅游安排（交通工具和饭店），但允许较大的自主性和灵活性

除了少量的极端需求明显的群体和大量的没有明确偏好的中间类型之外，人群中还存在一些更偏向安乐小康型的近安乐小康型的旅游消费者和更偏向追新猎奇型的近追新猎奇型的旅游消费者。他们的心理和行为模式都在中庸的基础上更偏向自己所属的群体。

普洛格以美国的旅游消费者为例，以不同类型的旅游消费者人数为纵轴，以不同的旅游目的地为横轴，绘制了不同人格类型的旅游消费者在出游目的地选择上的差异图。在图 6-2 中，追新猎奇型的旅游消费者更愿意前往极具异域风情的非洲旅行，他们的人数非常少；近追新猎奇型旅游消费者们则更愿意选择既具有一定的东方色彩，但又成功西化，让他们觉得不那么难受的日本作为旅游目的地；而前往西欧或者加勒比海这些常规景点是中间型的旅游消费者的最爱。

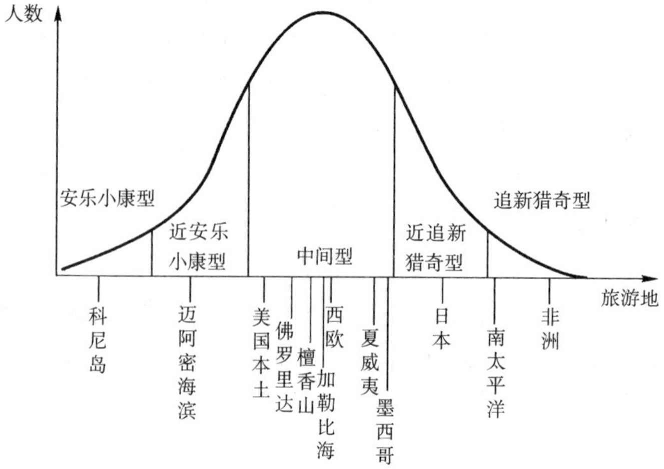

图 6-2　美国游客人格类型与出游目的地选择

属于两个极端类型的旅游消费者数量较少，并且有可能逐渐向对方的特点转化，例如部分传统的安乐小康型的旅游消费者会转向追新猎奇型的旅游消费者。他们刚开始由于旅游经验缺乏，因此更愿意跟随旅游团进行参观游览。当他们的旅游经验比较丰富的时候，传统的旅游团形式已经不能满足他们对新奇的需求时，他们就会选择背包出行的方式。

此外，收入也会在一定程度上决定着旅游消费者的旅游方式的选择：那些更追求自己的个性、收入一般的年轻人或者收入较高的中年人更容易成为追新猎奇的背包旅游消费者，而收入中等的人更可能成为安乐小康型旅游消费者。

任何一个新的旅游目的地的形成，一般首先都是追新猎奇型的旅游者在此捷足先登，他们会发现那些人迹罕至的地方的风景或者人文景观，近追新猎奇型的旅游者随之而来，当地政府或者一些旅游企业开始逐渐注意到这些旅游资源的开发价值，然后开始进行旅游规划、开发和建设，到了这一阶段，近安乐小康型和安乐小康型的旅游者会逐渐来到这些地方。至此，那些追新猎奇型的旅游者则会拒绝再次来到这样成熟的旅游地，他们走上了寻找新的目的地的旅途，开始寻找下一个风景打卡点。本质上讲，追新猎奇型的旅游者是开拓者，他们永远在寻找新风景点的路上，安乐小康型的旅游者则是追随者，在不停地追逐着追新猎奇者们的脚步。

二、PAC 人格结构理论与旅游消费者行为

1. PAC 人格结构概述

PAC 人格结构理论又称为相互作用分析理论、人格结构分析理论、交互作用分析、人际关系心理分析，加拿大心理学家伯恩（Eric Berne）于 1964 年在《人们玩的游戏》一书中提出了这个理论。他将传统的理论加以提升创立了整套的 PAC 人格结构理论。

该理论把个人的“自我”划分为父母自我状态、成人自我状态、儿童自我状态，将这三种自我状态的英文单词首字母进行组合而称之为 PAC 人格结构理论。这三种状态在每个人身上都交互存在。

父母自我状态又细分为“严父”和“慈母”两种状态。严父状态以权威和优越感为标志，通常表现为统治、训斥、责骂等家长制作风。当一个人的人格结构中严父自我状态占优势时，其行为表现为凭主观印象办事，独断专行，滥用权威，这种人讲起话来总是“你应该……”“你不能……”“你必须……”。慈母状态则以安慰和温和为特点，通常表现为对待他人较为宽容、仁慈，关爱他人有时会缺乏原则性。当一个人的人格结构中慈母自我状态占优势的时候，通常表现得较为无私。

成人自我状态表现为注重事实根据和善于进行客观理智的分析。这种人能从过去存储的经验中估计各种可能性，然后做出决策。当一个人的人格结构中成人自我

成分占优势时，其行为表现为待人接物冷静，慎思明断，尊重别人。这种人讲起话来经常用“我个人的想法是……”来开头 。

儿童自我状态像婴幼儿的行为，具体表现为两种状态：一是服从和任人摆布，二是任性而感情用事。有的场合表现为逗人可爱，有的场合又出现乱发脾气的情况。当一个人的人格结构中儿童自我成分占优势时，其行为或表现为遇事畏缩、感情用事、喜怒无常、不加考虑，或表现为听话、顺从他人。这种人讲起话来总是“我就喜欢……”“我不知道……”“好棒啊，好……”。

表 6-2　父母、成人和儿童自我状态表现

类型	语言表现	语调	非语言表现
父母自我状态	按理，应该，绝不，永远不，不！总是，不对，让我告诉你应该怎样做 评论的言语：真蠢，真讨厌，真可爱，淘气，太不像话了，胡扯！别再这样做了！你又想干什么！我跟你说过多少遍了！现在总该记住了，好啦，小家伙，宝贝，可怜的东西，可怜的，亲爱的	高声（批评） 低声（抚慰）	皱眉头，指手画脚，摇头，惊愕的表情，跺脚，双手叉腰，搓手，咋舌，叹气，拍拍别人的头，死板，摆出西点军校教官的派头
成人自我状态	为什么，什么，哪里，什么时候，谁，有多少，怎样，真的，假的，有可能，我认为，依我看，我明白了，我看	几乎像电子计算机那样准确无误	直截了当的表情，舒适自如，不很热情，不激动，默然
儿童自我状态	孩子的口吻：我想要，我不知道，我不管，我猜，当我长大时，更大，最大，好得多，好极了	激动，热情，高而尖的嗓门，尖声嚷嚷，欢乐，愤怒，悲哀，恐惧	喜欢，笑声，咯咯笑，可爱的表情，眼泪，颤抖的嘴唇，噘嘴，发脾气，眼珠滴溜溜地转，耸肩，垂头丧气的眼神，逗趣，咬指甲，扭身子撒娇

2. PAC 人格理论自我状态与旅游消费者行为

人的人格中三种自我状态相互独立、相互制约，共同参与旅游决策。当一个潜在旅游消费者在考虑去不去旅游，去哪里旅游以及花费多少钱，出游的时间，乘坐什么样的交通工具这些问题的时候，其内心的三种“自我”都会有不同的观点。如果这三种自我状态的观点不一致，那么旅游决策就很难形成。此外，不同的“自我”所处的地位不同，也会导致不同的旅游决策结果。

一般而言，许多主要的旅游动机都是由儿童自我状态激发的，因为最容易受到吸引的是情绪性强、富有好奇心的儿童自我状态。当儿童自我状态希望摆脱熟悉的日常生活或工作，或是被某些旅游产品吸引时，就会激动不已，并提出旅游的要求。

不过，父母自我状态常常会对儿童自我状态的动机持保留态度，或对旅游产品所能提供的价值提出些疑问,例如是否有必要进行一次旅游,通过这次旅游能否达到教育、放松身心、提高地位和声望等目的。

而成人自我状态的理性会在父母自我状态和儿童自我状态之中进行调解和仲裁,并努力设法使旅游的决策合理化。

在旅游决策过程中,儿童自我状态是最容易产生旅游需求的状态,因此旅游产品的宣传应突出特色,以吸引潜在旅游者的儿童自我状态;其次,要提出充分的理由来说服父母自我状态同意儿童自我状态的出游要求,父母自我状态关注的是旅游产品的价值,是否具有教育意义,是否能达到休闲目的等;最后,旅游宣传中还应提供有关旅游产品的详细构成、日程安排、特色、价格方面的信息,以供成人自我状态进行分析和慎重考虑,达到"打动"成人自我的目的。

三、自我概念、生活方式与旅游消费者行为

1. 自我概念与旅游消费者行为

自我概念(self-concept),即一个人对自身存在的体验。它是指个体如何看待自己。自我概念主要回答了"我是谁?""我是一个什么样的人?"这类问题。在消费者的决策中,人们通常会选择与自我概念一致的产品和服务,例如同样是某企业的管理者甲和乙,甲在自我认识中认为自己是一个成功的精英人士,因此在出差或者旅游过程中,一定选择最高级的五星级酒店入住,享受当地最高级的美食和私人化的服务;而乙在自我认识中虽然也认为自己是管理者,但只是一个为其上级企业家服务的高级打工者,那么他在出差途中对于酒店的档次或者服务水平的期望就要比甲低不少,从而表现出消费行为的差异。

表 6-3 自我的分类与定义

类型	定义
真实的自我	个人实际上如何看待自己
理想的自我	个人希望自己是怎样的
社会的自我	个人认为他人是如何看待自己的
理想的社会自我	个人希望别人如何看待自己
预期的自我	介于真实和理想之间的自我形象
环境的自我	在特定环境下的自我形象
延伸的自我	包含个人财产对自我形象的影响的自我观念
可能的自我	个人希望成为、可以成为或害怕成为的样子
普通的自我	个人根据与他相关的他人或团体来定义自我的程度

研究表明消费者在购买产品和服务的时候并不完全是为了获得其使用价值,而是为了获得产品和服务背后的符号价值。消费者希望通过对这些商品或服务的消费,显示出自己的与众不同,突出个人的自我形象以帮助他们表达自我概念。

消费者的自我概念一般源自参考群体。每个人在消费之前多多少少会有一个参考的群体,他们会注意到自己和参考群体之间在消费观念、消费习惯之间的差异,意识到自己的自我概念和消费群体之间的区别和联系。在此基础上购买象征性的产品或者服务的时候,他们会把自己想象成参考群体中的一员,然后不断强化这个参考群体的特征,对自己下一次的自我概念进行构建和完善,从而形成一个循环往复的过程。

一般来说,旅游产品中的高级酒店、特殊的美食和服务产品不仅能够反映消费者的社会地位、个人成就以及个人素质,还能够增进一个人的自我形象,表明一个人的个性,因此旅游产品属于非常有象征意义的产品。

在人的自我概念中,非常重要的特征就是自我一致性。当某种产品与其自我概念相吻合的时候,他就会选择购买该产品或者服务。白凯在回顾过去研究结果的基础上,总结了自我概念一致性理论在旅游消费者行为研究中的应用:①自我形象与旅游目的形象的一致性与旅游满意度的关系;②自我形象一致性和旅游消费行为之间的关系;③自我形象一致性与旅游兴趣、旅游可能性的关系;④个人主义或集体主义对自我形象一致性与消费行为产生的影响;⑤目的地自我形象的一致性与品牌偏好以及购买的关系;⑥目的地品牌个性与旅游者的自我一致性之间的关系。

2. 生活方式与旅游消费者行为

生活方式是指人们生活、花费时间和金钱的方式,简而言之,生活方式就是人如何生活。个人的日常生活、兴趣、需要以及价值观念等反映了一个人的生活方式,而生活方式又能反映出个人的个性特征,个人的生活方式与其旅游行为有密切的关系。通过对个性的分析,有助于区分不同生活方式的旅游消费者,更好地了解不同类型的旅游消费者及其行为规律。根据不同旅游消费者的个性特征以及其在旅游中的行为表现,对不同生活方式的旅游消费者有分类如下。

(1)喜欢安静生活的旅游消费者。他们追求平静安宁的生活,重视家庭、关心孩子,愿意维护传统并渴望井然有序的生活,非常注意自己的身体健康。他们一般不愿意外出旅游,如果外出旅游,他们乐于选择适宜全家人度假、环境优美、幽雅宁静的湖滨海岛山庄等旅游度假地。他们也喜欢清新的空气、明媚的阳光、野营、狩猎、垂钓以及其他户外活动。

(2)交际型的旅游消费者。他们外向、活跃、自信,乐于主动和他人交往,易尝试和接受新鲜的事物,总是希望能以某种方式更多地介入社会生活。这类旅游消费者对异国文化感兴趣,热爱周游世界,喜欢去遥远陌生的旅游目的地,并认为假期不能只是休息和疗养，还应该有全新的活动内容，使自己拥有更加丰富多彩的人生经验。此外，他们常常被不同文化的美术馆、博物馆、音乐会、传统剧目吸引。

（3）对历史感兴趣的旅游消费者。他们的旅游动机源于对历史的兴趣，历史人物、历史遗址遗迹和历史事件等对他们的吸引力非常大。他们也非常重视旅游活动的教育作用，这与他们对孩子、家庭的强烈责任感有关。他们认为假期应该是为孩子而安排，全家能一起度假是家庭的幸福。因此，要吸引这类旅游者，在宣传上应该突出旅游能提供受教育、增长知识的机会，并强调全家能在一起旅游。

3. 背包旅游消费者的行为研究

随着旅游消费者对于自然、真实生活的追求，背包旅游在世界范围内迅速发展，逐渐成为一种时尚。特别是在一些发展中国家和欠发达地区，背包旅游消费者（backpacker）在当地旅游消费者中所占的比重不断提高。我们可以注意到我们身边越来越多的人加入背包旅游消费者的行列，他们不同于包价旅游团，具有自己独有的一些行为模式和人格特征，如较少借助旅游服务机构、深入当地居民的生活、节约开支等。

一般说来，背包旅游消费者更加偏爱廉价食宿设施，特别是朋友和亲戚家、背包者旅店、野营帐篷和青年旅馆，他们重视与当地人或者其他旅游消费者的交流，往往有一份独立制订的、弹性的旅行计划，假期较长，更喜欢非正式的、参与性的假日活动，他们的娱乐活动更关注自然、文化和探险。

研究发现背包旅游消费者内部在旅游动机、参与的活动类型以及对日常生活的态度等方面也存在显著的差异，据此可以将他们划分为休闲型、逃离型、经验型、试验型、存在型和人本主义型（表 6-4）。

表 6-4　背包旅游消费者的类型

类型	旅游动机	参与活动	对日常生活的态度
休闲型	暂时摆脱日常生活压力，快乐、休闲	休闲活动为主	认为生活是有意义的，活动结束后会回到自身生活中
逃离型	逃离日常生活，减轻压力，放松心情	参加一些当地活动，但不会融入	生活态度不会改变
经验型	寻求“真实”的生活状态	在当地居住	不会改变生活方式或者从事他们认为的“真实”的生活方式
试验型	追求不同生活方式，了解文化特色	和当地居民一起吃住，体会当地的生活状态	从事当地人的生活方式
存在型	寻求深层次旅游经历	深入当地生活中	维持他们的精神世界，寻找自身的精神寄托
人本主义型	探求当地文化	参加当地传统活动	不会脱离自己的文化信仰

有研究发现，背包旅游消费者自我实现的需求集中表现为其需求的个性化、探险化、求知化。

1)个性化

个性化是指背包旅游者不同的个性导致了旅游活动中的不同需求。背包旅游者自己选择路线和体验方式与传统的报价旅游相比，鲜明地强化了自己的个性。

2)探险化

探险化是指背包旅游消费者渴望去一些去的人较少的景区旅游，他们对景区风貌不是很了解，景区神秘性强，容易激起人的好奇心和征服欲。背包旅游者越是能克服艰苦的旅游条件，其能力展现越充分，旅游满足感越强。

3)求知化

在旅游过程中，旅游消费者最大效益原则的一个重要衡量指标就是最大信息量的获取。旅游目的地文化无论其精神体现，还是物质体现，都构成了旅游者获取信息的来源，这一获取过程即是旅游者求知化旅游需求的实现。传统包价旅游的信息是通过导游间接获取的，信息的广泛度、准确度和吸引度受限于导游自身的素质。背包旅游消费者的信息来源是与目的地直接交流得来的，靠自己的深度体验满足了其最大信息量的获取。

黄向等研究者还发现背包旅游消费者与大众观光旅游消费者和生态旅游消费者在关注点、行为模式等方面都存在显著的差别(表 6-5)。

表 6-5　背包旅游消费者、大众观光旅游消费者和生态旅游消费者的行为比较

比较因素	背包旅游	大众观光旅游	生态旅游
旅游消费者规模	小	大	中
对除公共设施和服务外的旅游设施及服务的额外要求	青年旅馆或家庭旅馆	各级别宾馆、导游、旅游基础设施、景区专业管理、旅游交通等	少量旅游设施，景区专业管理
对环境友好的态度	对环境友好	对环境不友好	对环境很友好
对当地文化的尊重程度	非常尊重	一般	非常尊重
信息传播途径	Lonely planet(孤独星球)旅行指南，网络，口碑	口碑、各类广告、大众媒体	口碑、各类广告、专业推荐
对旅游资源的要求	强调自然和文化原真性	不强调原始性	强调自然原始性

资料来源：黄向：《徒步旅游国内外发展特点比较研究》，《世界地理研究》2005 年第 3 期。

本章小结

旅游消费者的气质主要源自先天素质的力量，一般将旅游消费者的气质类型划分为多血质、黏液质、抑郁质和胆汁质四种。而个性则是先天素养和后天环境因素共同作用的产物。对于人格的形成理论,比较有影响力的有弗洛伊德的人格结构理论、荣格的内外向理论、卡特尔的 16PF 人格理论以及最近比较有影响力的大五人格理论。普洛格的旅游消费者心理类型的划分对于我们理解景区的生命周期理论有很好的帮助,伯恩博士的 PAC 人格结构理论为我们提供了人际交往的基本法则。而旅游消费者的自我概念、生活方式对其旅游行为也有较为重要的影响。

关键术语

气质(temperament)
个性(personality)
本我(id)
自我(ego)
超我(supergo)
自我概念(self-concept)
背包旅游者(backpacker)

复习与课后阅读

[1]　黄媛. 旅游者人格特质与民宿产品满意度关系研究 [D]. 天津:天津商业大学, 2020: 84.

第七章　社会群体与旅游消费者行为

学习目标

- 了解常见的群体对旅游消费者行为的影响
- 理解群体压力形成的心理机制
- 理解角色要求与旅游消费者行为的关系
- 理解家庭生命周期与旅游消费者行为的关系
- 理解社会阶层对旅游消费者行为的影响
- 理解文化和亚文化对旅游消费者行为的影响

第七章　社会群体与旅游消费者行为

本章思维导图

- 社会群体与旅游消费者行为
  - 群体与参照群体
    - 群体概述
      - 群体的特征
        - 通过纽带有联结
        - 具有共同的目标
        - 存在共同遵守的规范
      - 群体的分类
        - 正式群体与非正式群体
        - 大型群体与小型群体
      - 影响旅游消费者行为的群体
        - 家庭
        - 朋友
        - 同事
      - 旅游团队的群体分析
        - 自组织的旅游团
        - 他组织的旅游团
    - 从众与群体压力
      - 阿希的从众实验
      - 从众的影响因素
    - 参照群体
      - 参照群体的功能
        - 比较功能
        - 规范功能
      - 参考群体对旅游消费者行为的影响
        - 规范影响
        - 信息影响
        - 价值观影响
    - 群体影响力
      - 意见领袖
      - 名人效应
      - 专家效应
      - 普通人效应
  - 家庭与旅游消费者行为
    - 家庭的概念与分类
      - 核心家庭
      - 扩展家庭
      - 丁克家庭
      - 其他家庭
    - 家庭生命周期与旅游消费行为
      - 单身阶段
      - 新婚阶段
      - 满巢阶段
      - 空巢阶段
      - 解体阶段
    - 家庭角色与旅游消费决策
      - 从角色作用划分
        - 提议者
        - 影响者
        - 决策者
        - 购买者
        - 使用者
      - 夫妻角色与旅游消费决策
      - 儿童角色与旅游消费决策和消费行为
  - 社会阶层与旅游消费者行为
    - 社会阶层概述
    - 社会阶层的划分标准
      - 收入
      - 受教育程度
      - 职业声望
      - 其他标准
    - 社会阶层与旅游消费行为差异
      - 消费功利性的差异
      - 购物方式的差异
      - 信息接收和处理的差异
    - 社会阶层划分与旅游市场营销
      - 差异化的市场策略
      - 相适应的产品形象
  - 社会文化与旅游消费者行为
    - 文化及其特征
      - 精神性
      - 社会性
      - 集合性
      - 独特性
      - 一致性
    - 亚文化与旅游消费者行为
      - 年龄亚文化
      - 性别亚文化
    - 中国传统文化与旅游消费者行为
      - 中国传统文化与旅游动机
      - 中国传统文化与旅游活动类型
      - 中国传统消费观念下的旅游消费行为
      - 面子文化对旅游消费者行为的影响

第一节　群体与参照群体

一、群体概述

1. 群体的概念

“物以类聚，人以群分”，群体与个体相对，是个体的共同体。不同的个体按某种特征聚合在一起，共同活动，相互交往，就形成了群体。个体往往通过群体活动达到参加社会生活并成为社会成员的目的，在群体中获得安全感、责任感、亲情、友情、关心和支持。群体具有以下三个基本特征。

（1）群体成员之间通过一定的纽带联系起来，例如以血缘为纽带的家庭群体、以母校为纽带组成的校友会等。

（2）群体内的成员具有共同的目标并保持相互的交往，例如一个旅游团内的成员都是为了实现自己的旅游行程而聚到一起。

（3）群体成员之间有一定的群体意识和共同遵守的规范。

群体不同于偶然聚集在一起的人们，例如偶然聚集在某个酒店消费的顾客就不能称之为群体，因为他们虽然有共同的目标，但是他们既没有结构和社会角色的分化，相互之间也没有意识和行为上的联系。

群体对旅游消费者的影响主要体现在以下几个方面：一是群体成员在接触和互动的过程中，通过心理和行为之间的相互影响和学习，会产生一些共同的信念、态度或者规范并对消费者的行为产生影响；二是群体规范和群体压力会导致消费者的行为有意或者无意地与社会群体的期待保持一致。

2. 群体的分类

群体是多种多样的。每种群体的性质、结构、作用和活动方式各不相同。根据群体的目的、联系的机制、影响群体成员的方式、群体成员间的交往特点等，可以对群体进行不同的分类。

1）正式群体与非正式群体

根据群体内各成员相互作用的目的和性质，可以把群体分为正式群体和非正式群体。

正式群体是指根据成员编制、章程或其他正式文件而建立的群体。正式群体结构明确，它们规定好成员的地位和角色，明确提出各成员的权利和义务，并具有良好的群体规范，有清晰的信息沟通路线和权力控制机制，所要完成的任务也有详细的规定。政府、企业、工厂、学校、班级等都是正式群体。

非正式群体是指那些无正式规定的、自发形成的、成员的地位和角色以及权利和义务都不明确、也无固定编制的群体，它主要用于满足人们的某种生活需要，并且带有明显的情感色彩，即以个人的好感为基础。非正式群体形成的原因有以下三点：一是某种利益或观点的一致性；二是共同的价值观和共同的兴趣、爱好；三是相似的生活经历或背景。集邮爱好者、自发的钓鱼队、旅游同伴、同学会、同乡会等，都属于非正式群体。

由于非正式群体以情感为纽带，以兴趣爱好为基础，所以有着较强的内聚力和对成员的吸引力。一般而言，在正式群体中总会存在着各种非正式群体。非正式群体在一定程度上会影响正式群体，其影响可能是积极的，也可能是消极的。如果非正式群体本身具有很强的凝聚力，就能促进群体的巩固。当正式群体的目标和规范与其成员的个人需要不一致时，两个群体就会发生冲突，成为正式群体发挥作用的障碍。

2）大型群体与小型群体

根据群体的规模和沟通方式，可把群体分为大型群体与小型群体。这样的划分界限比较模糊，因为群体的大小是相对的。

大型群体是指群体成员人数众多，相互之间以间接方式取得联系的群体，如通过群体的共同目标，通过各层组织机构等，使成员建立间接的联系。大型群体还可以进一步分为不同形式、不同层次的群体，如可分为乡镇、街道、居民村等群体，也可分为社会职业群体或人口群体等，还可以分为政治群体、工作群体、娱乐群体等。这些大型群体都没有直接的社会交往和社会互动。

小型群体是指相对稳定、人数不多、为共同目标而结合起来的、各个成员直接接触的联合体。它有共同的目标，全体成员为此目标做共同努力。小型群体成员间相互熟悉，往往面对面交往沟通，心理感受也较明显。其规模不少于 2 人，但一般也不超过 30 人。夫妻、家庭、亲戚、小组和班级等都是小型群体。一个人可以扮演不同的社会角色，可以同时作为几个小型群体的成员，可根据自己的愿望与需要和他人直接交往。在人数较多的小群体中，由于各种原因，某些人的交往活动较多，沟通较频繁，交往带有更加亲密的性质，这样的小群体可以称为“小集团”。“小集团”人数不多，一般为 2~7 人。

3. 旅游团队的群体分析

旅游团是一个群体，可以按旅游团队的组织形式划分为自组织的旅游团和他组织的旅游团两类。

自组织的旅游团是指由群体内的成员自发组织起来的群体。这些人可能原来就存在一定的关系，例如家庭关系、社会组织关系、社会阶层归属等，这些都可以使他们自发组织起来，这样一来，由原来的日常性的、复杂的社会关系转化为临时的、角色变了的新型旅游关系，这种关系会在旅游过程中孕育成员的谅解、互助情感，使人增进了解、加深感情、密切关系。与个体旅游消费者的决策过程相比较，这种群体旅游消费者的旅游决策不管是在旅游前还是在旅游过程中，都有很大的不同。

他组织的旅游团是指群体内的成员由外部组织（如旅行社）组织起来的群体，典型的散客团或者拼团都属于他组织的旅游团。群体内的很多成员原来可能互不认识，处于不同的社会组织、社会阶层，他们能够被某一旅游组织汇聚到一起，原因是他们对某种先定的旅游活动过程达到了一致的认可。所以，这种旅游群体的旅游决策过程的关键是识别并评价由各个不同的外部组织提供的群体旅游活动方案的价值，一旦符合个人的旅游目标，个体便主动参与到群体当中，成为其中一员。显然，这种群体的成员在决策时彼此之间并不需要互动。

4.影响旅游消费者行为的群体

1）家庭

家庭是影响消费者行为的最重要的群体，家庭会影响一个人的消费习惯和观念，同时家庭也是一个重要的购买单元，家庭所处的生命周期、家庭的规模大小、家庭购买的决策模式都会影响和制约着个体的行为，例如当家庭决定在假期外出旅游的时候，家庭中的每一个成员都有表达自己意愿的机会和可能，而最后拍板的人是父亲还是母亲抑或是小孩都会对后期的旅游消费行为产生重要的影响。

2）朋友

随着个体从原生家庭的离开，朋友对消费者的影响逐渐增加。由于朋友群体多数情况下属于非正式群体，能满足个体对于友谊和关系的需要，因此个体逐渐从朋友那里学会各种消费知识和态度。

3）同事

同事是个体在工作中认识的人，一般是正式的工作群体成员，但双方有可能在关系深化之后形成同事兼朋友的双重关系。目前各种企事业单位经常组织团队建设或者春游、秋游之类的活动，在这些交往活动中，大家的消费观念和消费行为会互相影响。

二、从众与群体压力

从众（conformity）是指个体在群体的引导或者压力下，在知觉、判断、观念或者行为上表现出与群体中多数人一致的现象。引起消费者从众的原因很多，最近的研究强调了以下几点：消费者希望基于群体共识形成对消费现实的准确认知，与他人发展出有意义的社会关系，并保持良好的自我认识。

相信自己的眼睛还是相信他人？

社会心理学家阿希在1956年进行了经典的从众实验。该实验以大学生为被试，每组7人，坐成一排，其中只有1人为真被试，其余6人均为事先安排好的假被试

（实验助手）。实验开始后，主试每次向大家出示两张卡片，其中一张卡片上画有标准长度的线段 x，而另一张卡片上画有 a、b、c 三条线段，a、b、c 三条线段中的一条明显与线段 x 的长度相等。实验者要求每一个人判断 a、b、c 三条线段中的哪一根与线段 x 等长，并说出来。

实验者通过顺序设置让真正的被试每次都在最后一个或者倒数第二个发言。头两轮测试中，所有人的判断都没有错误，保持一致，从第三次测试开始，真被试前面的几名假被试都按事先设计好的步骤，全部故意说错，比如所有的假被试都表达了 x 和 a 是等长（实际上很可能是 x 和 b 等长）。这就对真被试形成了一种与事实不符的群体压力，以借此观察真被试是否发生从众行为。实验表明：在多次实验中，75% 的被试给出了至少一个从众的答案，也就是说，他们明明知道自己的答案是错误的，但还是说了，因为这个错误的答案与群体内其他人的答案是一致的。平均每个从众者给出了 37% 的错误答案。只有大约 25% 的被试保持了独立性，没有发生从众行为。

实验结束后，阿希对从众的被试作了访谈，归纳被试从众的情况有以下三种：①被试确实把他人的反应作为参考框架，观察上就错了，发生了知觉歪曲；②被试意识到自己看到的与他人不同，但认为多数人总比自己正确些，发生了判断歪曲；③被试很清楚其他人都错，但跟着做出了错误反应，发生了行为歪曲。

这个实验证明，个体在群体中容易受到信息上和规范上的双重压力。

1）信息压力

经验使人们认为，多数人的正确概率比较高，在模棱两可的情况下，由于缺少参照构架而更相信多数人而从众。

2）规范压力

群体中的个体往往不愿意违背群体标准而被其他成员视为少数，害怕与众不同而遭受孤立，因此采取多数人的意见。

上述实验结果是基于 70 多年前的研究，时间的流逝是否会让结论的效度发生改变？我们是否可以认为这些结论也适用于其他文化？有证据表明，在消费领域，有相当多的消费者在做消费决策的时候，他们其实并不清楚自己想要什么，而是会观察或者参考周围其他人的行为而出现从众行为，例如某景点的一个小吃摊前游客排着长队，会吸引更多的游客出现从众行为而加入排队的行列，让这个摊位变得更加火爆，成为所谓的网红。旅游消费者在出门的时候更倾向于选择多数人选择的酒店入住也是从众行为的表现。

三、参照群体

1. 参照群体的概念

参照群体（reference group）是指个体自觉接受其规范和准则，并以此来指导自己行为的群体,它是人们心仪的群体,它的价值和规范体系常常是个人的目标或标准,也被称为参考群体、榜样群体,如先进班级、优秀球队等。参照群体对于群体成员可能有积极影响,也可能有消极影响。在一个人的心目中,常常会出现两个或更多的参照群体。如果这些参照群体的规范、准则及目标是一致的,那么对个体会起到增强行为动机以及良好示范作用;反之,则会引起个体内心的动机冲突和斗争。

消费者之所以需要参照群体,是因为参照群体具备两个突出的功能:一是比较功能,它能用来作为个体行为的比较标准,是衡量个体行为的尺度;二是规范功能,它能用来给个体的行为树立榜样,做出规范的评定。

参照群体如果成为人们的需要,个体就会把自己的行为和这个参照群体的规范进行对照,发现有不符合参照群体规范的地方,就会对自己的行为加以改正。

2. 参照群体对旅游消费者行为的影响

参照群体不是旅游消费者隶属的群体。参照群体在帮助成员形成信仰、态度、价值观和人生观等方面具有特殊的作用和意义。

在旅游消费领域,有些经验不足的户外探险游客表现出不顾后果的探险行为而置自己或者团队成员于危险的境地,原因就在于他们把那些专业探险队当成自己的参照群体,将他们的行为规范和准则当成自己的行为标准。因此,我们应加强对参照群体的研究,以便探明旅游消费者内心的参照群体,使正确健康的群体规范转化为旅游消费者的行为标准。参照群体主要通过规范影响、信息提供和价值观念影响三个方面对旅游消费者的行为进行影响。

1)规范影响

规范影响是指群体规范会对旅游消费者的行为产生影响。规范是指在一定社会背景下,群体对其所属成员行为合适性的期待,它是群体为其成员确定的行为标准。无论何时,只要有群体存在,无须经过任何语言沟通和直接思考,规范就会迅即发挥作用。规范性影响之所以发生和起作用,是由于奖励和惩罚的存在。为了获得赞赏和避免惩罚,个体会按群体的规范行事。

2)信息影响

信息影响是指参照群体成员的行为、观念、意见被个体作为有用的信息予以参考,由此在其行为上产生影响。特别是旅游产品具有的无形性使消费者对其缺乏了解,无法通过常规的手段对旅游产品品质做出判断时,他人的使用和推荐将被视为非常有用的证据。群体在这一方面对个体的影响,取决于被影响者与参照群体成员的相似性,以及施加影响的群体成员的专长性。例如,某人发现好几位朋友全家都在假期前往某个城市旅游,于是她也决定在下个假期和家人前往该城市旅游,因为在她看来,这么多朋友前往这个城市旅游,说明这个城市一定有其优点和特色。

3）价值观念影响

价值观念影响是指个体自觉遵循或内化参照群体所具有的信念和价值观，从而在行为上与之保持一致。例如，某位消费者看到那些前往高级酒店消费的人都着装优雅、文明礼貌，于是他在前往高级酒店消费的时候，会特别注意自己的穿衣打扮，行为上彬彬有礼以反映他所理解的那种文明消费者的形象。此时，该消费者就是在价值表现上受到参照群体的影响。个体之所以在不需要外在奖惩的情况下自觉依照群体的规范和信念行事，主要是基于两方面力量的驱动：一方面，个体可能利用参照群体来表现自我，提升自我形象；另一方面，个体可能特别喜欢该参照群体，或对该群体非常忠诚，并希望与之建立和保持长期的关系，从而视群体价值观为自身的价值观。

四、群体影响力

1. 意见领袖

在消费行为学中，意见领袖（key opinion leader，KOL）是指为他人过滤、解释或提供信息的人，这种人因为持续关注程度高而对某类产品或服务有更多的知识和经验。其中信息源、信息质量、信息传播方式是理解意见领袖概念与内涵的三个重要因素。

图 7-1 表示的是微博意见领袖影响下的旅游消费行为过程。

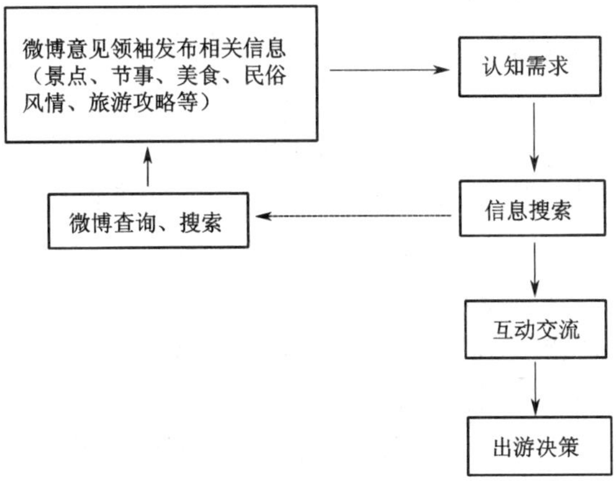

图 7-1 微博意见领袖影响下的旅游消费行为过程

家庭成员、朋友、媒体、虚拟社区中消息灵通的权威人士常常充当意见领袖。意见领袖是在消费群体中信息和影响的重要来源，并能左右多数人的消费态度倾向。例如当前很多网络大 V 对消费者态度和行为的影响力非同小可，需要旅游企业引起足够的关注。意见领袖一般有以下几个方面的特征。

1)具有高度的自信心和亲和力

意见领袖通常是最早出于纯粹的好奇心而试用新产品和服务的人。他们通常是社区的活跃分子,不甘寂寞。而且意见领袖一般都比较任性,具有公开的、独特的个性,这让他们更可能以与众不同的方式去尝试那些未知而又让人感兴趣的产品和服务。此外,意见领袖通常具有高度的自信心,可能比一般人更健谈与合群,因而他们更具有影响力。

2)拥有丰富的产品使用体验

意见领袖最大也是最明显的特征,就是对某一类产品比群体中的其他人有着更为长期和深入的介入。由于某些原因,有的人对某类产品或活动有更多的知识和经验,因而在其他人看来,他在这方面的意见更权威。因此,意见领袖通常是和特定的产品或活动区域相联系的。

3)掌握全面的市场知识

意见领袖虽然通常和某种产品或活动相联系,但也有这样一些人,他们似乎了解许多产品、购物场所和市场的其他方面信息。他们一般也愿意与人讨论产品或购物,主动向他人介绍关于产品的大量信息。

有研究显示,旅游决策受来自其他旅游消费者的网络评价信息影响最大,而意见领袖作为大众旅游消费者中具有代表性的旅游先锋,其在口碑传播中发挥着重要作用,较大程度上影响了旅游消费者的决策行为。

随着移动网络信息时代的来临,网络意见领袖对旅游消费者的影响力日益增加。李(Lee)通过对网络评价者中意见领袖的人口统计学特征进行分析,发现旅游领域的意见领袖具有年轻、受教育程度高、精通网络技术、旅游社会化媒体参与程度高等特点。与传统意见领袖相比,网络意见领袖具备以下新特征。

(1)在传递信息方面,传统的意见领袖主要依靠现实生活中的人际交往,而网络意见领袖主要依靠互联网及网络应用,如微博、博客等来影响受众。

(2)在影响受众规模方面,网络意见领袖比传统意见领袖的影响范围更大;在角色功能方面,传统意见领袖概念侧重于意见领袖在信息传播中的中介功能,而网络意见领袖不再依赖于接近信息源,可以成为独立的信息源头。

2. 名人效应

名人或公众人物如影视明星、歌星、体育明星在影响消费者行为方面具有重要的影响力。这些名人对崇拜他们的受众的影响力尤其巨大。对很多消费者而言,名人的生活方式代表着理想化的生活方式。正因为如此,各级旅游企业都不惜花费巨资聘请名人来代言。当前在旅游消费领域,名人前往的旅游目的地或者入住过的酒店非常容易成为普通游客追捧的热门。例如电影《山楂树之恋》的外景基地宜昌百里荒景区吸引了大量游客前往,由众多明星参与的《爸爸去哪儿》节目播出以后,也带活了大量原本没有什么名气的景区。

亲子体验节目《爸爸去哪儿》给旅游业带来了什么？

亲子体验节目《爸爸去哪儿》一经播出，就引发了众多观众的关注。由于该节目的取景地点往往都是风景优美，比较原生态，而且开发不太成熟的景区，对于这种景点，因为本身地点比较偏僻，而且景点特色并不是特别明显，整个旅游区域整体偏小，可容纳的游客数量较少，可利用的宣传资源不多，因此提高知名度，提升对游客的吸引力一直都比较困难。

节目通过明星亲子的互动参与，把当地原生态的风景以及原生态的生活习俗展现在亿万观众面前，这种模式不仅节约了高昂的宣传费用，而且有足够的节目时间展现当地的特色文化，受众数量较多，可持续性较强，产生了非常好的效果。

此外，旅游途中明星的亲子互动也引发了大众对于出游目的的思考。旅游不仅仅是体验壮阔的自然风光和历史文化景点，还包括了体验欢乐的游乐时光。享受心情的自由欢畅。旅游的重要功能之一就是和家人去一个陌生的地方，融入陌生的环境，体验不一样的生活方式和特色，提升孩子的各种能力，促进家庭的沟通与和谐。全家共游不仅提供了共同进步的机会，而且让全家一起面对一个陌生世界的挑战，促进了家庭成员之间的感情。因此《爸爸去哪儿》节目的播出，为亲子出游市场和乡村旅游市场的宣传推广和开发提供了一些新的思路。

3. 专家效应

专家是指在某一专业领域受过专门训练，具有专门知识、经验和特长的人。医生、律师、营养学家等均是各自领域的专家。专家所具有的丰富知识和经验，使其在介绍、推荐产品与服务时较一般人更具权威性，从而产生专家所特有的公信力和影响力。例如旅游景区在进行营销的时候，邀请各方面的专家开展专门面向旅游者的讲座，提供出游建议等活动，利用专家的权威性影响旅游者的决策。但是在邀请专家参加各类活动时，应注意避免公众质疑专家的公正性和客观性。

4. 普通人效应

运用普通满意顾客的证词、证言来宣传产品，是广告中常用的方法之一。由于出现在荧屏上或画面上的代言人是和潜在顾客一样的普通消费者，这会使受众感到亲近，从而使广告诉求更容易引起共鸣，更容易获得认可。例如一些旅游企业在电视广告中展示普通的旅游者如何从游览中获得乐趣就是利用了广告传播中的普通人效应。

普通少年丁真带火了甘孜文化旅游

2020 年 11 月，四川省甘孜州理塘县的普通少年丁真因为一脸纯真朴素的笑容而意外走红网络,成为“新晋顶流”。走红后的丁真迅速成为理塘县的旅游大使,为当地的旅游业贡献力量。11月25日,丁真为家乡拍摄的宣传片《丁真的世界》正式上线。

丁真代言后的理塘县旅游业火爆全国。去哪儿网的数据显示,即使在11月旅游淡季,自11月16日起,以甘孜康定机场、亚丁机场为目的地的订单量同比增长近2成,17日单日预订量较去年同期增长了90%,酒店预订量也较去年同期增长了111%。

丁真的意外走红引发了巨大的宣传效应,并且让效应落地,成功带动了当地文化旅游业的发展。这一事件表明,新媒体时代的网络宣传具有很强的平民精神,尤其短视频、直播等技术的发展得以让各种普通人将个人的信息以指数级的速度推送到公众面前。庞大的社交广场中,人人皆可能成为主角。

第二节　家庭与旅游消费者行为

一、家庭概述

1. 家庭的概念

家庭是指由具有婚姻、血缘或收养关系的人们长期居住的共同群体。家庭是儿童社会化的场所,也是儿童接受社会影响的主要场所,因此对个人的兴趣爱好、认知、情感、性格产生了持久的影响,进而对个体的消费观念、消费行为产生了影响。家庭是影响消费者行为的重要因素之一。

2. 家庭的类型

家庭按照规模可以分为核心家庭和扩展家庭。核心家庭是指由一对父母和未成年子女组成的家庭;扩展家庭是指由一对父母和一对已婚子女(或者再加其他亲属)组成的家庭。随着社会的进步、城市化和工业化的发展,还逐渐出现了很多非传统的家庭结构,例如同性婚姻家庭、丁克家庭等形式。

3. 家庭对旅游消费者的影响

家庭是社会的细胞和基本单元,家庭消费是以家庭为单位所进行的消费,是社会消费的基础。家庭对个人的物质生活消费、文化生活消费、劳务消费产生着重要影响。

家庭消费可分为家庭共同消费和家庭成员的个人消费。家庭所处的地理条件、生活环境、民族特点、风俗习惯,家庭成员构成、收入情况、兴趣爱好等决定了家庭的消费结构和消费内容。家庭共同消费的水平取决于家庭的经济收入和所处的社会阶层等因素,不同的家庭其消费习惯和决策模式存在着差异。家庭成员的个人消费则受到家庭、社会生产结构、市场供给情况等的综合影响。

家庭是个人成长过程中最早与他人互动的基本单位。家庭中的主要互动对象包括父母、兄弟姊妹等,这些人继承和表现了个人社会化的因素。而更为重要的是,家庭本身就是一种最主要的休闲环境,家庭提供个人生长与休闲学习的空间,对个人今后的旅游与休闲偏好都有着显著影响。可以说,家庭是塑造旅游休闲消费模式与行为的最基本单位,这种过程会影响旅游休闲消费行为,每个家庭都有可能产生一种独特的旅游休闲消费形态。随着家庭生命周期的变化,旅游休闲消费形态也会随之变化。图 7-2 所示为影响家庭度假旅游行为的各种因素。

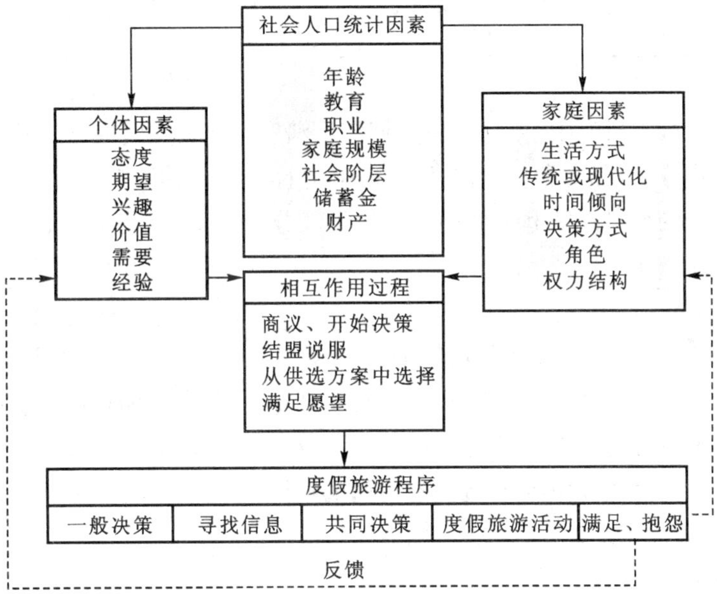

图 7-2　影响家庭度假旅游行为的因素

二、家庭生命周期与旅游消费行为

家庭生命周期(family life cycle)是指一个家庭形成、发展直至消亡的过程,反映家庭从形成到解体呈循环运动的变化规律。一般把家庭生命周期划分为形成、扩展、稳定、收缩、空巢与解体六个阶段(表 7-1)。用人口事件的变化来标志每一阶段的起始与结束。在旅游研究领域,学者们很早就关注到家庭生命周期对个体或家庭旅游决策的影响。

家庭处于不同的生命周期时,其出游模式、度假类型以及关注的休闲活动项目会逐渐发生变化,家庭生命结构对家庭旅游决策内容(去哪里、怎么去、花费、停留时间、目的地设施使用)有着明显的影响。此外,家庭生命周期主要影响家庭旅游决策中的信息搜索方式及最终的旅游目的地选择。

表 7-1　家庭生命周期

阶段	起始	结束
形成	结婚	第一个孩子的出生
扩展	第一个孩子的出生	最后一个孩子的出生
稳定	最后一个孩子的出生	第一个孩子离开父母家
收缩	第一个孩子离开父母家	最后一个孩子离开父母家
空巢	最后一个孩子离开父母家	配偶一方死亡
解体	配偶一方死亡	配偶另一方死亡

在消费者行为研究中,家庭生命周期特指消费者作为家庭成员经历家庭各个阶段形态的变化,用以分析和揭示消费者在不同阶段的消费形式、内容和特征等,从而作为市场细分的变量。家庭生命周期一般可以分为单身阶段、新婚阶段、满巢阶段、空巢阶段、解体阶段。

1. 单身阶段

这个时期的青年男女,收入大多并不高,目前我国多数单身青年无经济负担,并还保持着与父母共同生活的习惯,因与父母生活在一起,所以消费需要简单。他们的收入主要用于自己的穿着、娱乐、交往、发展等方面的需要,求新、求奇异的心理需求与动机比较突出,其旅游体验行为具有时尚的特征,一些新型的旅游项目,如探险、攀岩、蹦极和自助游等最能满足年轻人的需要。

2. 新婚阶段

青年的结婚费用中,耐用消费品支出占首位,酒席支出占第二位,穿着支出占第三位,床上用品占第四位。在我国,青年人结婚费用惊人,已成为引人注目的社会问题。由于组建新家庭,几乎所有消费品都需要购买,因此不仅花光了自己多年的积蓄,还花费了父母辛辛苦苦积攒起来的钱,有的甚至还借款。孩子还没有出生,重点在于蜜月旅行以及意识到孩子出生后不自由,而开始利用较多的时间和精力外出旅游。

3. 满巢阶段

满巢阶段的家庭主要特征是孩子的出生和成长。由于孩子接连出生,家庭开支增加,消费结构和消费购买行为随孩子的成长而发生变化。因此满巢阶段又可以细分为满巢Ⅰ期,满巢Ⅱ期和满巢Ⅲ期三个差异化的阶段。

1）满巢Ⅰ期（年轻夫妇有6岁以下儿童）

处于这个阶段的家庭的主要消费集中在满足儿童的吃、用、玩等需要方面，举家远途出游的想法较为少见，多选择在家庭附近的公园、动物园或者城市的近郊进行休闲娱乐。不过，随着私家车逐渐进入家庭，处于满巢Ⅰ期的家庭的出游半径也在逐渐增加。在这一阶段，儿童是家庭出游能否成行的主要限制性因素，有些家庭中如果有老人愿意帮忙照看小孩，在经济条件允许的情况下，年轻的夫妇也有短期外出旅游的可能。满巢Ⅰ期家庭对出游的态度会对后期出游有较深远的影响。如果在此阶段，旅游企业能够提供满足家庭内儿童需要的产品和服务，例如提供儿童加床、儿童餐或者儿童照看服务等就能吸引不少处于满巢Ⅰ期的家庭出游。

2）满巢Ⅱ期（年轻夫妇有6岁以上儿童）

旅游作为对孩子进行教育、扩大孩子视野的一种重要形式，受到家长们的普遍重视，家长们多选择在假期有意识地带孩子外出旅游，参观、游览博物馆、纪念地、历史文化名城等人文景观。满巢Ⅱ期的家庭旅游体验需求与动机较为强烈，易于转变为出游行为。旅游结束后，若旅游体验期望值与实际心理预期相差不大，旅游体验回顾和旅游体验总结的效果较佳，常常会激发这类旅游群体的下一次旅游需求。随着国家对中小学研学旅行的逐渐重视以及满巢Ⅱ期家庭旅游需求的日益增长，旅游企业需要不断提高经营与管理水平。

3）满巢Ⅲ期（中年夫妇与自立的孩子组成的家庭）

因为孩子开始能获得收入养活自己，并且中年人多数已经成为单位的领导或者骨干力量，经济收入可观，家庭经济基础较为雄厚，消费潜力大，因其生活阅历较丰富，他们就特别注重旅游体验，这类家庭对旅游产品和服务的要求较高，在旅游交通、住宿条件、饮食和娱乐等方面都对旅游企业提出了高标准的要求。

4. 空巢阶段

空巢阶段（老年夫妇家庭）是指家庭里的孩子离开家庭独自生活，家庭中只剩下老年夫妇的状态。旅游作为“有闲+有钱”阶层人士的活动，是最适合老年人的项目之一。外出旅游为老年人提供了休闲旅游与健康娱乐的契机，使不少老年人乐此不疲。特别是退休5~10年的老年人，他们更具备出游的动机和条件。对旅游业而言，老年旅游市场前景广阔，极具开发潜力。因此，旅游企业要积极开发适合老年人参加的旅游体验产品，进行有针对性的宣传促销活动，提供热情周到的旅游服务，以满足老年人的旅游需求。

5. 解体阶段

家庭解体阶段一般以配偶双方中的一方离去为标志。处于这一阶段的家庭收入明显减少。老年人渴望健康长寿，其消费支出大部分用于食品和医疗保健方面，穿用部分的比重逐渐下降，尤其是娱乐费、交通费及耐用家电支出下降，他们几乎不怎么选择外出旅游。但是在老人的身体依然健康、退休金有保障的条件下,他们还有出游的可能。

三、家庭角色与旅游消费决策

1. 家庭成员扮演的角色

消费者的购买活动一般以家庭为单位,但是购买的决策者,通常不是家庭这个集体,而是家庭中的某一成员或某几个成员。不同的家庭成员对购买商品具有不同的实际影响力。在一般家庭做出购买决策的过程中,我们通常可以发现家庭成员扮演着以下五种主要角色。

(1)提议者是促使家庭其他成员对商品或服务发生兴趣的人。

(2)影响者是提供商品、服务信息和购买建议,影响挑选商品或服务的人。

(3)决策者是有权单独或与家庭其他成员一起做出买或不买决定的人。

(4)购买者是购买商品或服务的人。

(5)使用者是使用所购商品或接受服务的人。

家庭中多少人扮演这些角色,什么人扮演哪些角色,则要根据家庭的不同和他们所买商品的不同而变化。

2. 夫妻角色与家庭旅游消费决策

家庭旅游消费决策作为一种群体互动的消费决策行为,具有指向的高涉入性、复杂的程序和功能、必须遵循的特殊决策规则等特征。

家庭消费决策的类型可以分为四种:丈夫支配型,妻子支配型,共同影响、各自做主型,共同决策型。在具体决策项目上,这些不同类型又会有不同的情况。在中国的社会环境下,妻子大都有独立的工作,与丈夫有平等的决策地位,况且旅游属于耐用消费品以外的享受商品和服务的购买,决策应更慎重,因此大多为共同决策型,而有经验的成员更具有影响力。同时,独生子女在中国家庭中的地位上升,也决定了其意见不可忽视。

研究显示,高收入家庭中多由丈夫主导来进行家庭出游决策,低收入家庭多由妻子主导决策,中等收入家庭则由夫妻共同主导。双薪收入家庭的旅游行程规划、用餐、住宿及交通选择往往比单薪收入家庭更具弹性;而双薪收入家庭较忙于工作,父母对孩子疏于照顾往往会产生内疚感,反而在旅游需求上会比单薪收入家庭更容易满足孩子的要求。家庭中,丈夫为经济主导者时,面对高消费决策往往会把握决策权;随着女性自主性提高及社会演进,女性的受教育程度提高,在外工作时间加长及收入增加,妻子在家庭资金使用上的自主权随之增加;相对而言,妻子在家庭旅游中的决策机会也会相应提升,而家中无收入者在决策行为上所起的作用较小。

家庭旅游消费中,当出现夫妻对某一产品或服务意见相左时,往往通过联合决策的方式来加以解决，这种现象在新婚或结婚时间较短的年轻夫妻中更为普遍。这种家庭旅游联合决策的原因可以归结为三点：①家庭旅游或度假涉及家庭中众多成员，每个家庭成员的意见都必须体现于决策过程中；②家庭旅游或度假是维持家庭和睦、家庭健康和福祉的重要方式，在家庭旅游决策中应尽可能考虑每个成员的个人利益（旅游偏好）等；③作为家庭旅游或度假决策的后续效应（或溢出效应），其涉及众多资源，因此更有必要通过联合而不是单一决策来完成。

多数情况下，家庭旅游消费决策都需要经过夫妻各自的前期考虑集合、融合修正、后期考虑集合三个阶段。“夫妻间讨论”是夫妻各自前期旅游目的地选择相互妥协的重要致变因素。研究发现，关系融洽的夫妻往往通过自发谈论各自购买欲望与想法以达成协议；关系不融洽的夫妻往往一方没有给予另一方充足的意见表达机会。通过讨论，夫妻双方的偏好很容易被对方所识别，同时双方感知到的冲突也可以通过讨论轻易化解。同时，情境抑制因素及其相对影响也会作用于家庭旅游决策，并对最终选择产生影响。

如果在旅游决策过程中出现了冲突，那么争议解决的途径主要有三种：附加信息搜寻、家庭讨论和家庭最具权威人士单方面决定。和一般消费决策不同，家庭旅游决策不仅要选择某一旅游目的地，其决策冲突往往会表现在附加决策上，如旅游活动方式、住宿、餐饮、交通等内容。家庭旅游决策冲突的诱因可以划分为效用、参与权利和人际需求。搜集信息、家庭讨论和未来许诺在最终旅游目的地的选择上能够有效降低家庭旅游决策中的各种冲突出现的可能，信息搜集、家庭讨论会使家庭成员相对满意旅游决策过程，而权利运用则会使家庭成员对旅游决策过程产生不满。调查发现，解决夫妻外出旅游度假决策争议的中庸策略是“先给后取然后达成妥协”。

研究显示，家庭旅游决策中的夫妻冲突主要来自在旅游目的地初选阶段的信息搜集过程和相互讨论当中，家庭生命周期越长，夫妻结婚时间越久，冲突发生概率会越低。

3. 儿童角色与家庭旅游消费决策

亲子游是指父母或亲属与儿童共同参与的旅游，亲子旅游已经成为一个重要的旅游细分市场。当前的消费者对亲子游的态度积极，很多父母都认为亲子游对儿童的健康成长很重要。和传统旅游形式相比，亲子游更加关注儿童的特点、旅游目的和旅游需求，也因此对旅游产品的安全性、教育性和趣味性都提出了更高的要求。

儿童的特点和旅游需求是家庭亲子旅游消费的决策出发点。在家庭亲子旅游的实际消费过程中，孩子的需求是旅游消费决策的首要影响因素。在进行出游地和活动项目的选择过程中，孩子的年龄、性别、喜好、身体状况、性格特征等都是父母在进行旅游消费决策前重点考虑的因素。考虑到孩子的承受能力、出游时间、行程安全等因素，很多消费者倾向于选择国内游或者周边游。

家庭亲子游对旅游产品的安全性有更高的要求。由于参与亲子游的大多数孩子的身心发育尚未成熟,因此旅游产品的安全性往往是亲子游关注的重点,亲子游对出游过程中安全性的要求高于其他旅游形式。因此父母在做旅游消费决策的时候,交通工具的选择、旅游服务设施的配套、旅游活动项目的安排及线路的设计等行程安全因素是父母进行出游决策考虑的主要因素。

父母对亲子游产品有寓教于乐功能和融洽家庭关系的双重要求。父母不仅强调通过旅行开阔视野、增长知识、放松身心、结识朋友,也强调通过旅游来增进父母与孩子之间的感情交流,融洽家庭关系,实现父母与孩子共同成长。例如当前暑期的国际游学产品受到消费者的追捧,在一些大城市日益流行的祖孙三代组合游等项目都满足了作为主要决策者的父母的这两个需求。

家长工作以及孩子上学是影响家庭亲子游决策的关键因素。寒暑假是亲子游的高峰期,以常规出游和游学形式为主,儿童节、中秋节、国庆节等节假日也是亲子出游高峰。在非节假日的周末,父母无须请假即可陪孩子出游放松,因此一至两天的周边自驾游产品较为热门。随着国家对带薪休假的日渐重视,加上国务院提倡“2.5 天休假”模式的启动,未来家长们将有更多时间陪伴孩子,将更进一步刺激和触动家庭亲子旅游市场。

随着年龄的增长和知识阅历的积累,儿童逐渐成为目的地选择的决策者,父母也往往比较乐于接受或鼓励儿童的决策行为。与以往不同的是,当前的儿童获取目的地信息的渠道更多,如通过网络、电视以及同学间的交流等,他们对家庭出游的话语权不断增强。在一定程度上,越来越多的儿童正在成为目的地选择的决策者,其兴趣点将会成为旅游消费的驱动力。

亲子游市场火爆异常

随着 80 后、90 后成为新生代父母的主力军和二胎政策的放开,“带娃出游”这种增进情感交流、使小孩与大人各得其乐的休闲方式日益成为众多家庭常态化的假日选择,据中国旅游研究院发布的《中国家庭旅游市场需求报告》显示,中国已经进入优质家庭旅游强需求时代,76.1% 的旅游者选择孩子作为出游同伴,有数据显示,2016 年在线亲子游的市场规模估计达到 207.9 亿元,增速超过 80%。2017 年五一假期,驴妈妈旅游网 50% 的订单为亲子游订单。

亲子游市场旅游消费升级趋势明显。亲子游客群体对高品质旅游线路、高星酒店、优质航班的需求逐步提升。调查显示,近年来周边亲子游人均旅游消费为 600~800 元/人,国内亲子游人均旅游消费为 2 800~3 400 元/人,而出境亲子游人均旅游消费则达到 6 800~7 500 元/人。

亲子房和亲子服务成为亲子游市场新的关注点。作为休闲度假的核心要素之一，各类具有特色的酒店亲子房有效提升了出游客户的住宿体验。上海迪士尼乐园酒店、常州环球恐龙城恐龙主题度假酒店等受到游客的追捧而一房难求。除了“景点＋酒店”和“大交通”外，目的地的玩乐项目和体验活动成为新的关注点。预订接送机、婴儿车租赁、美食餐券、娱乐表演、展览活动、一日游等当地玩乐产品的亲子游客户增长迅猛。

自驾及高铁亲子游逐渐流行。随着大众“汽车生活”的消费理念日趋成熟，以及国内道路与沿途服务体系建设升级和导航的普及，越来越多的用户选择了自驾亲子游。此外，高铁线路的四通八达以及较飞机更为稳定的价格，使得高铁游受到不少家庭用户的青睐，更多的亲子游用户开始选择乘坐高铁的方式出游。

出境游中儿童的“低龄化”出境趋势明显。有数据显示，通过全球在线旅游机构（OTA）出境的亲子游客户中，低龄儿童的占比正在不断提升，年龄最小的不到 1 岁。

越来越多的家庭旅游消费决策以孩子的特点和需求为出发点。在旅游消费过程中，父母虽然是实际购买行为的决策者，但是在选择亲子旅游产品时，父母的决策往往不是单纯根据自己的旅游需求，而是从孩子的特点和需要出发。因此儿童对旅游活动项目选择的影响越来越大。

出境游中的海岛游、邮轮产品假期游学产品在亲子游市场一直保持较高热度。飞行时间较短的日本以及东南亚国家的这两类产品受到欢迎，寒暑假期间更是人气爆棚。海岛游和邮轮产品之所以受到家庭消费的青睐，在于其旅游方式对亲子旅游市场需求的高度契合以及对原有亲子游产品短板的克服。游客没有长途跋涉的辛苦，同时孩子可以在海岛或邮轮上尽情玩耍，还可以在邮轮上找到很多玩伴，家长也比较省心。海外的假期游学产品受欢迎则是因为其具有较好的教育意义和价值，家长愿意为此支付较高的费用。

国内游中，具有教育意义和娱乐价值的景区景点受到亲子游市场的关注。无论是具有人文历史特色的故宫、八达岭、颐和园、天安门，还是具有自然教育意义的西双版纳热带植物园、神农架国家森林公园，都是亲子游的选择之地。各类主题乐园一直受到亲子游市场认可的原因在于其娱乐作用。例如上海迪士尼乐园、广州长隆野生动物园、芜湖方特欢乐世界、常州中华恐龙园、深圳欢乐谷等各类主题游乐园备受亲子游客青睐。

周边游也是国内亲子旅游市场重要的组成部分。周边游一般集中在周末，随着家庭汽车保有量的持续上升，以及自驾产品的不断丰富，城市周边 2 至 3 小时车程的“景＋酒＋当地玩乐”自驾游受到亲子家庭的青睐。日前周边自驾带着宠物出游的亲子家庭逐渐增多，国内部分民宿、酒店已开始允许宠物入内，为带宠物出游的家庭提供了便利。

李先生家的假期出游

李先生，40岁，某国有企业部门经理，月薪8 000元，在北方长大；李太太，36岁，某中学历史老师，月薪6 000元，在南方某城市长大；儿子，12岁，小学六年级学生；爷爷，70岁，退休赋闲在家。

一个周末的晚上，李先生一家在客厅看电视，电视里出现了美国好莱坞环球影城的画面。儿子说："那里真好玩，我也要去那里玩！"李太太："儿子，美国太远了，没办法去啊！"儿子："我就要去！"李先生："儿子，等老爸放假了就带你去吧！"李太太："你不是每年都有一次带薪假期吗？咱家房子和车也都买了，爸爸也有退休金，日子还算稳定。你看看人家老张家，每年都出去玩一次，现在我们是不是也该出去看看，让儿子长长见识？"李先生："好吧，我来查查资料再说吧！"

第二天，李先生在网上查了一些资料，他更喜欢海外的原始自然风光，希望能去非洲看看，而李太太更喜欢带历史感的人文景观，爷爷则希望去北京看一下自己当年读书求学的地方，而李太太提出了自己的一些顾虑："我们对国外的情况不是特别清楚，不知道能不能适应那里的饮食和住宿，并且目前我们城市出境游、国内游的路好多，不知道如何选择呢？"

于是他们找了一家旅行社进行了咨询，旅行社的员工介绍说："现在非洲的旅游线路才刚刚开发，价格比较高，出游需要的时间也有点长，另外我们开通的美国、韩国、日本、澳大利亚和马尔代夫等地的旅游线路也可以选择。现在最热门的是北京环球影城的线路，从我们城市到北京比较方便，而且因为这条线路处于推广时期，价格也还有一些优惠，比较适合。"李太太说："我们还是去北京环球影城吧，花费不那么高还可以满足孩子的愿望，出境游的费用还是太高了！"儿子："我有个同学刚去过北京环球影城，他说很好玩的啊！"李先生："北京虽然我去过多次，但每次都是出差匆匆忙忙没有仔细游玩，这次全家去北京旅游，能满足老父亲去北京看一看的愿望，也能满足孩子的愿望，我同意去北京旅游！"最后李先生一家报了一个北京七日游的团，李先生陪儿子去了北京环球影城玩得很开心，李太太则陪老父亲参观了几处北京的历史文化景观以及父亲当年读书的校园，他们全家在暑假完成了一次愉快的旅行。

研究显示，婚姻及为人父母使家庭游憩形态由二人共同参与改为以儿童为中心。儿童对父母的旅游度假计划有着显著影响，当一个家庭有孩子出生，其家庭旅游计划会更倾向于孩子的需求，并选择适合孩子需要的旅游活动类型与目的地。

不同年龄段儿童对家庭旅游决策的影响力有所不同，家中最大的孩子，尤其是十几岁的青少年，对家庭旅游度假决策的影响力最大。

有些学者研究发现，儿童是家庭旅游活动的催化剂，父母非常看重儿童出游的满意度，小孩不愿意旅游的地点往往被排除在外。菲利亚道特和瑞奇研究发现，儿童影响夫妻间的角色分配：有儿童家庭，因母亲承担照顾孩子的责任，多由丈夫主导决策；没有儿童的家庭多为夫妻共同决策；当儿童参与家庭旅游活动时，多由母亲主导决策。

研究发现，随着年龄段提升，孩子对家庭旅游决策的影响力会相应变大，但亚洲国家 13~18 岁的孩子正值参加高中及大学入学考试阶段，反而在家庭旅游决策过程中影响最小，这和欧美西方家庭情况有明显区别。

4. 家庭结构与休闲方式

家庭结构是指家庭中成员的构成及其相互作用、相互影响的状态以及由这种状态形成的相对稳定的联系模式。根据家庭生命周期理论，家庭结构与家庭关系、家庭资源配置和家庭主要任务密切相关，家庭结构的变动会直接影响家庭成员的决策和行为。梳理国内外的研究发现，家庭结构对休闲方式的影响，主要体现在婚姻状况、是否有未成年子女和是否与老人同住三个因素上。

首先，婚姻会通过影响休闲的时间和内容改变个人的休闲方式。拉波波特（Rapoport）等认为，婚姻契约规定了角色义务，夫妇只有在承担了自身义务后才有闲暇时间。戴蒙德·史密斯（Diamond Smith）等进一步指出，结婚虽然会减少女性在正规部门工作的时间，但同时也会使其家务劳动时间不成比例地增加；假设生理性活动时间保持不变，结婚会大幅减少女性的闲暇时间。但也有部分学者认为，现代化使专业主妇拥有了更多的闲暇时间，日本学者的经验研究为这种观点提供了证据。婚姻还会影响休闲活动，视互动程度高低，已婚者的休闲活动可分为联合休闲活动、平行休闲活动和个人休闲活动。

其次，对子女的责任——包括对其需要和需求做出反应的责任，会影响家庭的休闲方式。父母都有抚育子女的义务，照料儿童会直接减少夫妇的闲暇时间，又会间接改变其休闲偏好，以便专注于子女。戴蒙德 • 史密斯等发现，女性拥有一名 16 岁以下儿童后，其闲暇时间每天会减少 21.33 分钟；比特曼（Bittman）和沃克曼（Wajcman）也发现，"受污染的闲暇"有 71% 源于对儿童的责任，其中一半是被动的儿童保育，另一半是主动与儿童互动。

最后，与老人同住——无论其是否需要被照料，都会影响休闲方式。一方面，无须照顾的老人能够承担部分家务劳动和儿童保育工作，可能会增加其他家庭成员的工作时间或闲暇时间。但有研究表明，婆婆会对儿媳施加传统的性别规范，这会提升儿媳参与休闲时的心理压力。另一方面，与照顾儿童一样，照顾老人也会减少闲暇时间和改变休闲偏好。

中国本土化家庭旅游决策研究中的家庭结构如图 7-3 所示。

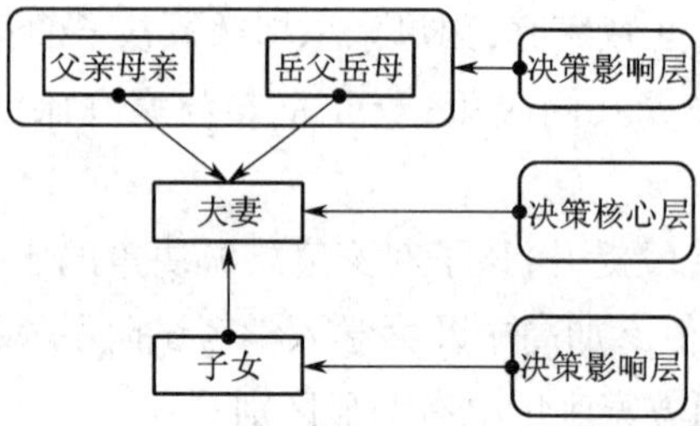

图 7-3 中国本土化家庭旅游决策研究中的家庭结构

第三节 社会阶层与旅游消费者行为

一、社会阶层概述

1. 社会阶层的含义

社会阶层（social class）是指由于经济、政治等多种原因而形成的在社会层次结构中处于不同地位的群体，这些群体之间存在着客观的社会资源（收入、教育和职业）的差异，以及感知到由此造成的社会地位的差异。社会阶层是一种特殊的亚文化现象。产生社会阶层最直接的原因是个体获取社会资源的能力和机会的差别。

社会阶层的划分被分为客观社会阶层（objective social class）和主观社会阶层（subjective social class）。客观社会阶层一般用个体的收入、教育和职业声望指标进行划分，主观社会阶层则以被划分者自己的主观感知为划分标准。

2. 社会阶层的特征

一个人的社会阶层与其特定的社会地位相联系。在社会生活中具有不同社会地位的人，他们通常会通过各种方式展现其与社会其他成员相异的方面。社会阶层一般具有以下几个特征。

（1）有界性，即各个不同社会阶层之间具有比较明显的界限。就某一社会阶层而言，其行为也较为相似，它也有自己明确的标志以区别于其他阶层。各个社会阶层的成员会逐渐发展出相似的、特殊的消费行为，最终同一个社会阶层的成员其行为具有一定的相似性。

（2）多维性，即决定社会阶层的标准多种多样。决定人们社会阶层的标准除了经济水平之外，还包括许多难以量化的标准，例如职业、教育水平、出生背景、社会关系、财产、生活方式、文化习俗、权力、声望等。

（3）可变性，即一个人可能在一生中改变自己所处的阶层，既可能向高阶层迈进，也可能跌落至低阶层。

（4）互斥性，即某一社会成员在一个阶层系列中只属于某个阶层，而不能同时属于两个阶层。

二、社会阶层的划分

社会阶层是依据经济、政治、教育、文化等多种社会因素划分的社会集团。其划分衡量的标准不仅仅是经济因素，还有其他各种社会因素，主要分为经济变量、社会互动变量、政治变量三类。较常见的是根据职业、收入、教育和价值倾向等因素划分。例如，按职业，社会阶层可分为工人、干部、教师、医生、科学家等；按在生产过程中担任的角色，社会阶层可分为蓝领阶层和白领阶层等。当然，也可以将多个因素结合起来进行综合性划分，如美国社会学家华纳依据收入来源、收入水平、职业、受教育程度、居住条件、居住地区等，把美国的社会成员划分为以下七个不同阶层。

（1）上上层，占人口总数不到 1%。上上层是继承大量遗产、出身显赫的达官贵人。他们捐巨款给慈善事业，举行初次参加社交活动的舞会，拥有一个以上的宅第，送子女就读于最好的学校。这些人是珠宝、古玩、住宅和度假用品的主要市场客户。他们的采购和穿着常较保守，不喜欢炫耀自己。这一阶层人数很少，当其消费决策向下扩散时，往往作为其他阶层的参考群体，并作为他们模仿的榜样。

（2）上下层，占总人口的 2% 左右。上下层的人由于他们在职业和业务方面能力非凡，因而拥有高薪和大量财产。他们常来自中产阶级，对社会活动和公共事业颇为积极，喜欢为自己的子女采购一些与其地位相称的产品，诸如昂贵的住宅、学校、游艇、游泳池和汽车等。他们中有些是暴发户，摆阔、挥霍、浪费的消费形式是为了给低于他们这个阶层的人留下印象。这一阶层的人的志向在于被接纳入上上层，但事实是，其子女达到的可能性比他们本人更大。

（3）中上层，大约占总人口的 12%。这一阶层既无高贵的家庭出身，又无多少财产，他们关心的是职业前途，已获得了像自由职业者、独立的企业家以及公司经理等职位。他们注重教育，希望其子女成为自由职业者或是管理技术方面的人员，以免落入比自己低的阶层。这个阶层的人善于构思和接触“高级文化”，参加各种社会组织，有高度的公德心。他们是优良住宅、衣服、家具和家用器具最适宜的客户。同时，他们也追求家庭布置，用来招待朋友和同事。

（4）中间层，大约占总人口的 32%。中间层是中等收入的白领和蓝领工人，他们居住在“城市中较好的一侧”，并且力图“干一些与身份相符的事 ”。他们通常购买“赶潮流”的产品。25% 的人拥有进口汽车，其中大部分看重时尚，追求“一种良好品牌”，其理想居住条件是“在城市中较好一侧”，有一所好住宅，还要有好的学校。中间层认为有必要为他们的子女在“值得的见识”方面花较多的钱，要求他们的子女接受大学教育。

（5）劳动阶层，大约占总人口的 38%。劳动阶层包括中等收入的蓝领工人和那些过着“劳动阶层生活”的人，不论他们的收入多高、学校背景及职业怎样，劳动阶层主要依靠亲朋好友在经济上和道义上的援助，依靠他们介绍就业机会，购物听从他们的忠告，困难时期依靠他们的帮助。度假对于劳动阶层来说，指的是“待在城里”，“外出”指的是到湖边去，或去不到两小时远的地方。劳动阶层仍然保持着明显的性别分工和陈旧习惯，他们偏好的汽车包括标准型号或较大型号的汽车，对国内外的小型汽车并不喜欢。

（6）下上层，占总人口的9%左右。下上层的工作与财富无缘，虽然他们的生活水平刚好在贫困线之上，却无时不在追求较高的阶层。他们进行着那些无技能的劳动，工资低得可怜。下上层往往缺少教育，虽然他们几乎落到贫困线上，但他们千方百计“表现出一副严格自律的形象”，并“努力保持清洁”。

（7）下下层，占总人口的7%左右。下下层与财富不沾边，贫穷不堪，常常失业或干“最肮脏的活儿”，他们对寻找工作不感兴趣，长期依靠公众或慈善机构救济。他们的住宅、衣着、财物是“脏的”“不协调的”和“破的”。

现代社会消费已经从物的消费过渡到了符号的消费，即从重视对物消费的功用性逐渐转到重视物消费所具有的象征意义，因此消费也成了区分社会阶层地位的符号。

三、社会阶层与旅游消费者行为差异

一般而言，在每一个社会阶层内部，其成员都具有相近的经济利益、社会地位、价值观念、态度体系以及自我表现意识。相同阶层里的人在同阶层的社会圈内，在交往过程中可能由其相似性而导致共同的行为取向，所以这些人比较容易被组织起来。当这些人以群体的形式外出旅游时，有着相同或相近的消费需求和消费行为，他们的决策和旅游活动取向比较容易达成一致。

消费不仅仅是一种经济现象，更是一种社会现象。人要生存，就必须进行消费。然而，不同阶层的人具有不同的价值观念与生活方式，这就会体现出不同的消费方式。这样，消费就具有了广泛的社会意义。它是个人进行群体内部认同和外部区别的手段。消费方式的差异是社会分化的指示器。

1. 消费者行为的社会阶层差异

不同的社会阶层就是不同身份的象征，也是不同社会地位的显耀。研究人员在对欧美消费者的研究中发现，人们所偏爱的休闲活动以及所购买的旅游产品，通常都与他们所处的社会阶层相适应。对于不同阶层的消费者，其消费功利性、购物方式以及信息接收和处理都存在差异。

1）消费功利性的差异

处在较高社会阶层位置上的消费者具有较强的消费支出能力，他们往往是市场上最先接受创新的人，他们的消费追求品牌、时尚、个性化、享乐等，消费是他们内心欲望的一种表达和宣泄。对于那些处在较低层次上的消费者来说，消费的实质在于获取商品的使用价值，以维持或满足最基本的生活需要。例如，在服装、家具、娱乐和汽车等消费领域，各社会阶层通常有不同的产品和品牌喜好。奔驰、宝马汽车备受上层消费者青睐，吉利、夏利汽车则主要面向中低层消费者。各社会阶层对媒体的喜好也不同，上层消费者喜爱杂志和书籍，而下层消费者更喜欢电视。即使对同一媒体，如电视，上层消费者喜欢新闻和信息，而下层消费者则喜欢电视剧和娱乐节目。

2）购物方式的差异

在购物场所的选择上，高阶层的消费者乐于到高档、豪华、环境幽雅、服务上乘的场所去购物，因为在这种环境里购物会使他们产生优越感和自豪感，能够得到超越购物本身的一种心理满足与认同感；较低阶层的消费者在高档购物场所则容易产生自卑感和窘迫的心理，因此，他们大多数会选择在一般的商场、超市、便利店、百货店购物。在购物支付的方式上，随着在线支付技术的成熟和广泛运用，无论是高阶层消费者还是低阶层的消费者，都倾向于使用各种在线支付手段而表现出共同的特点。

3）信息接收和处理的差异

一般来说，高社会阶层的消费者比低阶层消费者更善于利用多种渠道来获取商品信息。高阶层的消费者大都受到过良好教育，他们社交广泛，见多识广，能够充分用各种传媒工具获取充足的、有价值的商品信息；而较低阶层的消费者通常没有机会接触最新信息，并且识别信息有用性的能力较弱。

2. 不同社会阶层的旅游消费行为

一般来讲，上层社会成员比较重视旅游，他们把旅游作为生活的基本内容之一。与其他阶层相比较，他们中有较多人参加远距离旅游和出国旅游。他们比较强调旅游项目的知识性，注重旅游活动中的文化和审美内涵，要求旅游活动、交通工具、食宿等方面的接待规格符合自己的身份地位。他们在旅游中乐于购买艺术品、古玩等商品。由于上层社会成员所从事的职业一般很少涉及身体活动，作为补偿，他们在旅游和休闲时偏爱参加高尔夫球、网球、壁球、马球、游泳、慢跑等活动。与下层社会成员所喜好的钓鱼、打猎、划船等活动相比较，这类活动既能锻炼臂腿，又不占用大量时间，因而受到上层社会成员的欢迎。

中产阶层在旅游需求方面则有其自身的特征，表现在：①对旅游态度积极，出游率高，对旅游产品的需求量大；②旅游动机以摆脱工作压力、增长见识、寻求刺激、健康疗养为主；③在旅游目的地选择上，偏爱休闲度假地或人迹罕至的原始地；④出游方式上以与家人朋友出游为主，单独出游也占较大比重；⑤在交通工具的选择上，自驾车日益受到青睐；⑥住宿上，对特色宾馆的需求量比较大；⑦旅游需求呈现价格刚性，对价格的敏感度低；⑧旅游消费水平高，消费结构中娱、购的比重较大；⑨出游时间以带薪休假及周末出游为主。

与下层社会成员相比，中层社会成员的地位比较优越，因而他们的思想比较开放，更有自信，也更重视旅游的积极意义和教育意义。受更高的社会地位的吸引，中层社会成员更爱冒险和承担风险。他们的旅游兴趣比较浓厚且广泛，是所有旅游者中数量最多的群体。他们还是公共游泳池、公园和博物馆等商业性休闲和公共设施的主要使用者。

低层社会成员受文化教育水平和收入的限制，视野较窄。他们也参加旅游活动，但由于对外部世界有较大的风险觉察，对去遥远的地方旅游不感兴趣。他们通常把国内短途旅游观光或到某个旅游点短期度假作为自己理想的旅游方式。与喜欢含蓄、幽默、富有变化的上层社会成员相比较，低层社会成员更喜欢刺激性的活动项目，如玩老虎机、拳击、职业摔跤等。在旅游购物时，他们比较注重实用性，喜欢外观色泽鲜艳的产品。

四、社会阶层划分与旅游市场营销

社会阶层对旅游消费者行为存在重要的影响，这种影响的最大特征是使同一阶层消费者的消费观念、行为、要求趋向一致，产生相似的价值标准和消费习惯。因此，在市场营销中就能比较方便地按社会阶层对消费者进行市场细分，选择目标市场，并制定相应的营销策略，有的放矢地占领市场。从社会阶层角度掌握旅游消费者消费心理，需要注意以下几点。

1. 社会阶层是制定差异化市场策略的标准

处于不同社会阶层的消费者，其消费内容、消费水平、消费结构、生活方式和消费习惯可能有相当大的差别。例如一名公司高管和一名出租车司机，在出门旅游选择酒店、进餐和娱乐消遣的方式，对价格和旅游广告的反应等多方面都可能存在差异。因此，不同社会阶层的消费行为差异是制定产品和服务市场的细分标准，营销人员应根据不同社会阶层的购买行为特点制定出相应的产品、价格、分销和促销策略。个人的生活方式与其在社会结构中所处的位置存在联系。因此有必要从职业、收入和教育三个维度来考察社会阶层和休闲方式的关系。

从职业方面来看，工作时间和就业状况都会影响休闲方式。首先，由于生理性活动时间固定不变，工作时间增加即意味着休闲时间减少，过长的工作时间也会限制个人对休闲活动的选择。但有研究表明，长期失业者难以适应闲暇生活，因为他们认为休闲只有与工作相结合才能被“合法”地享受。其次，就业状况也会影响休闲方式。非农业工作者在闲暇时更热衷于学习、旅行和室内运动，而农业工作者更喜欢在闲暇时间进行休息、娱乐或从事另一份工作以赚取更多收入。

从收入方面来看，收入水平被广泛视为影响休闲方式的重要变量。身处消费社会,民众的休闲方式与其消费模式密切相关。换言之,根据收入水平的不同,个人的休闲方式会存在显著差异。高收入群体可能会垄断最昂贵的休闲方式,也可能享受范围更广且价格适中的休闲方式。低收入群体则可能因缺乏物质资源而花更多时间在家,以轻松和被动的方式享受闲暇,例如看电视。

从教育方面来看,教育水平代表着经济水平和文化资本。高学历者能够参与更多的休闲活动,使自己的休闲方式与众不同。一方面,受教育程度与职业地位和收入水平密切相关,高学历者拥有更多经济资源参与休闲;另一方面,教育对文化资本的提升会让高学历者通过参与特定的文化活动,将其休闲方式与其他人区别开来。但格洛里厄(Glorieux)等认为,高学历者在职业方面的雄心壮志会增加其时间压力,进而导致低质量的休闲。经验研究的结论也因各国情境而异:韩国高学历者有更多闲暇时间;美国低学历者的闲暇时间更多,但其休闲质量较低。因此,教育水平对休闲方式的影响还有待进一步讨论。

2. 塑造与消费者社会阶层相适应的产品形象

基于社会阶层的“认同心理”,消费者会自然地表现出维护本社会阶层消费形象的倾向,希望所购买的产品和服务能与其社会地位相符,并遵循该社会阶层的消费模式行事。例如:自认是“上层阶级”的人,不管是否真心喜欢,都倾向以打高尔夫、去高级会所等作为主要的休闲活动,以配合上层身份。

凡勃伦在其《炫耀性消费》一书中就曾谈到,富有的消费者通过他们的财产来证明他们是上层社会中的一员。换言之,房子、衣服和其他可以看得见的财产都是成就和地位的象征。经营者可以根据消费者的这种消费心理,塑造与消费者社会阶层相一致的企业和产品形象,使自己这一品牌的产品符合某一社会阶层的消费习惯,甚至成为一定社会阶层的消费象征,从而达到拥有稳定消费者群体的目的。

第四节 社会文化与旅游消费者行为

一、社会文化概述

1. 文化的含义

文化是一个社会的“个性”,包括一个社会特有的认知、规范、艺术以及社会制度、组织和习俗等。广义上的文化是指人类社会历史实践过程中人类所创造的物质财富和精神财富的总和。狭义上的文化是指社会的意识形态以及与其相适应的文化制度和组织机构。

社会文化是与基层广大群众生产和生活实际紧密相连,由基层群众创造,具有地域、民族或群体特征,并对社会群体施加广泛影响的各种文化现象和文化活动的总称。

每一个社会都有和自己社会形态相适应的社会文化，并随着社会物质生产的发展变化而不断演变。作为观念形态的社会文化，如哲学、宗教、艺术、政治、法律思想和伦理道德等，都是一定社会经济和政治的反映，并又给社会的经济、政治等各方面以巨大的影响作用。

在阶级社会里，观念形态的文化有着阶级性。随着民族的产生和发展，文化又具有民族性，形成传统的民族文化。社会物质生产发展的历史延续性决定着社会文化的历史连续性。社会文化就是随着社会的发展通过社会文化自身的不断扬弃来获得发展。

社会的文化结构主要由社会意识形态构成，是以社会意识形态为主要内容的观念体系的基本结构。社会意识形态是指反映一定社会经济形态，从而也反映一定阶级或社会集团的利益和要求的观念体系。也有些意识形态不反映一定社会集团的利益和要求，在阶级社会中不具有阶级性，如自然科学、语言学、形式逻辑等，这些非意识形态也是社会文化结构中的重要组成部分

社会文化是影响旅游消费者行为的重要影响因素，民族文化关系着旅游产品的竞争力。文化是旅游发展的灵魂，旅游是文化发展的依托。旅游产品的竞争力最终体现为文化的竞争。业内人士都清楚，旅游的各要素在一定程度上反映和体现着对文化的应用水平和旅游产品的品位，反映了策划、规划、开发者对文化的理解。只有把旅游与文化紧密结合起来，旅游产品才更具有生命力。这个基本规律对于民族文化资源的旅游开发，更是表现得尤为突出和典型，例如西双版纳的傣族泼水节、杨丽萍的原生态大型歌舞《云南印象》等，都是对民族文化充分理解和挖掘运用的典型。

旅游和文化密不可分。文化作为旅游的灵魂，始终蕴含在旅游活动中，表现出极大的魅力。综观旅游发展史，虽然各个时期都有自己独特的表现形式，但在本质上却有许多共同之处，即旅游者在旅游活动中所追求的文化享受。文化有很强的民族性和发展性，任何民族都有自己的文化，它们的地域性决定了文化的差异性。但是，地域文化在发展过程中，必然相互联系、相互交流，而人类的旅游活动，就是各种文化相互交流、相互结合的运动。旅游的主旨和内涵，主要是文化交流。因此，组织旅游和参与旅游的一切活动，必然与文化紧密结合在一起。

2. 文化的特征

文化具有精神性、社会性、集合性、独特性和一致性等特征。

（1）精神性是文化最基本的特征。所谓精神性是指文化与人类的精神活动有关，与人类精神活动无关的物质就不能称之为文化，如山河湖泊、天体运行就不属于文化范畴。

（2）社会性是指文化受到社会的影响，不同社会的文化存在着显著的差异。人

与人之间按一定的规律结成社会关系，社会和文化是人与人在联系的过程中产生的，在共同认识、共同生产、互相评价、互相承认中产生。没有人与人之间的社会关系就不会有社会文化。

（3）集合性是指文化必须是在一定时期、一定范围内的许多人共同的精神活动、精神行为或他们的物化产品，是由无数的个体组成的集合，任何个人都无法构成文化。

（4）独特性是构成一个民族、一个组织或一个群体的基本因素。这些民族、组织、群体的差异性就形成了不同的文化。因此文化带有独特性，不可能有两个完全相同的文化存在于两个民族、组织和群体中。

（5）一致性是指在一个民族、一个组织或一个群体中，文化有着相对一致的内容，即共同的精神活动、精神性行为和共同的精神物化产品。这种一定时期、一定范围内的相对一致性是构成一种文化的基础。正是有了这种一致性，各种文化才有了他们各自的内涵。

二、亚文化与旅游消费者行为

亚文化（subculture）是指与主文化相对应的那些非主流的、局部的文化现象，也是在主文化或综合文化的背景下，属于某一区域或某个集体所特有的观念和生活方式。一种亚文化不仅包含着与主文化相通的价值与观念，也有属于自己的独特的价值与观念。亚文化是一个相对的概念，是总体文化的次属文化。一个文化区的文化对于全民族文化来说是亚文化，而对于文化区内的各社区和群体文化来说则是总体文化，而后者又是亚文化。

亚文化主要有三个特征：与主流文化不同、局部小众、有独特的圈子理念。比如二次元文化、佛系文化、古风文化（复兴汉服、古风歌曲等）、街头文化（滑板、街舞、说唱、涂鸦、DJ 等）、军迷文化（军备控、军事爱好者）、超级英雄文化（DC、漫威）等，都是不同的亚文化。

亚文化和其母文化有很大一部分是结合在一起的，但是在某些特别的行为和理念上，两者之间就会有极端的差别。

亚文化一般分为人种的亚文化、年龄的亚文化、生态学的亚文化等。如年龄亚文化可分为青年文化、老年文化；生态学的亚文化可分为城市文化、郊区文化和乡村文化等。由于亚文化是直接作用或影响人们生存的社会心理环境，其影响力往往比主文化更大，它能赋予人一种可以辨别的身份和属于某一群体或集体的特殊精神风貌和气质。

1. 年龄亚文化与旅游消费者行为

社会学家把第二次世界大战以后的每个 10 年作为一个阶段加以研究，不同时代出生的人因为有着不同的社会环境因而形成了差异化的消费行为。

90后的旅游消费者行为调查

央视《中国经济生活大调查》数据显示:中国百姓的消费热点已经从物质产品向精神产品转移,2015年百姓热衷消费的项目,旅游已占比28.4%,保持在第二位。

《中国出境旅游发展年度报告2015》显示:以90后为首的现代旅游消费者更加向往价值观层面的契合以及精神的引领,他们的关注点已经不是这个地方是哪里,而是旅行过程带给我一种什么样的感觉。超半数的90后选择和家人一起出游,其次为和好友结伴出游,再其次为独自出游。在出境旅游的目的地选择中,90后在选择出行的时候就喜欢找那些跟他们兴趣爱好相结合的地方,比如他们这一代人更喜欢日韩的动漫,于是为了自己喜欢的动漫而去日本旅游。

90后的国内游更是拉帮结派的"小圈子"出游。去哪儿网对90后网购人群的消费习惯进行了分析,发现90后群体在旅行方式上,选择结伴出行的占有不小的比例。数据显示,90后用户一笔订单超过2张机票或2间客栈房间的比例有30%左右。90后拉帮结派一起出游的特点,意味着一个旅游消费者可以带来两个以上的游客,这为旅游在线平台因势利导推出"两人出行直减"等活动提供了商机。

从去哪儿网发布的首个高星酒店消费报告中看到,80后、90后现在已经成为高星酒店的消费主力,这些酒店大多是有促销活动或比较实惠的高星酒店。

来自重庆工商大学的一份报告显示,在消费习惯上,80后、90后的旅游消费者并不是一个整体,其旅游消费行为存在较大的差异。较之80后,90后出境游"想走就走"的意识更为明显,90后个性张扬,喜欢更个性、非主流的旅游产品,会更向往有刺激性和挑战性的旅游地,也会抱着更浓厚的兴趣更敢于尝试新奇事物。旅游动机中"想看不同的事物,体验新生活经历"排在第一位,在调研中多数90后旅游消费者都提到"喜欢刺激、有挑战、新奇的事物"。较80后而言,90后在旅游动机的方面,诸如娱乐消遣、放松休闲、疗养健体、泡温泉、登山、游泳等康体动机明显上升,尤其是疗养健体的动机已经由原来的11.32%上升为现在的62.3%,上升比重最大。说明90后更注重享受生活,享受"活在当下"的快意。值得注意还有,"游览著名历史文化古迹"这一旅游动机的比重由原来80后的80.45%下降到目前90后的71.4%。而在旅游中"选购商品"的比重由80后的11.32%上升到90后的31.4%。

报告显示,相较于80后,90后从朋友口中获取旅游信息所占的比重已经由58.5%下降到46.29%,而网络所占比重由18.17%上升到24.57%。90后从旅行社宣传促销中获取旅游信息所占的比例最低,只有5.7%。

2.性别亚文化与旅游消费者行为

性别差异是旅游市场营销中最常用的细分变量。按照社会角色理论的观点,男女在消费行为中的差异受到其对自身角色感知的影响，一般说来，男性更主观、独立和以自我为中心，女性则更喜欢获得他人的认同。不同性别的旅游者其消费行为存在以下差异。

1)出游动机的差异

男性在“求动”心理驱动下，追寻一种身体机能挑战，旅游动机更倾向于体育锻炼、探险、度假等；女性在“逃逸放松”方面的动机更为强烈，在“求静”心理的影响下，更在意身心的健康和疗养，同时表现出强烈的购物动机、浪漫动机、文化动机等。如在香港购物团中，女性旅游消费者的比例可以达到 70%~90%。

2)旅游目的地选择差异

旅游目的地的可进入性包括旅游目的地的交通便捷程度、目的地安全性、公共基础设施完备性、旅游环境友好性等。女性群体对这些因素尤为敏感，安全问题成为女性外出旅游的首要考虑因素。相比之下，男性更容易受货币政策以及本地旅行社宣传力度的影响。

3)旅游购物消费行为差异

《2017 中国女性出游意愿及行为报告》显示，80% 的女性将旅游作为首选休闲娱乐消费；七成以上女性每年旅游消费超 1 万元，比男性高 61%；旅游消费在 2 万元以上的女性占比 38%，比男性高 30%。女性消费比例大大高于男性，成为消费的主流人群。51% 的女性对打折商品没有抵抗力，冲动性购买表现突出，而购买后物品闲置率明显高于男性。男性在消费方面更注重实用性，闲置率较低，商品的独特性、便捷性、实用性成为购买的主要推力。

正是因为性别对旅游消费者行为有重要的影响，因此有必要根据消费者的性别差异来进行旅游产品的设计和市场的开拓和维护，具体包括以下两个方面。

A. 对女性旅游市场进行开拓

针对女性生理及心理特点，在旅游要安全的前提下进行产品的设计、推广。女性的不安全感来自柔弱的生理和感性的心理。在个性化、多样化的旅游需求下，旅行社可以提供以交通、住宿为主的旅游产品，解决女性旅游过程中最担忧的问题，其他的旅游活动可由旅游消费者自行安排。针对女性商务旅游消费者提出的航空服务中存在性别歧视的问题也应该引起关注，需要改变以男性为导向的服务态度，满足女性敏感的内心需求。

女性价格敏感、冲动消费的特点要求旅游产品在设计、价格制定、推销政策方面做出改进。旅游商品设计要充分显示当地特色，以当地品牌、当地制造为主，外包装设计新颖、时尚、感性化，并摆放在醒目位置，配合促销人员的宣传，达到即时性消费的效果。在这个过程中，针对不同年龄段女性的产品推出要体现出差异性。

作为旅游信息传递的主要渠道，旅游网站建设显得尤为重要。在“互联网 + 旅游”的大背景下，旅游网站、旅游平台对旅游信息的传播和旅游活动的开展起到重要作用。规范旅游网站，关闭、打击非法网站，以降低利用网络威胁女性旅游者身心财产安全事件的数量。

B. 对男性旅游市场进行维护

男性在旅游目的地的最终选择上占重要地位。男性的社会地位及消费偏好变化不大，消费市场相对稳定。在现代时间观念的影响下，男性在信息收集方面的力度不强，受广告推广影响比较显著。在这种情况下，广告推销显得尤为重要。利用“互联网+旅游”大平台进行热点旅游目的地信息推送，可以减少男性旅游者进行目的地选择的时间。在旅游产品的设计包装方面，应突出本地特色，注重实用性和礼品性相结合。旅游从业人员应根据客人性别销售合适的旅游产品。

总之，旅游市场呈现出的性别差异越来越明显，旅游业的发展需要进一步加强对女性群体的关注，产品设计应符合女性心理、生理特点，而对于男性这一理性消费群体，应为其提供更为简洁的宣传信息，维护好男性消费群体的忠诚度，达到旅游经济持续发展的目的。

三、中国传统文化与旅游消费行为

中国传统文化对国人的旅游消费行为产生了全面的影响。正确认识和科学分析我国传统文化影响下的旅游消费者的行为特点，对旅游企业在新产品设计、开发、服务的推广以及制定营销策略等方面都具有重要的现实意义。

1. 中国传统文化对出游动机的影响

中国传统文化注重人情和求同，对旅游消费者的出游动机形成了重要影响。中国人群体感强，注重规范，特别重视人与人之间的感情联系，强调良好的人际关系。反映到旅游消费行为中就表现为：旅游消费者以社会上大多数人的一般旅游消费观念和旅游消费行为来规范和约束自己的消费行为。一个人购买和消费什么样的旅游产品往往首先要考虑别人的议论与评价，即使是自己非常喜爱的产品，如果它不符合群体规范的要求，购买和消费该旅游产品会使人产生一种与他人格格不入的感觉，那么他们会考虑放弃这种购买行为，所以其旅游消费行为具有明显的“社会取向”和“他人取向”的特点。

西方文化强调突出个人的权利和价值，追求个性化和多样化，敢于标新立异，以“自我取向”为特点，因此西方旅游消费行为表现得完全不同于中国的旅游消费行为。随着改革开放的不断深入，我国的旅游消费者行为也悄然发生着变化，人们在消费求同的大背景下，开始购买和使用一些体现和反映个性的旅游产品和方式，尤其是在年轻的旅游者身上出现了明显的标新立异和与众不同的个性化消费趋势。对此，旅游市场营销人员必须给予足够的重视，在传统旅游产品营销策略的基础上，注重新情况、新变化，随时注意人们的消费新动向，以便在新旅游产品的设计、开发和服务等方面随时满足旅游消费者的新需求。

2. 中国传统文化对旅游活动类型选择的影响

中国文化背景下的旅游消费者强调人与人之间的相互依赖与不可分割的联系，所以在旅游行为中表现为更强调他人的喜好，在选择旅游产品时，特别当他们面对一种新型旅游产品时，会考虑他人的喜好。

中国文化注重群体导向，强调人际和谐，与群体保持一致是中国人行为的社会规范。因此，个体的决策行为更易受到群体压力的影响。通过与群体保持一致，人们可以规避不确定性，得到奖励或避免惩罚，产生归属感，维持与群体之间的满意关系以及实现个人价值的最大化。

3. 中国传统消费观念对旅游消费行为的影响

我国传统文化崇尚节俭，以节制个人欲望为美德。孔孟主张"克已复礼"，朱熹提出"存天理，灭人欲"。几千年来，中国人一直崇尚勤俭持家的消费观念，反对任何形式的挥霍浪费和超前消费，反映到人们的消费行为上表现为：在花钱、购物方面较为慎重，富有计划性，重视积累，不尚奢华，反对花钱大手大脚、"今朝有酒今朝醉"的消费观念，对缺乏计划性的消费行为嗤之以鼻，视之为没有头脑、不会过日子。人们习惯于攒钱买东西，不习惯借钱或贷款买东西，主张生活开支要精打细算、细水长流，以做到月月有余、年年有余。一般来说，他们在生活必需品方面的消费较多，而不会将用于享受的奢侈品或是旅游产品等方面的非生活必需消费排在家庭或个人消费支出序列表的前列。这种现象尤其会在中老年消费者身上出现，他们总是尽量地把钱存起来，用在孩子上学、结婚、购买房子、养老等方面。

近年来，随着我国物质生活水平的提高，人们的消费观念也开始向享受型发展，许多人不仅讲究吃饱、穿暖，更讲究生活的质量，要吃好、穿好、玩好。特别是一些高收入阶层的人们，其用于享受方面的支出是相当高的，而旅游则成为享受支出的首选。但就大多数中国消费者而言，他们的消费行为仍较为理智，有计划性，看中积累。

1）中国人含蓄的民族性格导致了其谦逊的旅游消费行为

"温、良、恭、俭、让"和"以和为贵"的中国传统文化特色，使得中国旅游者往往比较内向、含蓄、庄重，讲文明、有礼貌。表现在旅游消费活动中，人们往往用语谨慎、措辞温和、态度持重，如果认为对方的言行有不妥之处，多数人不是像欧美人那样直截了当地指出，而是尽可能采取谨慎、婉转的方式告诉对方，避免伤害对方的面子，或让对方下不来台。旅途中偶尔遇到什么吃亏上当的事，人们也往往一忍了之，或者也只是宽慰似的提醒自己吸取教训，下次注意。

2）中国人在旅游时遵循以家庭为主的旅游消费准则

由于受传统文化的影响，中国人的家庭观念、家庭依赖感、家庭责任感都较强，中国人的家庭往往就是一个消费单位。中国人的旅游消费行为常常与整个家庭的行为活动息息相关,而不是单纯个人的、孤立的消费行为。因此,在以中国旅游消费者为主的旅游消费市场上,个体做出消费决策不仅要考虑自身的需要,而且要顾及整个家庭的需要。这种情况使得旅游企业和旅游市场营销人员在产品开发及营销服务等方面都应该注意旅游产品对家庭各个成员的满足性,尽量使产品能够适合家里所有成员的需要,使人人满意,大家都喜欢。

3)中国旅游消费者在购物时注重直觉判断

儒家之格物致知、道家之"神遇",禅宗之顿悟,以及阴阳五行之直观象征等都使得中国人在思维方法方面常常停留在个人经验和直观外推可以解释的领域,对事物的认识往往采用的是直观外推、类比象征、内省体验、混沌记录、简洁隐晦的价值观和方法论。因此,中国旅游消费者在购买旅游产品时常常要先对其获得一个总体的良好印象,然后再从其总体性能上寻找相应的依据,看这个印象是否正确,很少对旅游产品进行细致或理智的分析。也就是说,中国旅游消费者在购买旅游产品时常常采用的是大体和直觉的判断方法,采用的是模糊思维和综合思维,而不像西方旅游消费者购买时习惯先进行细致的分析和比较,逐一地分析旅游产品各个环节的好坏,然后对这些环节进行综合的分析以得出总体印象。深入了解东西方旅游消费者在做出购买决策时思维方式上的差异,有助于旅游市场营销人员开展科学的市场营销工作。东西方旅游消费者具有以下两方面不同之处。

(1)旅游消费意识不同。中国人的传统观念是"父母在不远游",而且这种远游也不是现代意义上的旅游,而是游学交友。游山玩水、休闲度假式的现代旅游在崇尚读书与提倡节俭的传统中,被普遍认为是既不求上进,又浪费钱财的行为。由于受传统观念的影响,即使在比较富裕的今天,旅游也多少让人有奢华之感。

(2)旅游消费行为不同。对户外活动的爱好,对大自然的向往,使西方人把旅游消费视作生活中必不可少的重要部分。西方很多青年学生在大学毕业之前就已经游走过许多国家与地区,并以此为豪。中国的青年学生则大多寒窗苦读,甚至于到成家立业后也不一定萌生游走全国各地的愿望。因此,培育国内消费者的旅游意识已经成为推动中国旅游业腾飞而亟待开展的一项工作。

4. 面子文化对旅游消费者行为的影响

"面子"是一个颇具中国特色的概念。林语堂先生形容面子(face)、命运(fate)和人情(favor)是统治中国的三位女神。面子在中国社会的存在非常广泛、实际而具体,深深地影响着中国人社会生活的每一方面。面子的社会意义表现在:面子是中国人进行社会互动的社会交换资源,面子行为是维持社会关系和谐与稳定的工具性行为,能起到协调与稳定社会关系的积极作用。面子的个体意义表现在:面子是个体社会地位与名望的象征,是个体尊重和自尊需要的外在反映,是个体追求理想人格与完善的社会自我的内在要求 。中国人比较爱脸面、场面，表现在日常消费中，就出现了很多为了面子而盲目进行炫耀性消费、攀比性消费和奢侈性消费的行为。

面子就是一个人的“门面”，代表着自己在他人心目中和社会上的价值程度。面子在很大程度上是人们自己给自己设下的某种价值程度，反映着人们的价值观。面子作为一种文化，对中国民众的影响根深蒂固。旅游消费是一种人与人以及人与物之间的社会性交往行为，当面子文化作为人的性格中的一部分参与旅游消费时，就会表现出特有的面子文化特点。

面子文化对旅游消费者行为的影响表现在以下六个方面。

(1)面子文化影响着旅游消费者的出游决策。大多数人选择出去旅游的动机多多少少与面子有关。以中老年群体，尤其是没有工作或已退休的老同志为例，因为他们平时时间较多，在决定是否旅游的时候就带有一定的从众心理，若周围有人相约一起报团出去旅游，大多数人会因为抹不下面子而答应一起出游。

(2)面子文化影响着旅游消费者出游地的选择。近年来，很多人不再热衷于去知名度高的旅游景区，而是选择比较小众的旅游景区。

(3)面子文化影响着旅游消费者食宿行方式的选择。有很多年轻人出于显示自己独特面子的考虑，出行时会选择民宿、青旅等小众住宿服务，而不是千篇一律的酒店等商业化住宿。在决定出行方式时，很多人为了舒适，会选择高铁或飞机等交通工具。但是当中有一部分人的消费属于不符合自身消费水平的强行消费，如约好了和别人一起出去旅游，当看到其他人都选择乘坐飞机时，为维护自己的面子，于是只好硬着头皮买了一张对自己来说比较昂贵的飞机票，使得经济支出超过了自己的预算。

(4)面子文化影响着旅游消费者出游时的消费水平。中国传统文化中有“穷家富路”的说法，因此很多人在出游的时候都会想向别人表现出自己出手阔绰的形象，而不考虑自己是否真的符合这一形象，仅仅是为了从他人那里获得所谓的尊重感和羡慕感。此外，不少人在外出旅游的时候，总会想着给自己的亲戚朋友带点纪念品，尤其是旅游区卖的各种纪念品，实际上这些物品对大多数人而言都没什么实用价值。

(5)适当的面子文化能够约束旅游消费者在旅游途中的行为。如很多消费者为了体现自己良好的道德品质和文明素质，会严格遵守旅游景区的相关规定，不做出有损自己形象的行为，这对于维护旅游地区的文明环境有着良好的作用。

(6)面子文化会影响旅游消费者的游后体验和评价。当前的通信方式极为方便，朋友圈、微博、QQ 空间等社交软件的出现，增加了人们分享自己日常生活的渠道。很多人在旅游过后都会在这些社交平台发布自己旅游过程中拍摄的照片，或是向他人讲述自己的旅游经历。其中一部分人向他人展示自己去旅游了的这件事，以获得他人的羡慕眼光来满足自己的虚荣心，他们对旅游的评价一般会比较高。

本章小结

旅游消费者的行为会受到社会群体的影响。影响旅游消费者行为的社会群体包括同伴或朋友、家庭、社会阶层、社会文化等。参照群体通过意见领袖、名人效应、专家效应以及普通人效应等方式向旅游消费者传导从众的压力。家庭中的角色、所处的生命周期阶段都会对旅游消费者的决策和出游行为产生影响。不同的社会阶层有不同的消费行为，中下阶层的旅游消费者重视并追随着上层旅游消费者的行为。在不同的文化和亚文化背景下，旅游消费者的行为也会存在显著的差异。

关键术语

从众（conformity）
参照群体（reference group）
意见领袖（key opinion leader，KOL）
家庭生命周期（family life cycle）
社会阶层（social class）
亚文化（subculture）

复习与课后阅读

[1] 易柳夙，吴茂英. 家庭旅游研究进展：基于 2000—2019 年英文文献的综述 [J]. 旅游学刊，2020，35(4)：133-144.

[2] 桑林溪，王良举，赵腾飞. 家庭旅游决策研究综述与展望 [J]. 重庆科技学院学报（社会科学版），2017(1)：29-32.

第八章　影响旅游消费者行为的情境因素

学习目标

- 了解消费情境的构成与旅游情境氛围的营造方法
- 了解物质情境对旅游消费者行为的影响
- 理解人际情境对旅游消费者行为的影响

本章思维导图

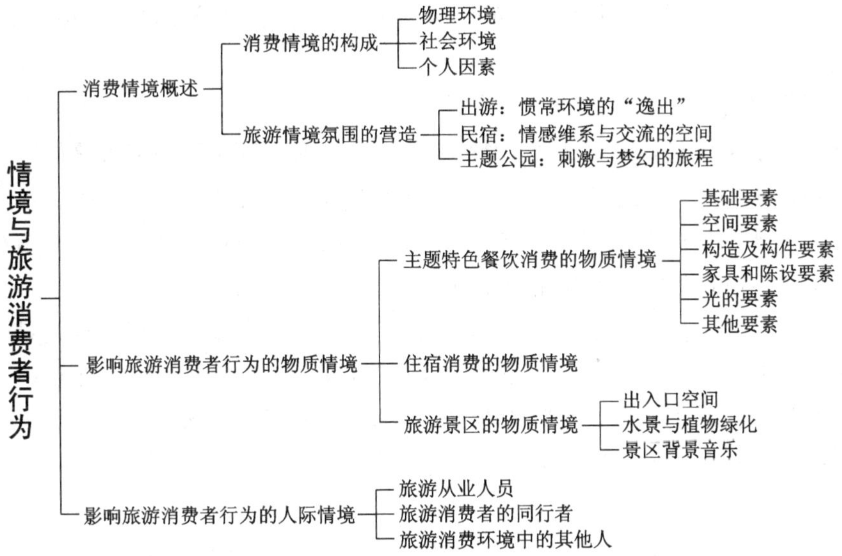

第一节　消费情境概述

一、消费情境的构成

消费情境（consumption situation）是指在购买产品或接受服务的过程中，消费者面临的一系列短暂的环境因素。情境既包括营销刺激因素，也包括一些暂时性的事件和个人状态，如出游时的天气状况、旅游景点的拥挤程度、游览时的心情等。消费情境影响着消费者行为,在不同的情境下,消费者会采取不同的行为。情境还会对消费者如何评价产品和服务产生重要影响。对同一个旅游消费者而言,他购买旅游纪念品很可能是由于受到周围人的推荐或者导游的游说这样的情境因素的影响。

旅游过程中,旅游情境对旅游消费者来说有两种意义:一种是满足最基本的需求,如就餐、住宿,一般被称为工具性情境;另一类则是旅游消费者此次旅游的目的之一,一般被称为目的性情境。

影响旅游消费者行为的消费情境可以分为物理环境(如地点、装饰、灯光等)、社会环境(如营销措施、在场的其他人等)和个人因素三个方面,这些情境因素会启动作为认知表征储存在人们记忆中的情景线索,从而使旅游消费者的行为变得显著起来。

1)物理环境

物理环境是指影响旅游消费者消费的有形或无形的物质因素,如酒店内的背景音乐、气味、灯光等。物质环境因素会对旅游消费者的情绪和感受产生重要影响,如暗淡的光线、浑浊的空气、狭窄的过道、嘈杂的声音可能会使旅游消费者望而却步,改变消费计划。

2)社会环境

社会环境主要包括营销因素、消费者的重要关系人等。营销因素是指销售方有意识制造出来的一种促进消费行为的气氛,消费者的重要关系人是指可能对消费者行为施加影响的任何个人或团体,包括亲戚、朋友、邻居、同事、社团等。他们对人们的评价会产生心理上的奖惩作用而影响其自尊,同时自我也会主动选择参照对象,以提高个人自尊,并寻求自我的发展。印象管理理论认为个体会为管理别人对自己的印象而付出各种努力,因此,当重要他人在场的情况下,人们倾向于以能获得社会认同或社会赞许的方式行事。例如某旅游消费者会受到同伴或者其他游客的影响而冲动性地购买自己并不需要的旅游纪念品。

3)个人因素

个人因素主要包括消费者自己的购买任务、对时间的感知、消费者的先行状态等。购买任务是指消费者购物的目的以及产品使用的场所。为送朋友而购买旅游纪念品的行为与为自己购买纪念品的行为明显不同。时间也在很大的程度上影响着消费者的行为,这里所指的时间主要包括以下两方面。一方面是指消费者对时刻或者时间点的感知,如意识到现在是一天中的中午或者下午,今天是一周中的星期六等。例如某消费者选择在中午时分前往餐厅消费,根据他的经验这个时间点餐厅会有比较多的人,那么当他到达餐厅面对较多的顾客时,其对延迟上菜的容忍度会更高一些。另一方面是指消费者可支配时间的充裕程度,时间是消费者的重要资源,时间的充裕或紧张会影响消费者的行为:当旅游消费者看到众人在排队等待而自己时间又很紧张时,很可能会放弃购买计划;而当旅游消费者意识到因为时间紧张而没有机会再回到某个店购物的时候,其购买行为发生概率会增加。消费者的先行状态是指消费者在行为之前的暂时性的生理、情感或状态,如焦虑、兴奋、饥饿、疲劳等。一般来说,在积极的情绪下,消费者对事物正面的评价很多,在消极的情绪下则相反。先行状态对个体行为产生的影响不同于刺激引起的反应,也不同于个人具有的持久性特征,如个性产生的影响。

二、旅游情境氛围的营造

1. 出游:惯常环境的"逸出"

当旅游消费者离开自己的日常生活环境,踏上旅途,他们就进入了旅游世界,开始了从惯常环境的"逸出",其行为反应就变得有所不同。不管是置身于空气清新的秀丽山谷,信步在纯朴洁净的农家小院,还是纵情于刺激眩晕的游乐场,跪拜在高大威严的佛像前,旅游消费者的言行举止皆因发生在旅游情境中而变了色彩。也许有些旅游消费者平日里是一个穿西装打领带的高级白领,然而当走在一条海边的林荫大道上时,却可能穿着花花绿绿的沙滩裤,嘴里嚼着口香糖,甚至会时不时地说粗话或者随手丢一点垃圾。就算是平日里的一日三餐、坐车、睡觉都会变得不一样。也许背包里同样是平日里早餐吃的一个面包和一瓶牛奶,但是,当把这些食物背到了华山顶上,坐在石阶上享受着这些食物的时候,它们似乎有着另一番难以言表的美妙味道。

旅游消费者从日常生活进入旅游世界,所有在日常生活中看似是普通的事情,因为被涂上了一层叫"旅游"的颜料而变得有所不同,这些就是旅游情境的作用。从情境的角度来说,旅游世界就是一个最大的情境。这是一个由时间、空间和人共同组成的巨大的旅游氛围情境,是旅游消费者能够感受到的最大的、最基本的、最模糊的情境。

所有的这些旅游情境构成了旅游消费者的旅游世界,而旅游消费者在旅游情境中的表现却与在日常生活中的有所不同,这些不同的表现常常被旅游消费者所忽视,并被认为是理所当然、合情合理的。在很多人的眼里,出游既是一种对惯常环境的"逸出",同时也是一种"追求"。从"逸出"的角度来看,旅游是为了缓解日常生活中的压力。在日常生活中,人们受到各种规则的制约,因工作、学习、交往的压力以及前途事业的不确定性而时常内心充满紧迫感。

2. 民宿:情感维系与交流的空间

民宿是指利用自用住宅空闲房间,结合当地人文、自然景观、生态、环境资源及农林渔牧生产活动,以家庭副业方式经营,提供乡野生活的住宿处所。民宿有别于旅馆或饭店,不同于传统的饭店旅馆,也许没有高级奢华的设施,但它能让旅游消费者体验当地风情,感受民宿主人的热情与服务,并体验有别于以往的生活,因此蔚为流行。

近些年,越来越多的旅游消费者希望旅行和在家一样舒适,或体验新奇,或追求性价比,民宿酒店的出现恰好满足了这部分客人的需求。相比于提供标准化产品和服务的酒店,民宿产品则是个性化产品,百花齐放。标准酒店和民宿的差异主要体现在以下三个方面。

1)双方的关系和氛围不一样

酒店工作人员与旅游消费者是服务与被服务的关系或者商家与消费者之间的关系,一旦出现问题会依据相应的规定来解决,缺少人情味。而民宿更多的是一种个性化的产品,更像是一个家庭生活场景,旅游消费者与民宿主人同吃同住,可以享受到更多家的感觉。同时,旅游消费者还可以与其他住宿者、民宿主人聊天,了解更多的异地趣闻,可以获得难忘的旅途感受。在有些民宿,旅游消费者可以感受到朋友、家人的感觉,有兴致还可以在厨房自己做菜,分享给其他人。

2)私密感和安全感不同

酒店注重客人的隐私,无论是在设计上还是服务上都突出了这一点。同时,酒店配有 24 小时的安保人员,入住客人也较多,这些都会让旅游消费者感觉比较安心。民宿作为家庭生活场景,注重交流和融合,在放松的同时也多少会减少私密性。不过现在一些民宿也在向酒店学习,能够找到一个双方都能接受的折中点。

3)提供的产品不同

酒店为消费者提供的是标准化、便捷化的服务,适合追求便捷、商务差旅以及品牌忠实度高的顾客。民宿提供的是个性化、差异化、有特色的环境以及产品和服务,适合追求自助游体验的顾客,代表了注重旅行体验群体的消费需求。

3. 主题公园:刺激与梦幻的旅程

主题公园又称为游乐园(amusement park),是综合性的娱乐场所,多建在人口稠密的大都市附近。园中的游乐项目多种多样,如原始社会模拟型项目、未来世界幻想型项目、大型惊险项目、智力比赛项目、经典射击项目等。有的主题公园项目齐全,而有的主题公园则以一个或数个项目为主。

主题公园打破了传统以环境资源为主导的旅游模式,取而代之的是集娱乐、休闲、游览为一体,能让旅游消费者随意进行体验、憩息的复合型旅游模式。其中比较有影响力的有迪士尼、环球影视城以及国内的深圳华侨城、华强方特等。主题公园是一个可以在短时间内为游园者提供娱乐、多次游历及获取知识的现代化旅游设施,更是一个为旅游消费者创造刺激和梦幻旅程的地方。

主题公园重在打造各种互动式体验(interactive experience)。互动式体验是一种依靠个体视觉、触觉等感知系统与自身已有的认知经验系统协同产生的一种特殊的娱乐体验，例如互动投影、地震模拟演示、空中悬浮成像、动感平台、虚拟翻书、时空隧道等。这种娱乐休闲模式可以满足旅游消费者在情感、健康、求知、社交等方面的需求，促使旅游消费者积极参与。主题公园与游客互动体验可以通过大型机械娱乐设施、舞台表演以及加载于科学技术的产品项目得到实现。例如高刺激的娱乐设施可以在一定程度上令旅游消费者摆脱日常快速、忙碌生活的压力；具有良好灯光和声效设计的舞台表演能使旅游消费者在视觉和情感上同时得到释放；类似于虚拟驾驶、互动投影等虚拟体验项目则为旅游消费者在心灵和视觉体验上带来更多重的深度享受。

刺激梦幻的迪士尼乐园

梦幻是迪士尼乐园的主基调。从迪士尼乐园外部景观来看，以迪士尼动画世界为蓝本，以明快气氛、欧式城堡和复古气氛为主旋律，将迪士尼经典动画故事融入景观中，呼应主题。睡美人城堡是迪士尼乐园的标志性建筑。故事来源于迪士尼睡美人动画，游客步入堡内便可亲身感受到睡美人的爱情故事。踏上堡内回旋式楼梯，故事即渐入眼帘，结合教堂玻璃花窗的彩光效果，古堡神秘气氛若隐若现，使游客仿佛置身于童话世界；从迪士尼乐园的主题来看，多层次的主题更能加深体验者的记忆感知。为满足游客好奇心理，迪士尼乐园一般拥有多个主题。每个主题的项目设计都须紧扣该主题内容，依照特定情节进行展开，逐步将游客代入故事核心。然而，由于每个体验者对动画故事的感受不同，因而激发旅游消费者内在感知的无限遐想，利用一系列体验设计诱导旅游消费者对记忆的主观重构，形成迪士尼化的梦想体验则显得尤为重要。迪士尼乐园为旅游消费者制造刺激和梦幻体验的方式一般有以下几种。

（1）沉浸式体验。深度感知体验是迪士尼乐园长期保持园区生命力运作的行销理念之一。迪士尼是为人们造梦的场所，因此在园区设计上就需要让游客能在自然的状态下沉浸于另一个世界当中。通过对园区主题文化内容、娱乐设施、园林景观和采光设计等方面的设计，减少旅游消费者游览过程中的排他感。例如，在法国巴黎的迪士尼鬼屋，旅游消费者会被率先安排集中到一间灯光幽暗的密室之中，之后随着灯光的变暗、房间的缓缓下沉，逐渐引领游客从现实世界进入到恐怖的故事情节之中。

（2）娱乐项目推陈出新。一个主题公园的生命力提升还在于不间断地对其品牌进行塑造、培育与维护。在体验经济的大背景推动下，消费者们更关注以娱乐性的休闲方式感知难忘体验的服务产品。迪士尼乐园正是运用了娱乐式体验取代同质性消费的枯燥无味，才取得了巨大成功。为了加强旅游消费者的新鲜体验感，迪士尼拥有近千名员工专门负责园区的主题内容开发与研究，此外，迪士尼每年都会根据游客对园区设施的使用程度和产品评分淘汰三分之一的旧项目，并推出三分之一新的娱乐项目来保持主题公园的新鲜度。

(3)科技应用。科技应用是指利用高科技手段来加强游客的感知体验。迪士尼高体验性项目离不开科学技术的支撑,依靠科学技术不仅能营造出紧张刺激的梦幻气氛,还能有效提高场景的逼真程度。

(4)人性化服务。迪士尼乐园以人为本的服务理念体现在园区的任何地方。例如厕所的设计必须充分考虑到对各种人士的关怀,在儿童如厕问题上需设置一定数量的低位洗手盆和无障碍坐便器。为携带婴儿者需提供婴儿专用的搁板,以满足家长对婴儿的特殊照顾需求。除此之外,人员过度密集可直接影响到游客的感知情绪,为提高游客游园效率,迪士尼团队向用户提供众多手机应用程序来帮助他们及时接收到包括节目时间安排表、区内导航和公园人群层次显示的等待时间等相关内容,达到分流目的。

第二节　影响旅游消费者行为的物质情境

一、主题特色餐饮消费的物质情境

主题特色餐饮是在当前体验经济背景下,将餐饮服务与具有特色的主题文化相结合,满足旅游消费者个性化需求的一种新型体验式餐饮形式。此类餐饮业借助文化元素将餐厅与特色主题文化进行有机结合,因此更注重餐饮消费者的就餐体验,刻意打造别具一格的用餐环境氛围,强调一个或多个文化主题,甚至提供的餐品也与主题相融合以吸引消费者;旅游消费者在就餐过程中进入一种愉悦的主题情境,容易产生情感或情绪的共鸣,激发出美好的想象,从而获得独特的用餐体验。

餐厅物质环境是主题特色餐饮消费最重要的物质环境,因其功能性的差异而为消费者构建出不同类型的消费情境。例如对于餐厅的功能分类,一般有大型庆典、公共聚会、家庭就餐、情侣约会、商业洽谈等不同分类。不同的功能区域中,消费氛围的营造方式也不一样。如一般大宴会厅需承载大型庆典、公共聚会的功能需求,要求环境敞亮、通透、大方,而包房或卡座则需要满足家庭就餐、情侣约会、商业洽谈等功能,环境营造可反映温馨、浪漫、优雅等特质。选择合适的氛围营造方式,以满足主题特色餐厅的功能需求,特色的彰显才能有的放矢。主题特色餐饮消费环境的物质情境构筑要从以下要素进行有意识的设计。

1. 基础要素

质、色、型是主题特色餐饮环境氛围营造的基础要素,质是指材质,色是指色彩,型是指造型。

材质是主题特色餐厅环境范围营造的原点,也是承载色彩和造型的前提。如将由泥土、石头或木头等不同材质构成的土坯房、碉房、吊脚楼改造成餐厅，会给消费者营造出差异化的环境氛围。新材料的发展也成了引导餐饮环境营造的主要因素，新材料与传统材料的碰撞让餐饮环境有了更多的新意。

色彩则是消费者在就餐环境中最先感受到的要素，在餐厅环境营造中，色彩的应用主要侧重于色彩的抽象性。首先要统一大的色调，还要注意色彩面积的运用和控制，色与色的衔接、过渡、对比、呼应等。色彩的前后层次感也很重要。色调的冷暖、色彩搭配的方式是决定环境大氛围的最主要因素。

造型则是装饰和功能的综合体现，任何造型都由点、线、面构成，也是餐饮环境氛围营造中的重要组成部分，它与材质和色彩共同构筑了整个环境。

2. 空间要素

在主题特色餐饮环境中，空间要素是最首要的环境氛围营造要素。一个特定的空间形式往往会让置身其中的消费者体验到不同的情感，不同的空间形式因具有不同的性格和气氛而会使处于其中的旅游消费者产生不同的感觉和情绪，也许是恐惧，也许是好奇，也许是渴望。一般说来，方形、圆形等严谨规整的几何形式空间，会给消费者营造出庄重、平稳、肃穆的气氛；不规则的空间形式则给消费者营造出随意、自然、流畅、无拘无束的气氛。高远的空间会使消费者产生一种肃穆崇敬之感，内部窄而高的空间会让人们感受到神秘的氛围。

主题特色餐厅室内不同的空间形式对消费者行为具有一定的引导性。例如一个狭长的空间会让消费者自然而然地沿着建筑师设计好的空间行进，体验到流畅的餐厅动线。在对主题特色餐厅进行设计的时候，还需要让各类空间的尺寸、比例和与消费者的尺度关系协调。例如，空旷的空间给消费者宏伟大气的感觉，狭窄的空间为消费者提供私密感而让他们感受到更多的安全感。必要的时候，空间的对比也要考虑统一、韵律与节奏等关系。

3. 构造及构件要素

在主题特色餐饮环境营造中，把握住构造及构件要素则把握住了大的结构和氛围，餐饮环境设计中的构造及构件要素包括建筑的结构要素和围合空间的界面要素。

建筑的结构要素包括：建筑的梁柱、门、窗、楼梯等。其中作为建筑结构的梁、柱是餐厅建筑环境营造中的亮点，要注重结构和美的统一，而作为构件要素的门、窗、楼梯等，则是餐厅建筑环境中的亮点。无论是梁还是柱，抑或是门窗楼梯，这些要素都要尽量体现出地方特色和文化符号。

界面要素是指餐厅内部的墙、顶、地六个界面，这些界面不仅具有分割空间和进行功能分区的作用，同时也是最具地方特色的文化和装饰环境的组成部分。界面设计时，需要从造型、色彩、材质去综合考虑消费环境的营造效果。界面的设计尽量从当地建筑上使用的材料出发，把握当地文化特色，从传统建筑、装饰手法上寻找设计语言。界面是餐饮环境构造中凸显地方特色环境的重要展示部分。

4. 家具和陈设要素

家具是任何餐饮环境中都不可缺少的要素。在特色主题餐饮环境中,家具不仅仅能满足功能需求,还能营造环境氛围,影响消费者的行为方式。家具无论是现成的还是定制的,都必须符合人体工程学要求。在特色餐饮环境中,由于受到民族习俗、餐饮特色的影响,各个地方的餐桌、椅、柜等都不太一样。如云南汉文化传统习惯使用草墩,餐桌高度仅为550~650毫米,很多地方有在地面铺设一层松针席地而坐的就餐习俗。餐厅家具在满足就餐功能的前提下,应该尽量展现地方文化与特色。

在大环境背景下,陈设是特色主题餐饮空间画面中的点缀。陈设是指在餐饮环境中设计放置的物品,包括物品的放置位置、方式等。陈设物品的造型、色彩、质感和文化内涵无疑是特色餐饮环境营造时首要考虑的问题。特色餐饮环境中,陈设物品的选择可从当地居民的生产生活入手,传统的生产工具、手工艺品、服饰等都是最好的展示。而这些物品放置的位置、方式在环境中会产生冲突、统一、变化、均衡等艺术效果,真正好的陈设设计追求的正是"情理之中,意料之外"的效果。陈设作为环境营造的一部分,起到了美化环境、提升环境文化内涵的作用。

5. 光的要素

在特色主题餐饮环境氛围的营造中,光是氛围调节师。可以有意识地调节整个餐饮环境中哪些该强调,哪些该淡化。光的氛围营造受到灯具、电器、艺术效果等种种因素的影响。

一般来说,光源分为自然光源和人工光源。在特色餐饮环境设计中,要注意协调自然光和人工光的关系,需要针对不同场合、需求、经营理念等对光进行设计和控制。在自然光的利用上,由于现代建筑多为框架结构,大面积的落地玻璃窗让室内空间更加敞亮开阔,开窗位置通过设计后,可以增强室内与室外造景、自然景观、街道的空间延续和互动关系。

但对部分特色餐饮环境的营造而言,因为一些地方、民族的文化特色,其传统建筑开窗受到建筑结构的局限,室内采光不足,即使在白天,室内也需要借助人工光源。根据环境特点,可以通过对自然光的控制,营造神秘、古老、悠远的氛围。而人工光源无疑是让现代室内环境与传统室内环境产生质的飞跃的最重要的因素。人工光源通过光照色温、强弱、光源的形状对室内产生直接照明或间接照明。在营造特色餐饮环境时,可以从环境需求入手,营造富丽堂皇、大气敞亮的宴会厅,神秘、古老的过道,充满浪漫烛光的餐桌小环境等。

6. 其他要素

在主题特色餐饮环境氛围的营造中,除了视觉的营造,还有嗅觉、听觉氛围的营造。当餐饮环境中有异味的时候,除了可使用活性炭除味外,还可结合当地乡土气息，在环境中配置各种自然味道的植物，或燃点香炉，营造室内环境的气味氛围。室内家具、陈设等如果选择的是传统工艺制作的话，也会自然散发出原始材料的味道。传统工艺制作出的环境味道潜移默化地影响着环境，让消费者产生历史感，也更容易被记住。背景音乐在特色餐厅环境氛围营造中同样是不可或缺的要素。特色餐厅需要从地域文化入手，可寻找当地人传唱的民歌、小调、音乐作为背景元素，有条件的话还可重新编排或用现代乐器予以演绎，满足现代文化需求。而许多特色餐厅也从空间布置上予以考虑，在餐厅中心形成表演舞台，具有浓烈民族风情的歌舞表演更能烘托气氛。

藏族特色主题餐厅玛吉阿米

位于昆明茭菱路上的玛吉阿米藏族特色餐厅，以打造藏式餐饮环境为特色，以"邂逅文化"为主题，以体验最正宗的藏族餐饮为主要卖点，营造出一个现代藏式餐厅。餐厅的主题以"一首情歌，一段故事"[①]为线索，环境营造基于浪漫故事的基础展开，营造出浪漫、温馨并具有浓烈民族特色的餐饮环境。餐厅内90%以上的员工都是藏族，他们认为人也是环境的一部分，甚至就是文化本身。在环境音乐上，玛吉阿米将来自三大藏族聚居区的各种传统乐器和音乐、民歌、藏戏片段、民间舞蹈等表演作为自己的特色，再将一些传统的经典音乐作品用现代的乐器重新演绎，让都市里的人们感受来自传统音乐的震撼。餐厅设计运用了大量模仿的设计手法，将藏式建筑中的元素和装饰还原到环境中，室内墙面使用了大量土黄色，力图还原主题故事中的八廓街玛吉阿米总店的室内环境。

二、住宿消费的物质情境

旅游消费者在进入客房的时候，就进入了住宿消费的物质环境。客房的空间大小、家具、装饰品的摆放位置、房间的色彩配比等决定了消费者入住之后的感受。

客房空间的尺度和布局是以游客入住是否觉得舒适为前提，空间并不是越大越好，尤其对于住宿这种特殊的使用空间，往往尺度一般的房间更受到消费者的喜欢。例如美国纽约图书馆酒店，几乎入住过的游客都有一个体验，虽然酒店的房间面积不大，但却非常精致，加之优越的地理位置、优良的服务品质，使得入住的客人都对其精致温馨的设计赞不绝口，期待下次能继续入住该酒店。

在客房设计时要综合考虑消费者的空间感知与客房内摆放的家具及装饰品尺寸比例的关系。过大或太小的装饰或家具可能都不适合摆放于客房之中。

① 讲述了一个神秘人在几百年前的拉萨八廓街藏式酒馆里邂逅一位如月亮般纯美的少女，从此神秘人心中再也难以抹去少女的容颜，每日都到这家酒馆，希望能再见到少女，遗憾的是少女再也没有出现过，神秘人为少女写下了诗篇纪念的故事。

住宿空间不同的色彩也会给入住者带来不同的感受和体验。每一种颜色都有自己特殊的属性,冷色调会让游客感到清爽、冰凉、雅洁,暖色调能使游客感到温馨、亲切;纯度高的色彩会让旅游消费者感受到强烈的情绪,纯度低的色彩会让旅游消费者觉得暗淡;高明度的色调让旅游消费者觉得放松,凝重的色调又会使旅游消费者感到压抑。红色、黄色这样的色彩可以让旅游消费者联想到很多诸如太阳、火焰等的物质,感受到热闹、温暖等;蓝色、绿色可以让人联想到冰雪、海洋、森林等,使旅游消费者有生机、清新、平静、深沉等感觉。色彩本身其实并没有情感,只不过在旅游消费者的思考、视觉以及情感的影响下而变得富有情感,色彩体现在客房的空间、材料、质感上并使得这种抽象的情感、抽象的含义变得具体。

三、旅游景区的物质情境

1. 出入口空间

旅游景区的出入口空间一般被视为旅游景区的门面,设计合理有序的出入口空间能在旅游消费者心中塑造出旅游景区的基础形象,对旅游景区起到一定的宣传和强调作用,为整个旅游景区带来生机与经济效益。旅游景区的出入口空间也是旅游消费者进入景区内部之前的展示引导点,是连接着景区内外部的功能性区域。出入口空间对整个景区旅游消费者的行进起到导向作用,旅游消费者在景区的行进状况在一定程度上由出入口空间的整体情况决定。旅游景区的入口空间为进入景区前的旅游消费者完成心理情绪的转变,合适恰当的入口空间能够激发旅游消费者的好奇情绪,对增加旅游景区的吸引力有很大作用。旅游景区出入口空间的尺度设置也很重要,空间尺度太小会给旅游消费者带来拥挤、压抑的不适感;若尺度偏大的话,旅游消费者会感觉到空旷感和冷清感,引导氛围作用变弱,影响游客体验。

旅游景区出入口空间主要分为点状、线状和面状三类,不同类型的景区出入口空间适用于不同类型的景区,同时给旅游消费者带来不同的体验和心理感受。

1)点状出入口空间

点状出入口空间一般受制于地形空间的限制,景区范围不是很大且内容种类较单一的旅游景区出入口空间一般采用点状分布方式,像小型独立寺庙、小型洞穴、小型山岳等。景区在点状出入口空间一般只提供最基本的服务,满足基本功能性的要求。

2)线状出入口空间

线状出入口空间多出现在自身走势或形式呈线状的旅游景区,例如峡谷、河流类的景区多采用线状出入口。线状出入口空间构筑物布置大多顺应其走势,由入口向内呈递进形式,不断吸引游客探索景区的最深处。线状出入口空间主干道一般由递进的大门构成,由外向内设有迎宾区、停车场、售票区、配套服务设施等。迎宾性的建筑或者雕塑多建立在旅游景区入口附近，起到引导游客视线及吸引注意力等作用。

3）面状出入口空间

面状出入口空间一般用于范围较大，用地条件较好的旅游景区。很多将自然与人文景观结合为一体的景区的出入口空间，通常会增加新的集商业、美学等为一体的步行街或区域。面状出入口空间的构筑物（或建筑物）的分布位置一定要合理，其形态和位置影响着入口空间的布局走向。建筑的布局形态考虑到交通流畅多用“一”“L”“=”等形状。典型的像成都大熊猫繁育基地入口的设计即将入口大门、售票、咨询等功能建筑空间排成一排，形成“一”字形，功能分布简单明了，游客行动便利，但是整体的空间递进缺乏层次感；“=”形的入口建筑布局大多以商业街的形式存在，像嵩山少林风景区入口空间广场和周庄景区入口广场的设计，采用了排排设置。可根据设计理念、元素应用的不同，根据游客的行走体验结合设计理念将布局丰富化，在保证人行流线畅通的情况下增加其功能和形式的丰富性。

旅游景区的面状出入口空间从二维平面角度来看，可以划分为规整有序型和不规则型。规整有序型的入口空间形状一般有长方形、正方形、椭圆形等规则对称图形。旅游景区出入口空间有对称轴，建筑物沿对称轴线两侧分布。不规则型景区出入口空间一般是受到道路或地形等因素的限制和影响。

在面状出入口空间往往设置有广场。旅游景区为了凸显本景区特殊的文化特色、吸引力，纪念重要事件或人物，一般会在广场上设置各种雕塑来烘托构建特定的氛围。大尺度的雕塑让旅游消费者有宏伟壮观的感受，小尺度的雕塑可增加旅游消费者的亲近度，优秀的雕塑能让旅游消费者与旅游景区的主题产生共鸣，营造出更有特色的气氛。

2. 水景和植物绿化

水体在旅游景区的作用因地而异，南方地域的水体应用较多，北方较少。水体在调整旅游景区的环境、划分空间布局方面起着独特的作用，能够活跃环境气氛，也可成为某个节点的视觉焦点，提高景区的层次性。水体景观可分为静态水和动态水。静态水体一般在水池中存在。由于倒影效果的因素，静态水体会给旅游消费者带来安静、轻盈的感受。动态的水主要有流水、喷水、落水这些形式，会唤起旅游消费者激动、兴奋的感觉。如果能设计成能与游客进行交互的动态水景就更加有趣，比如某些景区设计了通过游客发声控制喷泉高度的项目就很受旅游消费者欢迎。

植物绿化是旅游景区设计不可缺少的要素，植物绿化除了自身具备的调节气温、净化空气、减噪等基本作用，还起到点缀、美化景区环境的作用。通过设计调整旅游景区的植物品种，使植物根据时间和季节的变化而变化，同一个旅游景区在不同季节到访时会看到不一样的韵味和特色，给旅游消费者带来常来常新的感受。

3. 景区背景音乐

音乐能对人的身心产生影响，景区背景音乐具有调动旅游消费者的积极性、调整其情绪的功能。景区适当播放背景音乐能让旅游消费者身心放松，消除疲劳感和紧张感。初来景区的旅游消费者难免会产生紧张的情绪，此时若在景区门口播放轻松的背景音乐，能帮助旅游者适当放松身心。在主题公园中，游客会因长时间等待某个游乐项目而产生烦躁的心理，若此时播放一些欢快的乐曲，可以在一定程度上消除旅游消费者的烦躁感，减少旅游消费者心理觉察的等待时间。

景区背景音乐有助于营造特定的旅游意境。通常情况下，旅游活动以视觉体验为主，如果背景音乐以恰当的方式同景区景色进行耦合，能营造出激发旅游消费者无限遐想的意境而提升其体验。例如在开展红色旅游项目的景区，播放红色歌曲就能对游客产生心理上的冲击，在其内心唤起庄严肃穆的情感体验，在博物馆播放原始乐器的声音能唤起旅游消费者的神秘感。

景区背景音乐有助于调整旅游消费者的行为。例如在旅游规划过程中，在景区通道上播放节奏略快的背景音乐能在一定程度上诱导游客快速通过。

景区背景音乐具有遮音效果，提升旅游消费者的体验。旅游景区的噪声来源有二：一是景区内以及景区周边交通和景区建设会带来一些噪声；二是当景区内游客比较多的时候，旅游者本身就是噪声的来源。在嘈杂的景区播放合适的景区背景音乐能遮掩这些噪声，同时还能转移旅游者的注意力，从而对环境起到修饰作用。特别是在园林、博物馆等人文景区，背景音乐遮盖噪声的作用尤其明显。

第三节　影响旅游消费者行为的人际情境

人际情境是指旅游过程中对旅游消费者行为产生影响的其他人。影响旅游消费者行为的人际情境包括三类：一是直接或间接为旅游消费者提供服务的旅游从业人员，主要包括导游（领队、全陪、地接和讲解员等）、司机、酒店工作人员（住宿接待业和餐饮服务业两类）、景区景点服务人员（含主题公园的服务人员和演艺人员）；二是旅游消费者的同行者，例如一起外出的同伴或者同一个旅游团内的、有直接互动的其他游客；三是旅游消费过程中无直接互动的目的地居民、其他游客或者消费者。上述三类人员一起构成了影响旅游消费者行为的人际情境（图 8-1）。

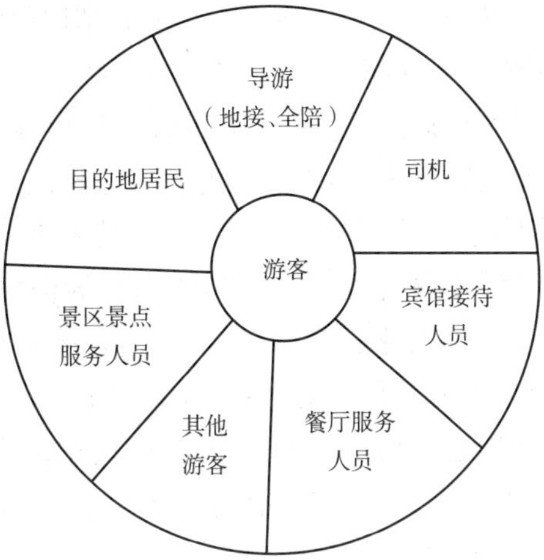

图 8-1　旅游情境中游客与其他身份的人

一、旅游从业人员

为游客提供服务的旅游从业人员包括直接接触的一线从业人员和很少或基本没有接触的管理人员两类。旅游消费者与旅游从业人员之间的交际和互动与一般的人与人之间的交际互动存在不同。

旅游消费者与旅游从业人员之间是特殊的商业人际交往和互动，是通过商品或服务与经济的交换而完成的，双方是买方与卖方的关系。例如全陪与游客的交往和互动是相对长时间的浅表性人际交往和互动，讲解员则属于短时间的浅表性人际交往。多数情况下，双方的关系随着旅游服务的结束而结束，正因为如此，不同性质的旅游从业人员需要掌握不同的技巧来为旅游消费者服务，营造一种特定的消费情境来促进旅游消费者的消费行为。例如对于一个旅游车司机而言，拥有全面的安全驾驶意识和高超的驾驶技术对旅游消费者而言，是提供了一个安全而准时的旅游情境，但是对于一个讲解员而言，更重要的是根据旅游消费者的特点挑选讲解的内容和时长，全陪导游更重在提供基本的食宿等功能性的服务，并营造一种轻松的旅游环境和氛围。

有些旅游消费者在接受旅游服务的过程中没有完全体验到权威感或尊重感，体现着旅游从业人员在营造这种环境氛围方面尚有不足。

二、旅游消费者的同行者

一般而言，外出旅游为旅游消费者提供了一种家庭之外的社会体验，而与之同行的人员也会随之构造出不同的旅游情境和氛围而影响其旅游体验，正如有旅游消费者说：“去什么地方不重要，重要的是和谁去。”这就表达了旅游消费者的同行者对一次旅游体验的影响力。在旅途中改进双方的关系或者结识新的朋友对其旅游体验也具有非凡的意义。在此情境下，旅游消费者之间的互动是团队旅游活动中的重要社会关系，消费者之间的互动对其社会关系和心理收益的影响非常值得关注。在团队旅游情境下，游客们可能是朋友、相识或者是陌生关系，他们来自不同的地方，有不同的喜好和生活习惯，他们的行为方式也各异。旅游消费者之间如果能够和谐相处、自在交流、互相帮助，会让大家心情更加愉快，进而提升旅游消费者的主观心理感受。

人们外出旅游或者进到某家餐厅进餐的原因很多，例如有人把到酒店进餐看作一种社交方式，以此来建立与他人的良好关系，或者把旅游购物看成一种展示自我的方式，如展现自己的经济地位或讨价还价能力等，因此很多人愿意结伴外出旅游消费。以旅游购物为例，购物过程以及在公众场合使用的商品或品牌高度可见，因而不可避免地受到包括同伴在内的社会情境的制约。

对于某种旅游消费来说，同行者的影响起着更大的作用。例如在就餐的情境下，如果是某人请客，他就必须考虑同行者的口味、特点以及食品的档次等。同行者的作用还体现在对旅游消费者的购买决策的影响方面，具体通过信息的收集、产品和服务的选择等方面进行影响。一个人独自进餐与有朋友在场时相比，其消费行为会发生显著的变化。

旅游消费者之间互动显著的服务具有以下特征。

（1）旅游消费者之间的物理距离接近。

（2）消费者之间可能发生语言交流。

（3）旅游消费者会参与大量不同的活动。

（4）服务环境吸引了不同的旅游消费者。

（5）旅游企业提供了通用的核心服务。

（6）旅游消费者必须偶尔等待服务。

（7）旅游消费者希望节省时间、空间或服务工具。

三、旅游消费环境中的其他人

旅游消费环境中的其他人主要是指没有或者很少有直接互动的旅游目的地居民、其他游客等。尽管这些人通常在构筑旅游消费情境的过程中作用较小，但有时候这些人也可能会因为某种原因与旅游消费者频繁互动或带来很大的影响。例如正常情况下，旅游消费者与旅游目的地居民交往互动很少，但是当突发事件导致旅游消费者需要依靠当地居民来提供产品或服务的时候，这些潜在的情境因素就会变成影响旅游消费者行为或者体验的重要方面。

本章小结

旅游消费者行为会受到各种情境因素的影响。旅游活动本身就是惯常环境的一种"逸出"或逃离,民宿为旅游消费者构筑了一个虚拟的、个性化的情感交流情境,游乐园则为旅游消费者提供了一个刺激与梦幻的旅程体验情境。影响旅游消费者行为的情境包含了物质情境和人际情境两类。特色主题餐厅、特色个性酒店、旅游景区差异化的物质情境是旅游消费者行为实现的空间,旅游从业人员、同行者以及其他游客则共同构成了旅游消费者的人际情境,两者共同影响着旅游消费者的行为。

关键术语

消费情境(consumption situation)
游乐园(amusement park)
互动式体验(interactive experience)

复习与课后阅读

[1] 高雪. 出境旅游情境中冲动性购买行为的影响因素研究 [D]. 南宁:广西大学,2019:76.
[2] 乐为,耿子文,郭本海,等. 酒店视觉舒适性影响因素研究:基于情绪视角 [J]. 旅游科学,2019,33(6):33-45.

第九章　旅游消费者的学习与信息搜集

学习目标

- 了解旅游消费者学习行为的概念、旅游信息的来源
- 运用学习理论理解旅游消费者的各类行为
- 理解影响旅游消费者信息搜集的因素
- 运用所学知识影响旅游消费者信息搜集的策略

本章思维导图

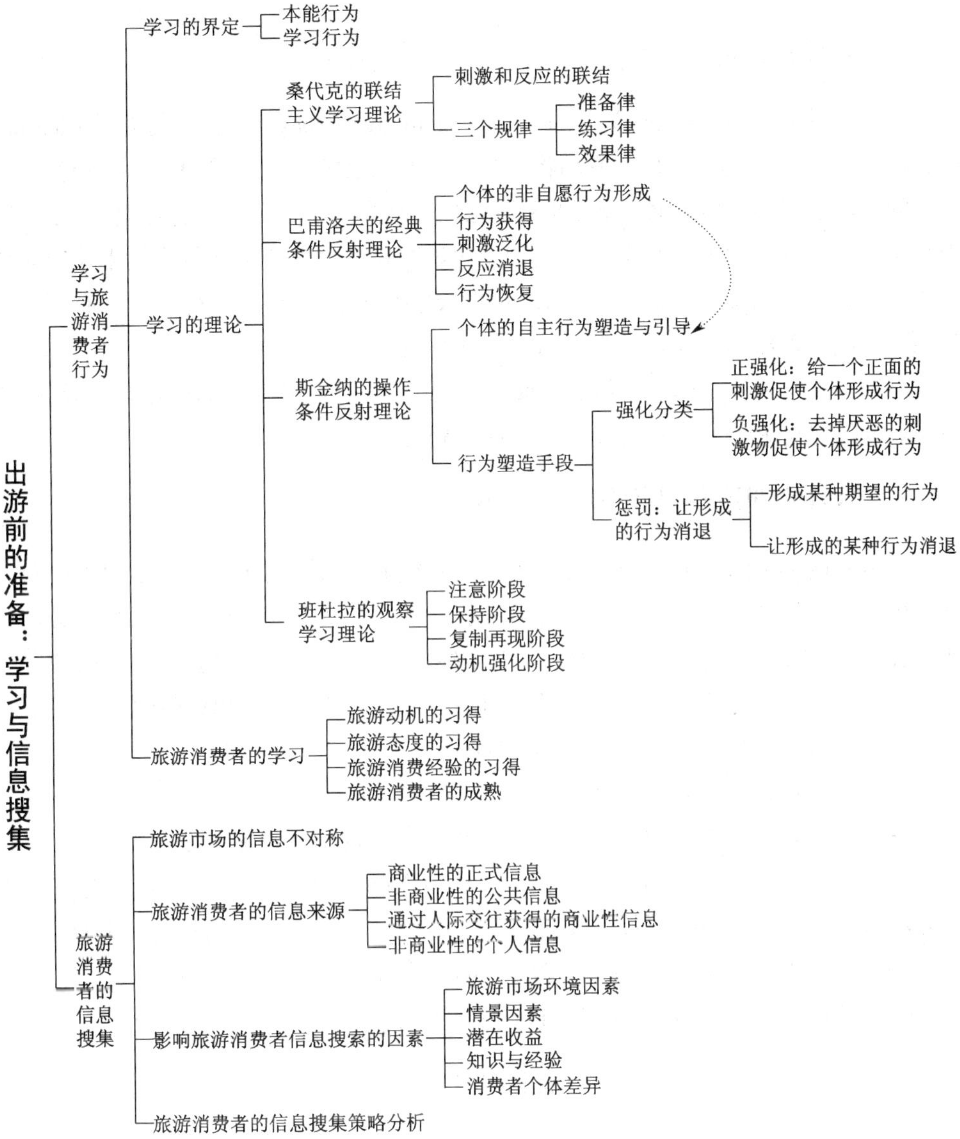
出游前的准备：学习与信息搜集
学习与旅游消费者行为
学习的界定
本能行为
学习行为
学习的理论
桑代克的联结主义学习理论
刺激和反应的联结
三个规律
准备律
练习律
效果律
巴甫洛夫的经典条件反射理论
个体的非自愿行为形成
行为获得
刺激泛化
反应消退
行为恢复
斯金纳的操作条件反射理论
个体的自主行为塑造与引导
行为塑造手段
强化分类
正强化：给一个正面的刺激促使个体形成行为
负强化：去掉厌恶的刺激物促使个体形成行为
惩罚：让形成的行为消退
形成某种期望的行为
让形成的某种行为消退
班杜拉的观察学习理论
注意阶段
保持阶段
复制再现阶段
动机强化阶段
旅游消费者的学习
旅游动机的习得
旅游态度的习得
旅游消费经验的习得
旅游消费者的成熟
旅游消费者的信息搜集
旅游市场的信息不对称
旅游消费者的信息来源
商业性的正式信息
非商业性的公共信息
通过人际交往获得的商业性信息
非商业性的个人信息
影响旅游消费者信息搜索的因素
旅游市场环境因素
情景因素
潜在收益
知识与经验
消费者个体差异
旅游消费者的信息搜集策略分析

第一节　学习与旅游消费者行为

一、学习的界定

人或动物的行为可以分为本能行为(instinctive behavior)和学习行为(learned behavior)两类。本能行为是人或动物通过遗传而获得的种族经验,是生来就有、不学而能的。本能行为一般比较刻板,种系进化程度越高的生物,本能行为越少。学习行为则是人或动物在后天环境中通过经验的积累而获得的导致个体行为发生稳定而持久变化的过程。人类已经处于生命发展的高级阶段,因此其本能行为较为有限。人类的行为绝大多数属于通过后天学习得到的行为。

不同的历史时期、不同的文化背景下,消费者的观念和行为都存在着差异,这说明人类的消费行为绝大多数是通过学习而得到的。

二、学习的理论及其运用

学习的理论可以分成行为主义学派的学习理论和认知主义学派的学习理论两大类。行为主义学派中比较有影响力的学习理论主要包括桑代克提出的联结主义学习理论、巴甫洛夫的经典条件反射理论和斯金纳的操作性条件反射理论等。认知主义学派中比较有影响力的学习理论除了早期的格式塔心理学派提出的顿悟学习理论之外,最具影响力的就是班杜拉的观察学习理论。

1. 桑代克的联结主义学习理论

桑代克的联结主义学习理论是第一个较为完整的学习理论,他在猫的迷笼实验的基础上提出了学习的联结—试误学说,认为人和动物的学习行为本质上是刺激(stimulus, S)和反应(response, R)的联结, S-R 联结是解释一切行为(包括学习行为)的基础,人的学习行为是受到刺激的反应,通过对行为的客观研究,既可以预测已知刺激引起的反应,也可以推测引起反应的刺激。

桑代克的猫

桑代克为了研究动物是否能通过学习具备推理思维,就建立了这样一个实验:将一只饥饿的猫放进一只笼子,然后关上笼门,笼子内部有可以打开笼门的开关,笼子外面则放有食物,猫可以通过笼子的空隙看到放在外面的食物。

通过观察和记录猫的行为,他发现饥饿的猫看见食物会想方设法地出来。由于不会开门,这只猫便在笼子里面乱蹦乱撞,随意疯狂地扒拉笼子,伸出爪子试图够着食物却无法够着,猫在笼子里尝试各种出去的方法。最后,猫无意间碰到开关,笼门就打开了，猫就吃到了食物，这一过程经历了大约160秒。

桑代克让这只猫饥饿以后反复把它放进这个笼子，逐次记录猫逃出笼子所用的时间。这只猫在不断地重复中一次又一次地打开笼门吃到食物。经过20多次的训练，这只猫最终学会了快速打开笼门取得食物的方法。到后来，只要把这只猫放进这个笼子，它会非常熟练地在10多秒内打开笼门并取得食物。

桑代克据此绘制了一幅猫的学习过程曲线，得出了一个学习上的“尝试—错误”理论，后来被称为“试误说”。根据该理论，人或动物在学习的尝试中，逐渐构建起一种刺激—反应的联系，他们会将正确的行为保留，排除无效或者错误的行为。最后，桑代克总结出了准备律、练习律和效果律三条学习规律。

桑代克通过把行为降低到S-R水平，认为人类与动物的行为都能有效地加以理解、预测和控制。在此基础上，桑代克提出了三条学习定律。

1）准备律（law of readiness）

准备律是反应者的一种内部心理状态。一切反应是由个人的内部状况和外部情境所共同决定的。因此学习不是消极地接受知识，而是一种活动。学习者必须有某种需要，体现为兴趣和欲望。此外，良好的心理准备还应包括对该情境起反应所必不可少的素养和能力准备。

2）练习律（law of exercise）

练习律的实质就是强化刺激与反应的感应结。反应在情境中用得越多，它与这个情境发生的联结越牢固。反之，长期不用这个反应，这种联结就趋于减弱。

3）效果律（law of effect）

这个定律强调个体对反应结果的感受将决定个体学习的效果。即如果个体对某种情境所起的反应形成可变联结之后伴随着一种满足的状况，这种联结就会增强；反之，如果伴随的是一种使人感到厌烦的状况，这种联结就会减弱。桑代克研究发现给予学习者满足感比厌烦感能产生更强的学习动机，因此他修正了效果律，更强调奖赏，而不大强调惩罚。

桑代克的联结学习理论对消费者行为学的主要启示在于：消费者的行为都可以通过研究和分析他受到的刺激而得到某种预测和控制；给予消费者奖赏或者某种积极的回应能促进消费行为的再次出现；当消费者反复消费某种产品，这种行为将变得越来越持久；消费者主动去寻找消费信息比被动接收信息对其行为塑造的影响更大。

2. 巴甫洛夫的经典条件反射理论

俄国生理心理学家巴甫洛夫（图9-1）在对狗的进食行为进行研究的基础上提出了经典条件反射理论。经典条件反射理论已经在消费者行为学、市场营销学中得到了广泛的应用。

图 9-1　巴甫洛夫

巴甫洛夫实验室里那只流着口水的狗

俄国生理学家巴甫洛夫利用狗来研究消化系统。唾液的分泌是研究中的一项重要指标。为了观察狗在不同实验条件下的唾液分泌情况，巴甫洛夫将一根细导管安装在了狗的唾液腺上。可是，随着实验的推进，巴甫洛夫发现一个现象：一旦临近实验开始，即使没有给狗食物，它也会流口水。巴甫洛夫为此有些恼火，因为口水严重影响了唾液的观测。但他没有放过这个奇怪的现象，为此开始了新的实验。他每次给狗喂食物之前都摇响铃铛，如此反复多次，有一次他摇铃后并未给狗任何食物，但狗仍然流了口水。对于这种听到铃声就分泌唾液的现象，即通过后天学习或锻炼而获得特定行为模式的现象，巴甫洛夫称之为条件反射。

巴甫洛夫在实验中提出了行为获得、反应消退以及刺激泛化等多个概念来描述刺激和行为形成之间的关系。

行为获得是指通过将条件刺激（铃声或者灯光）与无条件刺激（食物）多次结合呈现，个体可以获得条件反应和加强条件反应。实验中将声音刺激与喂食结合呈现给狗，狗便会获得对声音的唾液分泌反应。在消费者行为领域，例如某消费者每次到某家酒店进餐的时候，餐厅都播放着一支特定歌曲，随着次数的增加，该消费者就会一听到这支歌曲，就想到这家餐厅进餐。

反应消退是指对条件刺激反应不再重复呈现无条件刺激，即不予强化，反复多次后，已学习得到的反应就会逐渐消失，例如已经学会对铃声产生唾液分泌的狗，在一段时间听到铃声而不喂食之后，可能对铃声不再产生分泌唾液的反应。

行为恢复是指消退了的条件反应，即使不再给予强化训练，也可能重新被激发，再次出现，这被称为自然恢复作用。

刺激泛化是指某种特定条件刺激反应形成之后，与之类似的刺激也能激发相同的条件反应，如狗对黄光产生唾液分泌反应后，对近似颜色橙色的光也会产生反应。“一朝被蛇咬，十年怕井绳”便是获得刺激泛化的最好例证。

3. 斯金纳的操作性条件反射理论

美国心理学家斯金纳对桑代克完成的猫的迷笼实验进行了优化，设计了斯金纳箱，对小白鼠、鸽子等动物的行为进行了研究，提出了操作性条件反射（operant conditioning）理论。

斯金纳把行为分成两类：一类是应答性行为，这是由已知的刺激引起的反应；另一类是操作性行为，是有机体自身发出的反应，与任何已知刺激物无关。与这两类行为相应，斯金纳把条件反射也分为两类。与应答性行为相应的是应答性反射，称为S（刺激）型，名称来自英文 stimulation；与操作性行为相应的是操作性反射，称为R（反应）型，名称来自英文 reaction。S型条件反射是强化与刺激直接关联，R型条件反射是强化与反应直接关联。

他认为操作性条件反射的特点是强化刺激既不与反应同时发生，也不先于反应，而是在反应后发生。有机体必须先做出所希望的反应，然后得到“报酬”，即强化刺激，使这种反应得到强化。因此，操作条件反射与经典条件反射存在着不同：巴甫洛夫提出的经典条件反射研究的主要是有机体的非自愿行为，而操作性条件反射研究的主要是有机体的自主行为。

斯金纳箱里的小白鼠

斯金纳设计出了一种动物实验仪器，即著名的斯金纳箱，对小白鼠等动物的行为进行了研究。斯金纳箱内只有一个键式开关和一个食物出口，放进去的小白鼠在箱内可自由活动，当小白鼠无意中碰到开关时，就会有食物从食物口掉进箱子内，小白鼠就可以吃到食物。箱外则有设备能自动记录小白鼠按压开关的时间和频率等指标，在实验前还可以通过设置一些参数来控制小白鼠按压开关的次数与食物掉落的量或者掉落的时刻之间的相关系数。

实验1：将一只饥饿的小白鼠放入斯金纳箱，当小白鼠无意中按下开关的时候，就会有食物掉落到笼中，小白鼠的行为得到了强化，饥饿的小白鼠很快就学会了通过按压开关获得食物的行为。这个实验模拟了强化对人或动物的操作性行为的影响。

实验2：将一只饥饿的已经学会了按压开关取得食物的小白鼠放入斯金纳箱中，并将斯金纳箱内食物掉落的规则设置为每隔5分钟左右按压开关才有食物掉落，其他时间按压开关则没有食物掉落。于是小白鼠很快就学会了间隔5分钟左右就开始按压开关的行为。这个实验模拟了固定时间间隔强化对人或动物行为的强化过程。

实验3:将一只饥饿的已经学会了按压开关取得食物的小白鼠放入斯金纳箱中,并将斯金纳箱内食物掉落的规则设置为每按压10下才有食物掉落。于是小白鼠很快学会了根据其饥饿程度按压开关,如果小白鼠不饿的话,它几乎不怎么去按压开关。这个实验模拟了固定比率强化对人或动物行为的强化效果。

实验4:将一只饥饿的已经学会了按压开关取得食物的小白鼠放入斯金纳箱中,并将斯金纳箱内食物掉落规则设置为食物掉落为随机概率而与按压开关次数和频率无关,于是小白鼠在斯金纳箱内的行为变得极为疯狂,几乎一直在按压开关。哪怕后面一直没有食物掉落,小白鼠按压开关的行为也会持续很长时间才会消退。这个实验模拟了变动比率强化对人或动物行为的影响,也模拟了现实生活中一些人赌博成瘾的过程。

实验5:将一只小白鼠放入笼底通着电流的斯金纳箱中,当小白鼠无意中碰到开关以后,斯金纳箱笼底电源立即被断开,只需要经过几次训练,小白鼠就学会了按压开关断开电源的行为以避免自己被电击。不过,一旦箱子笼底不通电,小白鼠按压开关的行为很快消退。这个实验模拟了惩罚对动物或人类行为消退的影响。

利用操作性条件反射理论塑造有机体行为的过程中,主要有强化和惩罚两种方法。强化是指如果有机体的一个操作行为发生后,接着给予一个强化刺激,那么后期其行为出现的概率就增加。强化又可以细分为正强化和负强化两种。

惩罚是指如果有机体的一个操作行为发生以后,接着予以一个惩罚刺激,那么后期该行为出现的概率就降低。

不过,操作性条件反射的消退不是立即发生的,而是表现为一个过程,即一个已经习得的行为并不即刻随强化的停止而终止,而是继续反应一段时间,最终趋于消失。斯金纳的实验表明,一只已经习得按压开关反应的小白鼠在强化停止之后,仍然能按压开关达50~250次之多,然后最终停止按压开关的行为反应。

有机体行为消退的时间则与该习得反应本身力量的强弱成正比,即如果原来反应非常牢固,那么消退的时间较长,反之亦然。例如在上述实验中,受过多次强化的小白鼠在强化停止后,可连续按压开关250次左右,而仅受过一次强化的白鼠在强化停止后连续按压开关的次数为50次左右。所以,消退过程的时间长短也是衡量操作性条件反射力量的一个指标。

斯金纳把动物的学习行为推而广之到人类的学习行为上,他认为虽然人类学习行为的性质比动物复杂得多,但也要通过操作性条件反射。消费者行为学习的本质不是刺激的替代,而是反应的改变。旅游企业有可能通过强化作用的影响去改变旅游消费者的反应。在市场营销方面,旅游企业需要把目标分解成很多小任务并且对旅游消费者一个一个地予以强化,旅游消费者通过操作性条件反射逐步形成旅游企业所期望的行为。

4. 班杜拉的观察学习理论

美国心理学家班杜拉认为，行为主义的 S-R 理论无法解释人类的观察学习，也无法解释个体为什么会表现出新的行为。他认为个人行为是认知、行为与环境因素三者及其交互作用的结果。班杜拉进行了一系列科学实验，并在此基础上建立起了他的观察学习(observational learning)理论。

班杜拉的观察学习实验

班杜拉选择了 72 名 3~6 岁的儿童作为被试，并随机分成三组，分别让他们观看视频。视频前面部分的内容完全一致，是一个成年男子(榜样人物)对一个玩具娃娃做出种种攻击行为，视频的后面部分则被设计成三个不同的结果，分别给不同组的儿童观看。

第一组是攻击—奖赏组：该组儿童看到“榜样人物”做出攻击行为后，另一个成年人对其大加奖赏，称赞他为勇敢的胜利者，并给他巧克力等食品。

第二组是攻击—惩罚组：该组儿童看到“榜样人物”做出攻击行为后，另一个成年人指责他并骂其是暴徒，打他并迫使其低头逃跑。

第三组是控制组：该组儿童看到“榜样人物”做出攻击行为后，另一个成年人对榜样人物什么也没有说，他既没有受到奖赏，也没有受到惩罚。

然后将看完视频的儿童一个个单独领到一个房间里去，房间里放着各种玩具，其中包括与视频中一样的玩具娃娃，实验人员观察并记录他们攻击和侵犯行为的出现频率。结果表明，攻击—奖赏组儿童出现攻击和侵犯行为的次数最多，攻击—惩罚组儿童出现攻击和侵犯行为的次数最少，控制组儿童出现攻击和侵犯行为的次数介于两者之间，处于平均水平。

班杜拉用替代强化来解释这一现象：观察者因看到他人(榜样人物)的行为受到奖励，间接引起他本人相应行为的增强；观察者看到别人的行为受到惩罚，则会产生替代性惩罚作用，抑制相应的反应。

班杜拉认为行为的习得有两种不同的过程：一种是通过直接经验获得行为反应，班杜拉称之为“通过反应的结果所进行的学习”；另一种是通过观察示范者的行为而习得行为，班杜拉称之为“通过示范所进行的学习”，即我们所说的间接经验的学习。

班杜拉的理论强调观察学习或模仿学习。在观察学习的过程中，人们获得了示范活动的象征性表象，并引导适当的操作。观察学习由四个阶段组成。

1)注意阶段

观察学习的起始环节，在注意阶段，榜样示范者行动本身的特征、观察者本人的认知特征以及观察者和示范者之间的关系等诸多因素影响着学习的效果。

2）保持阶段

榜样示范者虽然不再出现，但他的行为仍给观察者以影响。要使示范行为在学习者的记忆中保持，需要把示范行为以符号的形式表象化。通过符号这一媒介，短暂的榜样示范就能够被保持在长时记忆中。

3）复制再现阶段

学习者把记忆中的符号和表象转换成适当的行为，即再现以前所观察到的示范行为。这一过程涉及运动再生的认知组织和根据信息反馈对行为的调整等一系列认知和行为的操作。

4）动机强化阶段

学习者能够再现示范行为之后，这些示范行为是否能够经常表现出来则要受到行为结果因素的影响。行为结果包括外部强化、自我强化和替代性强化。班杜拉把这三种强化作用看成学习者再现示范行为的动机力量。

三、旅游消费者的学习

1. 旅游动机的习得

人类探索的需要是源自先天的需要，但除此之外，大多数旅游行为的动机则可以通过后天学习得到。儿童在 2 岁以前对旅游一般没有真正的认识，也不会向家长提出旅游的要求。到了 3 岁左右，城市儿童由于受电视广告、家长及周围人的语言和行为等刺激影响，会对旅游产生好奇和兴趣，表现为主动向家长提出自己也想去旅游。例如 4 岁的中国孩子会在幼儿园与小朋友谈论北京天安门和上海的东方明珠。

人们通过后天的学习产生了对成就、权力、归属感和社会地位的需要，逐渐形成对自我形象的认知和塑造。这些后天产生的需要又在很大程度上影响了人们的出游动机，以及人们把动机付诸旅游实践的行为方式，比如对旅游目的地、交通工具和食宿的选择。

生活在高度紧张的工业化社会中，人们很容易习得旅游是一种缓解工作压力的途径。长期不断的工作所带来的紧张是一种外在的刺激，而休闲旅游则是对现实生活状况的一种改变。当发现旅游可以减少工作所带来的紧张后，人们就会在工作压力过大时产生旅游动机。只要这个刺激和行为反应能带来满意的回报，他们将会继续旅游，甚至把旅游消费行为作为手段，进而实现其融入新的社会群体、消除焦虑的目的。事实上，由于城市化、工业化，生活和工作节奏快，许多人只要往日历上瞥上一眼，就可能会激发起对旅游的强烈欲望。

经验丰富的旅游消费者在意识域中记忆储备了大量备选的旅游产品，但随着旅游动机的日趋成熟，他们会摒弃人为成分过多的舞台化的旅游产品，注重寻求新鲜奇异的真实经历与内心体验。这要求旅游企业有效开发利用资源固有的特质去引导旅游动机，重视原生资源的保护，而不是盲目迎合部分旅游者。

2. 旅游态度的习得

一个人所持的态度，是学习过程的结果。态度大多建立在人们的信念和见解基础之上。人们主要通过家庭、学校、朋友、熟人以及所属的群体、所生活的社会和新闻媒介学习这些信念和见解，有时消费者也通过直接经历习得态度。例如，某人从熟人、广告或其他渠道学习的内容，构成了他们对某旅行社或者导游的初始态度。当人们与这家旅行社或者导游直接接触之后就会证实或改变先前的态度而形成全新的态度。

态度的学习还会受到社会和文化的影响。广泛的文化和社会变革促使人们形成新的态度或改变原有的态度。例如，在传统观念中，家庭成员应团结且行动一致。在今天，人们普遍接受家庭成员各有各的个人空间，孩子甚至夫妻都需要有独立的时间。这种态度的变化是学习得来的，并对其旅游行为产生了巨大的影响，体现为越来越多的夫妻不携带孩子出游，甚至各自单独旅游。近年来，女性的旅游态度也发生了很大变化。许多职业妇女不再是丈夫温顺的陪伴者，不再被动地由丈夫为她们办理登记住宿手续，而是主动地处理各种各样与旅游有关的问题。

3. 旅游消费经验的习得

经验是学习的源泉，学习的结果又促使经验得到进一步的积累。旅游消费者从旅游经历中学习并把旅游经历概括为经验，例如某旅游消费者到过不少海滨城市旅游，他会根据以往的经验推知，在任何一个海滨城市都会有类似的经历。一位外国旅游消费者多次乘中国民航的班机，他体验到了机组人员热情周到的服务，因而可能由此断定中国民航所有的班机都会提供一流的服务。一旦需要做出旅游决策，旅游消费者就可以依据经验形成判断，参考以往对类似情形的处理方式，把做出决策所需要的时间和精力减少到最低限度。不过，旅游消费者的经验并不都是积极愉快的，有时难免会以偏概全。例如某旅游消费者在购买了某旅行社的服务后，感到极不愉快，由此认为所有的旅行社都会欺骗游客。

旅游从业人员应注重旅游消费者的经验对其未来旅游决策的影响，树立产品及企业的良好形象，以优质的产品让旅游消费者乘兴而来，满意而归。充分利用旅游消费者概括的倾向，采取措施把他们的各种产品和服务相互联系起来，或采取措施避免这种联系，以避免某一低水准的产品和服务影响与它有关的其他产品和服务。

4. 旅游消费者的成熟

旅游消费者的行为是不断学习的结果。一个人旅游动机的产生、对旅游所持的态度、关于旅游的知识经验等，多数是在后天环境作用下习得的。通过学习，旅游消费者逐渐变得成熟，一个成熟的旅游消费者有以下表现。

1)从茫然胆怯到自信

经验较少而处于入门阶段的旅游消费者通常会选择参加旅行团,以降低旅游风险,确保安全。随着旅游知识和经验的增加,他们相信自己能够处理旅游中出现的各种问题,他们不再满足于参加由旅行社安排好固定行程的旅游,不愿意由旅行社控制一切,而是希望享有一定的自主决策权,按个人意志去探索外部世界,享受自己个性化的假期。

2)从标准化旅游到个性化旅游

随着旅游知识和经验的丰富,旅游消费者形成了对特定旅游产品的态度,他们倾向于购买符合自己的个性和需要的旅游产品。

3)从前往已具知名度的景点到自己去探索发现新的旅游胜地

随着知识经验的日益丰富,旅游消费者探索的冲动很容易变成行动,希望能到一般游人罕至的地方旅游。

4)从“走马观花”到滞留型旅游

随着旅游知识和经验的增多,旅游消费者倾向于深入体验目的地的生活,而不愿只是扮演“旁观者”。他们希望逗留一段时间仔细游览,参与目的地的一些活动,了解风土人情,以体会旅游的乐趣。

随着我国居民收入的增加,许多人有了外出旅游的动机,但不少人却不懂得如何旅游。有些人缺乏历史和地理知识,对哪里有什么景点不甚明了,有些人对旅游中的食住行游购娱缺乏经验,因而不敢轻易迈出家门。为了促进旅游业的发展,鼓励人们积极投身旅游活动,旅游企业有必要主动对旅游消费者,尤其是对潜在旅游消费者实施教育引导,变“等客上门”为主动“引客上门”,教会旅游消费者学会如何旅游。

第二节　旅游消费者的信息搜集

当前已经进入了信息化社会,旅游消费者无论是外出寻找出游目的地,还是临时去找一顿心仪的美食,都离不开信息的搜集与整理。信息的搜集与整理在很大程度上会影响到旅游消费者的决策。因此有必要对旅游消费者的信息来源、如何搜集和加工信息进行研究,以帮助他们做出适合自己的决策。

一、旅游市场的信息不对称

信息不对称(information asymmetry)理论是指在市场经济活动中,各类人员对有关信息的了解存在差异:掌握信息比较充分的人员,往往处于比较有利的地位,而信息贫乏的人员则处于比较不利的地位。该理论认为:市场中卖方比买方更了解有关商品和服务的各种信息;掌握更多信息的一方可以通过向信息贫乏的一方传递可靠信息而在市场中获益，买卖双方中拥有信息较少的一方会努力从另一方处获取信息，市场信号显示在一定程度上可以弥补信息不对称的问题。

由于旅游行为通常是一种异地的消费行为，在过去信息交流和获取比较难的时代，旅游消费者决定外出旅行的时候，由于事先无法或者很难获得旅游目的地的相关信息，因此不得不借助于旅行社等中介机构，旅行社可以利用这种信息的不对称来获取收益。但是随着手机技术的进步和普及以及移动互联网的发展，逐渐有更多的旅游消费者开始直接通过网络预订景区门票、酒店和进餐的地方，甚至包括前往某个景点的交通路线都有一些运营商免费提供导航服务，这种情况下，传统的旅行社业务占据的信息优势将不复存在而面临着巨大的挑战。对旅游消费者而言，在当前信息充分流通和传播的时代，如何从海量的信息中找到自己需要的信息日渐变得更加重要。

移动互联网和虚拟现实技术的发展有可能解决传统旅游信息不对称的问题，重塑旅游产业新模式。互联网带来的数字技术与旅游的结合，有可能让人足不出户就可以身临其境地去事先模拟“游览”某个景区，从而能够更好地规划自己的旅游线路。一些在线旅行社在网上推出了客房和旅游产品价格比较系统，为旅游消费者提供了更加充分的信息供其决策，加速了信息分布的均衡化。

二、旅游消费者的信息来源

1. 商业性的正式信息

商业性的正式信息是指消费者从广告、商品包装、营销渠道等方面获得的信息。此类信息有助于加深旅游消费者对企业的认识，但由于旅游活动中更多的是具有体验性的产品，因此旅游消费者多数情况下会怀疑此类信息的可靠性。但是如果旅游企业本身有良好的企业形象和信誉，由该渠道提供的信息也能有效影响旅游消费者的决策。因此，对于产品本身具有无形性的旅游企业而言，通过长期的努力在公众中形成良好的企业形象就显得非常重要。

2. 非商业性的公共信息

非商业性的公共信息是指通过报纸、杂志、电视或者网站等大众传播媒介、政府评审机构发布的信息中获得的信息。有研究表明，当前在移动互联网旅游发展的时代中，相对中立的旅游网站因其专业性亦获得了 45.2% 用户青睐，而有 44.4% 的用户主要通过搜索引擎搜索旅游信息。非商业的公共信息能否得到旅游消费者的认同在一定程度上取决于该公共信息是否与媒体有利益关系。例如，同样是一个旅游景区的宣传报道，由国家级的媒体和该景区所在的县市媒体报道，旅游消费者对其认知的信任度存在显著差异，旅游消费者更愿意相信国家级媒体的报道，而认为地方媒体的报道因为多少都与之有利益关系而有夸大其词的可能，从而影响对这类信息的处理过程。

3. 通过人际交往获得的商业性信息

通过人际交往获得的商业信息是指从旅游推销员、旅行社员工或者酒店工作人员这些渠道获得的信息,此类信息的可信度取决于双方的互相信任度,如果旅游从业人员在和旅游消费者交往的过程中能让对方相信自己的人品,尽管其是旅游企业的代言人,但依然有让对方信任而获得认可的可能。

4. 非商业性的个人信息

非商业性的个人信息是指家庭成员、朋友、邻居、熟人或同事等提供的信息。旅游消费者很依赖这种信息来源。有研究表明,亲朋好友是用户获取旅游信息的最主要途径,有 66.6% 的旅游消费者主要从亲友那里获取旅游信息。

在非商业性的个人信息来源中,还有一个非常重要的渠道,就是个人经验来源,是指旅游消费者从以前购买或使用的产品、服务中获得的信息以及储存在长时记忆系统中的一些旅游消费经验。例如多数旅游消费者在选择入住的酒店时,一般会优先选择以前入住过、有较好体验的酒店入住。

三、影响旅游消费者信息搜集的因素

1. 旅游市场环境因素

旅游市场环境因素是与出游备选方案的数量、方案的复杂性、方案的旅游市场营销组合、旅游信息的可用性等有关的因素。对同一个旅游决策者而言,旅游市场提供的产品种类越多、旅游产品的价格越高、旅游市场上各类品牌差异越大,消费者信息搜集的数量会越大。反之,当旅游市场上只能提供很少的旅游产品种类或者各种品牌差异不大的时候,旅游决策者倾向于搜集较少的信息。一般旅游消费者对高价产品感知风险大,所以购买时更多地搜寻信息,而且搜寻信息的努力程度受景区或者酒店的位置等市场状况的影响。这里所指的旅游产品的价格高低是一个心理价位,当旅游消费者对某个产品的心理价位较低的时候,一般倾向于搜集较少信息。

2. 情景因素

情景因素是与旅游消费者感受到的时间压力、财务压力等相关的因素。对旅游消费者而言,时间因素是影响旅游消费者购物行为非常重要的因素。这里的时间因素是指消费者经过考虑对特定产品做出购买决策时,所感知的可用于外部信息搜索的时间量。

旅游消费者购物的时间压力越大,做出的外部搜寻努力就越少。旅游消费者用于外部信息搜寻的时间增加,会导致他们用于旅游决策的外部信息搜寻努力增加。

3. 潜在收益

潜在收益是与旅游产品价格、产品属性和消费者感知风险等有关的因素。收益是与成本相联系的,要建立消费者外部信息搜寻的模型,需要考虑四个变量对外部信息搜寻的影响：知觉能力、动机、知觉成本和知觉收益。

4. 知识与经验

知识与经验是与消费者大脑中储存的知识、前期的信息与经验和品牌忠诚等有关的因素。消费者知识与信息搜寻数量的关系是研究的热点。一些研究者发现消费者的购买经验（消费知识储备）与信息搜寻的数量呈现正相关，但同时也有研究发现消费者的购买经验和他们的信息搜寻程度呈负相关。如果综合考虑以上两种截然不同的研究结论，实际上消费者的购买经验与信息搜寻程度的关系应为倒 U 形，即消费者的知识与经验位于较低层次时，二者呈正向关系，表现出更多的信息搜寻行为；当消费者知识位于较高层次时，二者呈负向关系，表现出对已有知识经验的依赖而出现较少的信息搜寻行为。

5. 消费者个体差异

消费者个体差异主要是指消费者决策能力、卷入程度、人口统计特征等存在差异。其中消费者介入程度是影响旅游消费者信息搜集的最重要的因素。当消费者对产品有低介入时，相对不会努力搜寻信息，而消费者对产品有高介入时，会较努力搜寻信息。

四、旅游消费者的信息搜集策略分析

通常消费者在做购买决策时，都会先通过内部搜寻（过去购买经验的记忆）获取消费信息，内部的信息搜寻被消费者视为重要的信息来源。当内部搜寻即记忆中的信息无法满足消费者的需要时，便转向寻求消费者记忆以外的信息，此即外部信息搜寻。因此外部信息搜寻通常是指消费者的主动信息搜寻。

据此，研究者一般把消费者获取信息的来源分为内部来源和外部来源。内部来源主要是记忆扫描，是指从个人的记忆系统中提取一些已经存在的信息。外部来源则可以分为人际来源与非人际来源，并以信息来源是否客观公正作为另外一个维度将信息来源分为以下四类：

（1）非独立客观的主张（impersonal advocate），如大众媒体；

（2）独立客观的评价（impersonal independent），如消费者评价报告；

（3）非独立的个人主张（personal advocate），如销售人员；

（4）独立客观的个人主张（personal independent），如朋友。

与此类似的是，布莱克韦尔（Blackwell）在 1968 年以营销人员的“可控制性”和“人际来源”两个维度将信息来源分为四类：①可为营销人员控制且属人际来源的信息，如来自销售员的信息；②可为营销人员控制且非人际来源的信息，如来自广告和销售点展示的信息；③不可为营销人员控制且属人际来源的信息，如亲友之口碑和专家意见；④不可为营销人员控制且非人际来源的信息，如社论或新闻等。

出游前一周是用户搜集信息的集中期

某机构的调研数据显示，用户通常在出游前一周集中搜集旅游信息，该类用户占比达到 49.8%；选择在出游前半个月开始搜集信息的用户占比为 30.2%；而选择在出游前一个月即开始搜集信息的用户比例为 14.4%。一般来说，出游时间较短、路途较近是用户在出行前一周才开始搜集信息的主要原因。因此对于广告发布商而言，把握好用户搜集信息的时间周期至关重要。

该研究报告还显示，中国用户在获取旅游信息时，更加信赖亲朋好友的建议，而美国用户则更加看重互联网的作用。这一研究结果说明中国用户对互联网上的信息，特别是广告信息还缺乏充分的信任；在中国用户心目中，来自可信任对象的口碑宣传力量最为强大。因此在中国互联网上，旅游商和消费者的实名制对于提升信息来源的可信度有较重要的意义和作用。

本章小结

学习行为是人或动物在后天环境中通过经验的积累而获得，导致个体行为发生稳定而持久变化的过程。旅游消费者的行为往往是通过学习得到的，其学习过程也是其信息搜集和分析的过程。可以采用桑代克的联结主义、巴甫洛夫的经典条件反射理论、斯金纳的操作性条件反射理论以及班杜拉的观察学习理论对旅游消费者的行为进行解释。旅游消费者的学习包括旅游动机的学习、旅游态度的学习和旅游经验的习得。旅游消费者学习的最终结果是旅游消费者日益成熟。

旅游市场上总是存在着信息不对称的情况，旅游消费者通常从不同渠道获得各种信息：①商业性的正式信息；②非商业性的公共信息；③通过人际交往获得的商业性信息；④非商业性的个人信息。影响旅游消费者信息搜集的因素包含了旅游市场环境因素、情景因素、潜在收益、知识与经验、消费者个体差异等。

关键术语

本能行为（instinctive behavior）
学习行为（learned behavior）
操作性条件反射（operant conditioning）
观察学习（observational learning）
信息不对称（information asymmetry）

复习与课后阅读

[1] 魏军，苏勤. 国外旅游信息搜索研究综述 [J]. 北京第二外国语学院学报，2008（7）：23-28.

第十章　旅游消费者的决策

学习目标

- 了解旅游消费者的决策过程和影响因素
- 了解旅游消费者的决策类型
- 理解旅游消费者的自我卷入程度与旅游决策的关系

本章思维导图

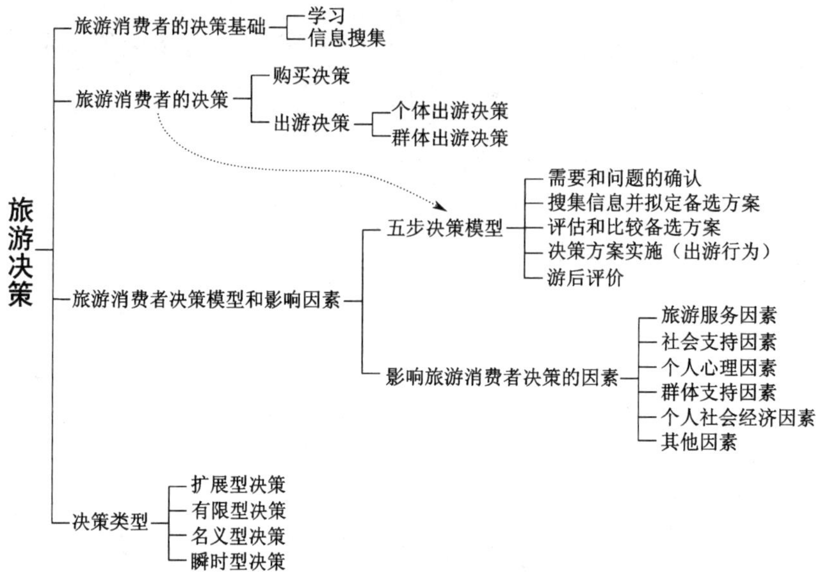

第一节　旅游消费者的决策概述

一、消费者的购买决策

消费者购买决策是指消费者为了满足某种需求，在一定购买动机的支配下，在可供选择的两个或者两个以上的购买方案中，经过分析、评价、选择并且实施最佳的购买方案，以及购后评价的活动过程。它是一个系统的决策活动过程，包括需求的确定、购买动机的形成、购买方案的抉择和实施、购后评价等环节。

点素面的老先生

一天中午，正是某酒店客人用餐的高峰时期，中餐厅里来了一位老先生，服务员小何连忙收拾好一个位置，让这位老先生坐了下来，并面带微笑地说："您好，欢迎光临，请问您需要什么？"老先生说："我不点菜，给我一份素面就可以了。"服务员小何仍然微笑着说："好的，我们酒店的面条味道不错，请您稍等，马上就好，您先喝点儿茶。"说着，小何给老先生倒了一杯茶，然后才离开。几分钟后，热气腾腾的面条端了上来，老先生吃完后，付了钱，就独自走了。

第二天中午，餐厅又开始忙碌了，小何发现那位老先生又来了，小何连忙迎上去，微笑着同老先生打招呼："先生，您来了，请坐。"小何正想问老先生点什么，不料老先生说："我暂时不想点餐，先坐一会儿，可以吗？""当然可以，那您先喝点儿水吧。"说着，小何又给老先生泡了一杯茶，然后才离开。

过了一会儿，小何去给老先生加水，这时老先生对小何说："你们的服务真不错，我到这儿不是为了吃饭，我的儿子要举行婚礼了，我想订 20 桌婚宴，到了几家酒店考察，只有你们的服务最好，现在我决定就在你们酒店订了。"

陈健昌、保继刚等较早提出了旅游决策的概念，他们认为旅游决策是指出游前通过对旅游信息的搜寻并且结合自身的主观偏好做出决定的过程。从上述案例中我们可以看出，这位老先生为儿子订婚宴的过程实际上就是一个决策的过程，他两次到酒店，以吃饭的形式搜集酒店的服务态度、服务水平、服务质量等相关信息，并和其他酒店加以比较，最后才做出决定。

从心理学研究的角度看，消费者的决策过程可以被视为一个信息处理过程。在处理加工各种信息的过程中，对产品或服务的相似性进行比较是消费者决策的核心。这种相似性比较是指消费者对对象本身、属性和对象之间的关系进行结构性处理的过程。例如消费者在比较自驾车和乘飞机这两种旅游交通方式时，他们会从成本、风险、舒适度和灵活度等属性进行比较，并衡量属性之间的关系（自驾车时间成本高但灵活度强，乘飞机时间成本低但灵活度弱），最后衍生为整体出游过程愉悦感的对比。

通常情况下，属性是否可比在个体决策过程中起到重要作用，该理论在营销领域被广泛应用。被消费者进行比较的属性分为两类：可比属性和不可比属性。如自驾车和乘飞机消耗的时间是可比属性，但是自驾车能在陆路随时停车，是飞机不具有的不可比属性。

此外，有意识给消费者提供对比标准有助于他们选择品牌时感官属性的编码、检索和对齐。例如星级酒店的标准就是给消费者提供了一个选择住宿的标准，不同星级的酒店其服务质量有显著的差别。相比而言，民宿作为刚刚兴起的接待业，因为缺乏对比标准而让消费者的决策行为变得更加复杂。

二、旅游消费者的个体出游决策

谢彦君将旅游决策划分为群体旅游决策与个体旅游决策，指出旅游决策是旅游消费者对众多旅游机会选择的过程，这个过程需要对大量潜在旅游目的地的信息进行筛选与处理。邱扶东提出旅游决策是指根据个人的旅游目的，搜集加工相关旅游信息，提出并选择旅游计划或旅游方案，并最终将选定的旅游计划或旅游方案付诸实施的过程。

旅游决策过程是指旅游消费者在购买旅游产品或旅游服务过程中所经历的步骤，由于人与人之间的不同，旅游决策可能有所不同，因为旅游决策与决策者的生活环境、旅游环境等密切相关。

在以往的研究中，一些学者认为旅游决策的内容包含对旅游六要素（吃、住、行、游、购、娱）的选择与购买，而另外一些学者则主张将旅游决策行为等同于旅游目的地决策行为。事实上，狭义来讲，旅游目的地是旅游活动的中心，且其他决策都是在旅游目的地决策的基础上产生的，因而旅游决策的内容即是指旅游消费者的旅游目的地决策行为，该行为也被认为是最核心的旅游决策；广义来讲，旅游决策的内容除了旅游目的地决策外，还应包含餐饮、住宿、交通、购物、娱乐等单向旅游产品的决策。

旅游消费者决策是旅游消费行为研究的核心问题之一，其关键是回答两个问题：一是要不要去旅游，二是到哪儿去、如何去以及何时去旅游。第一个问题涉及旅游消费者的需要和动机，该领域的研究相对成熟，出现了许多经典的旅游动机理论和模型，如丹恩的推拉理论、皮尔斯的旅游生涯阶梯模型、艾泽欧-爱荷拉的逃避—寻求二分法等。第二个问题涉及旅游消费者目的地选择与旅游产品购买决策，是旅游消费者决策研究的核心。

旅游决策过程模型（图 10-1）是在借鉴消费者购买决策模型（E-B-K 模式）的基础上提出来的，该模型把旅游消费者的行为表达为一系列连续的过程，认为决策过程是由需求和问题的确认、信息搜集并拟定备选方案、评估和比较备选方案、决策方案实施（出游过程）、游后评价五个阶段组成。

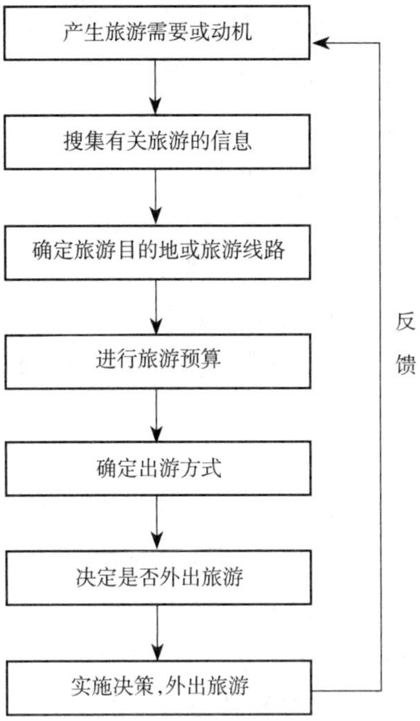

图 10-1　旅游决策过程模型

1. 需要和问题的确认

识别旅游需要和明确问题是旅游决策过程的第一阶段。旅游消费者在这一阶段的主要目的是明确自己外出旅游的一些基本问题和基本旅游决策（例如是否外出旅游，旅游准备花多少钱等）。需要解决的主要问题可以细化为去哪里旅游、和谁去旅游、用什么方式旅游（观光还是度假）、旅游过程中住什么样的酒店等。这一阶段的目标既可能是一般性的目标（游览令人向往的景色），也可能是非常具体的目标（如交通工具的选择等）。

2. 搜集信息并拟定备选方案

旅游消费者需要搜集信息，以确定满足其旅游需要的最好方案。旅游消费者可以凭借自己的经验来解决各种问题，也可以通过旅行社、亲朋好友、互联网、广告等渠道搜集相关信息，如旅游目的地的天气、风俗、治安和宾馆条件等。在搜集到足够的信息以后，就可以拟定各种可能的方案备选。

搜集信息是一个连续的过程，但每个旅游消费者在做这一工作时的性质和程度却大不相同，比如冲动型的旅游消费者容易为一时一地的打折让利和方便条件所打动；理智型的旅游消费者可能会从朋友、同事、媒介甚至有关旅游公司或旅行社等机构收集有关信息，细心比较、左右权衡，决不轻易做出决策。

旅游消费者为了更好地满足自己的旅游需要，会通过各种渠道搜集相关信息，当然，寻求信息是需要一定的时间、金钱和精力的，但是寻求信息是有必要的，因为这意味着更低的价格、更好的旅游服务和更满意的旅游路线。

搜寻信息的途径有内部搜寻和外部搜寻。如果说旅游消费者曾经在杭州住过开元名都大酒店，并且觉得很不错，那么如果这次选择去宁波旅游，他就可能继续选择宁波开元大酒店，这种依靠自己的知识经验解决问题的过程就是内部搜寻。如果通过内部搜寻仍然找不到合适的选择，旅游消费者会通过外部途径来搜寻相关信息，外部途径很多，如询问亲戚朋友、查阅相关书籍资料，或者是通过网络等等。总之，旅游消费者在决策的过程中会根据决策的重要性尽可能多地搜集相关信息，以保证决策的正确性和合理性。

3. 评估和比较备选方案

旅游消费者要对各种备选的旅游目的地进行过滤和筛选，在这个评估过程中，旅游消费者选择一个满足其旅游需要目标的最佳方案，并进行预订或预购，同时进一步深入了解有关目的地的一些细节性信息，如景点漫步的线路、景点开放时间、办理签证手续等，从而为实际旅游过程做好充分准备。当然，如果在这个阶段旅游消费者发现没有可以满足其需要的目的地，他就必须修改旅游目标，或重新搜集有关的旅游信息。

4. 决策方案实施（出游过程）

出游中的实施决策取决于旅游消费者在出游前选择的是团体包价旅游团还是自助旅游。若是后者，旅游消费者则随时随地可能面临包括行、游、住、食、购、娱等方面的决策。

5. 游后评价

不确定性在旅游消费者比较决策过程中起中介作用，即与评估任务相关的不确定性越大，旅游消费者越有可能依赖不可比属性，而旅游消费者的约束取向可以起到调节作用。个体差异方面，已有研究发现，购买卷入程度、认知闭合需要、消费者专业知识和调节定向对可比属性到不可比属性的转换过程都有调节作用，即低动机、低专业知识和防御定向的消费者会更侧重可比属性，而高动机、专业化和促进定向会更倾向不可比属性。

消费者的文化和个人差异是不能被忽略的研究范畴，但是专注于差异却会掩盖其决策过程，因而动机系统运作机制的普遍性使决策研究必须关注背后的机制。

但是旅游决策的过程是基本一致的：产生旅游需要—寻找旅游信息—比较旅游信息—做出旅游决策—购买并消费旅游产品和服务—购买后满意或不满意的感觉。

三、旅游消费者的群体出游决策

群体旅游消费者的旅游决策过程在内外因素的共同作用下完成。与个体旅游消费者决策不同的是，群体旅游消费者在形成决策的时候，存在着两个特殊的环节：一是群体成员间个别旅游需要的协调过程，二是个别旅游方案的比较和同化的过程。这两个环节在本质上是渗入到个体旅游决策过程当中的，也是由群体旅游的特点所决定的，这种特点有如下表现。

（1）群体旅游决策过程的影响因素更为复杂。这是由于群体旅游消费者的成员构成具有复合性，必然导致影响因素的多样性和复杂性，在群体旅游过程中，不仅在个体旅游决策的情况下构成影响势力的因素依然独立地发挥作用，而且这些以不同的方式、朝着不同方向施加影响的因素之间还存在交互作用，这无疑使统一的旅游决策过程变得更加困难。

（2）群体旅游决策过程中突出地表现为群体成员的互动关系。旅游群体是通过一定的社会互动关系结合起来的共同行动集体，在这个群体中，具有共同旅游需要的每一个群体成员会不断以各种方式与他人沟通，直接或间接、自觉或不自觉地交流他们自己对外界刺激的反应并且受某种趋向一致目标的作用力的影响，最终能在目标上达成共识，这是个人旅游决策过程中基本不会存在的。

（3）群体旅游决策相对具有稳定性。群体旅游决策的结果具有临时的规范意义，从而使决策相对具有稳定性。其实，群体活动的一个突出特点就是存在某种群体规范，它是保证群体目标得以实现的基础。所以，群体旅游决策一旦制定形成，每个群体成员就都有义务遵从群体的共同规范，即使当个人利益与这些规范发生矛盾冲突，个体也应屈从于这种规范，这意味着群体旅游决策在各个阶段上和任何内容上不存在变化的可能性，具有相对稳定性，在规范的约束下具有明显的可预期效果。

群体旅游决策有以下几个过程。

（1）个体需要的萌发。行为的产生开始于动机，需要则是动机的基础，当旅游消费者对自己的现状有不满足感，出现心理失衡并在心理上意识到某种期望时，需要就从此产生。

（2）共同动机的确认。当旅游消费者意识到自己的旅游期望需要通过与他人结伴或成为由他人组织的旅游团队中的一员才能获得满足时，群体旅游这种方式就基本确定下来了。

（3）信息的搜集。信息搜集是在文化、社会、个人等综合因素的影响下，由个体分别进行的工作。其信息来源主要有：个体自身的知识积累和旅游体验形成的反馈、亲朋好友和邻居及同事的意见、相关团体的信息以及商业信息等。

（4）方案的共同评价。每个旅游消费者在搜集信息时可能已经不自觉地对信息进行了初步的筛选，然后，把群体旅游消费者中各自的信息协调至最大化，满足群体大多数成员的需要，这是群体旅游共同决策形成的基础。

（5）旅游决策的形成。群体旅游中最大化满足成员的旅游方案不可能使所有的群体旅游消费者的期望得到满足，但在主要的方面和对绝大多数成员而言，具有充分的凝聚力，这样，群体旅游决策就形成了，也意味着群体旅游消费者开始旅游体验了。

四、影响旅游消费者决策的因素

旅游消费作为一种非必需消费，依赖较高的收入信心所带来的购买力，其决策需要权衡现在和未来的消费承受能力。当期收入只能反映当前的购买能力，无法涵盖未来的经济条件，而预期收入则衔接了当前状况和未来信念。因此，基于旅游消费者主观判断的预期收入会对旅游消费者当前客观条件下做出的旅游消费决策形成重要影响，预期收入比当期收入对旅游消费者旅游消费决策有更显著和直接的影响作用。

旅游企业和目的地在进行旅游需求的预期分析时，需要把握不同性别和年龄段游客的旅游预期需求特征和兴趣差异，针对不同群体游客的不耐心程度制定不同的营销策略。研究发现，女性和低龄群体的不耐心程度调节效应较大。未来可迎合女性易受到欢乐情绪感染和口碑影响的特点，借助在线口碑的营销手段，进行带有愉悦情感的预期体验营销；针对年轻群体打造分时段轻松出行的旅游产品以增强营销效果。

决策时间是影响消费者决策的重要因素。研究发现距决策结果出现的时间越远，人们越关注不可比属性的差异。

旅游消费者的决策是指从产生旅游需求一直到旅游行程结束这一过程中旅游消费者所做的有关旅游行为的一系列决策过程。在这一过程中，许多因素对旅游消费者决策都会产生重要影响，并且这些因素之间也相互影响。影响旅游决策的因素可以分成以下六类。

（1）旅游服务因素。其包括客源地旅游服务系统、出行服务系统、目的地服务系统和支持服务系统，主要涉及吃、住、行、游、购、娱、咨询、信息、预定、导游、售后等具体的旅游服务。

（2）社会支持因素。个人的心理和行为受社会环境的规范和制约。社会对旅游的宣传、倡导以及提供一定的便利，无疑会促进旅游风气的形成。同时，社会支持已经使旅游成为现代人生活方式的重要组成部分，有机会、有条件而不去旅游，个人不仅会感受到外在的社会压力，而且会感受到内在的心理冲突。

（3）个人心理因素。人的行为是个人特征与环境相互作用的产物。个人心理因素会影响他们怎样认识、评价旅游环境，以及持有什么样的决策标准，从而影响他们的旅游决策。

（4）群体支持因素。个人的心理和行为既受所属群体的影响，又受参照群体的影响。因此，时尚、家人、亲朋好友等，都会影响个人的旅游决策。在旅游活动中，很多情况下参照群体比所属群体拥有更大的影响力。

（5）个人社会经济因素。日常生活的压力、金钱、时间等因素，是现代旅游的基本约束条件。对于现代人来说，在拥有金钱和时间的情况下，想要缓解日常生活的压力，最佳的途径就是外出旅游。

（6）其他因素。它包括几个难以归属到其他类型之中的因素，即亲朋好友的旅游推荐、旅游广告宣传、旅游目的地远近等。

第二节 旅游消费者的决策类型

一、扩展型决策

扩展型决策（extended decision making）是指当对某类产品或这类产品的具体品牌不熟悉，而且也未建立起相应的产品与品牌评价标准时，消费者面临的决策类型。

此类决策发生在购买介入程度很高的情况下，这种类型的决策涉及广泛的内外部信息搜集，并伴随对多种备选方案的复杂比较与评价。解决此类问题需要决策者具有丰富的经验、渊博的知识、敏锐的洞察力和活跃的思维。例如某个家庭的家庭成员全部都没有出国经历，现在因为某个非常重要的原因他们决定花一大笔钱全家出国旅游一次。对他们而言，这个决策是全新的，属于典型的扩展型决策。他们会花很多时间去研究出国的线路或者在选择符合资质的旅行社上面花费很多的精力。

一般而言，对于消费经验缺乏的旅游消费者而言，他们做出的多数决策都属于典型的扩展型决策。他们在做这种扩展型决策的过程中，往往会求助于朋友、同事、媒介甚至有关旅游专业人员等信息来源。当他们日益成熟，经验逐渐丰富的时候，他们就开始更多地采用有限型决策或者名义型决策。

二、有限型决策

有限型决策（limited decision making）是指消费者对某一产品领域或该领域的各种品牌有了一定程度的了解，或者对产品和产品品牌的选择建立起了一些基本的评价标准，但还没有形成对某些特定品牌的偏好，因而还需要进一步搜集信息，进而在不同品牌之间做出的较为理想和满意的选择。例如某人选择 A 酒店而不选择 B 酒店的原因可能并不是因为 A 酒店的性价比更高或者更喜欢 A 酒店，而仅仅是因为 A 酒店的价格恰好符合其差旅报销标准，此时他的决策就是典型的有限型决策，因为他的评价标准仅仅是房价是否符合报销标准而没有参考其他的信息。

有限型决策有时会因情感需要或环境需要而产生，比如某消费者对某饭店品牌很忠诚，但因它很久未进行产品创新，消费者对该酒店品牌有所厌倦而选择其他饭店入住。此时的消费者决策可能只涉及对现有备选饭店产品新奇性或新颖度的评价，而不涉及其他方面。

总体而言,有限型决策涉及对一个有着几种选择方案的问题的认知。信息的搜集主要来自内部,外部信息搜集比较有限,备选产品不多,而且运用的选择规则简单,只对相对较少的几个层面进行评价。

三、名义型决策

名义型决策(nominal decision making)是指消费者的一种惯例化反应,本身并未涉及决策,只是根据以前的经验发生的、不存在选择的一种惯性反应。这种类型的决策通常发生在低介入度的购买过程中。名义型决策实际上就其本身而言并未涉及决策而仅仅是习惯化的行为反应。例如对某个消费者而言,出差住什么酒店根本就不重要,或者之前已经多次入住过该酒店,已经习惯该酒店的服务,他并未搜集其他酒店的相关信息。当他出差时选择该酒店入住就属于典型的名义型决策。

名义型决策可以分为基于品牌的忠诚型购买决策和基于惯性的名义型购买决策。例如游客 A 对某个品牌的酒店有特殊的偏爱,在外出旅行时习惯选择该酒店集团旗下的酒店入住就属于品牌忠诚型的购买决策;而另一位游客 B 每次到这个城市旅游的时候都习惯性地选择入住某家酒店,其原因是他对这家酒店周边的环境比较熟悉,或者习惯性地搜索了该酒店就预定了,这就属于惯性的名义型决策。

四、瞬时型决策

瞬时型决策(instant decision making)又称冲动型决策,瞬时型决策是指事先没有考虑,在情绪冲动下做出的决策。例如某旅游消费者受到路边广告牌的影响而突然临时决定前往一个事先计划之外的地方去旅游,或者冲动之下在旅游购物商店购买了大量自己并不需要的旅游纪念品。旅游消费者做出冲动决策之后,常常出现后悔的情绪体验,因此旅游从业人员要尽量事先做好预防工作,事后做好安抚工作。

不同的旅游消费者在实际的决策中可能有不同的决策形式。经常出游的、旅游经验丰富的人一般情况下根据其需要和旅游目的地更多地采用名义型决策和有限型决策;而初次旅游者、旅游经验缺乏者或对某些旅游十分注重的人则可能更多地采用扩展型决策。即使是同一个人,其决策方式也不可能一成不变,他在每次的旅游决策中都可能会有变化。

本章小结

旅游消费者的决策是一个系统的决策活动过程,包括旅游消费者的购买决策和出游决策两大类。购买决策是指旅游消费者为了满足某种需求,在一定的购买动机支配下，在可供选择的两个或者两个以上的购买方案中，经过分析、评价、选择并且实施最佳的购买方案，以及购后评价的活动过程。出游决策是指旅游消费者根据自己的旅游目的，搜集和加工有关的旅游信息，提出并选择旅游方案或旅游计划，并将最终判定的旅游方案或旅游计划付诸实施的过程。无论是购买决策还是出游决策，一般都经历了旅游需要的识别、相关信息的搜索、可行性评估、决策方案实施和购买后评价五个过程。对于作为个体的旅游消费者和群体中的旅游消费者，其决策方式存在差异。影响旅游消费者决策的因素包括旅游服务因素、社会支持因素、个人心理因素、群体支持因素、个人社会经济因素和其他因素。

旅游消费者的决策类型和普通消费决策类似，包括扩展型决策、有限型决策、名义型决策和瞬时型决策四类，不同的决策类型有着不同的决策过程。

关键术语

扩展型决策(extended decision making)
有限型决策(limited decision making)
名义型决策(nominal decision making)
瞬时型决策(instant decision making)

复习与课后阅读

[1]　邱扶东，汪静. 旅游决策过程调查研究 [J]. 旅游科学，2005(2) : 1-5.

第十一章 旅游消费者的体验与评价

学习目标

- 理解旅游的本质是体验
- 掌握给旅游消费者留下难忘体验的方法
- 理解服务质量与顾客满意的关系
- 理解顾客满意、顾客忠诚和旅游消费者的抱怨与投诉之间的关系
- 掌握培养顾客满意和顾客忠诚的方法
- 掌握旅游企业应对旅游消费者投诉的方法

本章思维导图

- 体验与评价
  - 旅游消费者的体验
    - 体验经济与旅游的本质
    - 旅游消费体验的类型
    - 给旅游消费者留下难忘体验的方法
    - 旅游消费者的点评
  - 旅游消费者的满意度
    - 服务质量与顾客满意
    - 顾客满意度指标体系
    - 顾客满意度调查
  - 旅游消费者的忠诚度
    - 顾客满意与顾客忠诚
    - 顾客忠诚的理论模型
    - 信任与旅游消费者忠诚
    - 提高旅游消费者忠诚度的方法
  - 旅游消费者的投诉行为
    - 投诉：旅游消费者不满意的行为反应
    - 投诉的旅游消费者的行为表现类型
    - 旅游消费者投诉的归因
    - 旅游消费者不投诉的原因分析
    - 旅游消费者投诉的渠道
    - 旅游企业如何应对旅游消费者的投诉

第一节 旅游消费者的体验

一、体验经济与旅游的本质

体验和消费贯穿着旅游的整个过程,旅游消费者既需要休闲的状态,也需要自由

的感受和艺术的想象，同时旅游消费者还需要不断地体验生命的过程。真正的旅游者不应该是浮光掠影、走马观花、直奔目的地的匆匆过客，而应该是玩物适情、品味全过程的体验者。从旅游需求的角度看，旅游消费者花费时间和精力，是为了获得一种完整的个人经历和独特的体验以丰富自己的人生。这就需要我们在旅游景观的营造、旅游服务的提供等方面充分地考虑旅游消费者的体验。

1. 体验与旅游体验

派恩将体验定义为“企业以服务为舞台，以商品为道具，以消费者为中心，创造能够使消费者参与、值得消费者回忆的活动”。从时间上来看，体验主要存在于消费结束后，是一种难忘的存在的记忆。体验是一种创造难忘经验的活动，它与一般消费不同，消费只是一种过程，但若消费过程结束后，记忆仍然能够存在，就能称为一种体验。

体验是以生命来验证的事实，是亲身经历的深层次的感受。旅游体验作为体验的一个分支，或者说是体验的一种特殊类型，可以表达为“旅游环境刺激—旅游消费者对信息的加工融合—旅游体验”。谢彦君教授曾将旅游体验的过程描述为“旅游场刺激—旅游者行为反应”。

从中国古代对“游”字的解释可以获得对旅游活动的体验性的内涵启示。“游”在《说文》中解释为“旌之垂”，其本义是旌旗的垂落，自由自在地漂游，可引申为自由自在。朱熹将“游”解释为“玩物适情”，意为愉悦中的生命体验自由。由此我们可以这样理解旅游的含义：人在旅途（旅），自由地体验与欣赏（游）。旅游的意义就是自由生命的自由体验，旅游正是消费者真正自在自为的生活体验。

从性质上看，旅游体验（tourist experience）类似于一种“镜像体验”，通过目的地这面镜子，旅游消费者在凝视“他者”的同时，也在认识着自我。也可以将其理解为一种旅游环境和旅游消费者旅游体验能力双向提高的过程。

上海咖啡奇幻乐园：星巴克烘焙工坊

2014年12月，星巴克在品牌发源地美国西雅图开设了第一家以“咖啡梦剧场”为概念的烘焙工坊，来呈现咖啡从一颗生豆到烘焙到最终成品，成为放在顾客面前的一杯咖啡的全过程。2017年12月，星巴克在上海开设了海外第一家、全球第二家烘焙工坊，也是上海中环以内唯一的一家制造业工厂。这家烘焙工坊既设有仓库，又有生产线，还能提供消费体验，融合了仓储、制造、产品销售、体验服务、文化旅游等综合性一体化的功能，打造出一种新的制造业模式。

主吧台的中间区域是五个透明且快高到天花板的咖啡储藏罐连着的五根铜管，它们在整个门店天花板上蜿蜒盘旋，这不是装饰而是直接连接烘焙区的大铜罐，咖啡豆会通过这些铜管从烘焙区直接被送到主吧台和二楼的长吧台的储藏罐里面供客人点单用。咖啡豆通过这些管子的时候会发出叮叮咚咚的声音,这种“咖啡交响管”发出的声音会给消费者带来不一样的体验。

通过铜管在整个店内运豆子的来源是烘焙区,在主吧台旁边是一个很大且独立的区域,当中一座高8米、重4吨的铜罐是整个店内最吸引顾客眼球的部分:烘焙区完成烘焙的豆子要在这个罐子里存放大概7天左右,达到豆子最好的风味,然后豆子一部分通过铜管送到两个吧台,另一部分直接装袋后供应整个中国的星巴克臻选店。

在穿过主吧台、烘焙区和Princi吧台之后,就到达臻选市集和品鉴吧台,消费者可以在这里品尝到咖啡师带来的各种特调酒,或者买到新鲜烘焙的散装咖啡豆。

烘焙工坊的二楼为消费者提供果茶、白茶、花茶等全系列茶饮,还有氮气茶,这会让消费者联想到气致冷萃咖啡的原理。二楼靠墙有一条27米长的吧台,这是星巴克全球最长的吧台,也串联了多个服务区。这里和一楼的主吧台一起,提供了完整的7种星巴克目前煮咖啡的全部工艺,顾客也可以点到包括啤酒和鸡尾酒在内的全系列酒类饮品,当然最抢人眼球的还是5个冷萃冰滴塔以及同样巨大的计时沙漏,在这里消费者可以让工作人员先上一杯饮品,然后慢慢观看星巴克如何掌控最合适的冰水萃取的时间和程度。

自开业之来,上海烘焙工坊平均每天接待8 000人次,一年累计接待量超过数百万人次。而来到这里的消费者也表现出了强大的消费能力,或许是他们被这里围绕咖啡所设计的一切吸引,在这家门店里,你可以看到咖啡豆一颗一颗地从头顶的管道穿过,最后掉进面前的咖啡机里。这群消费者让上海烘焙工坊成为目前星巴克全球销售额最高的门店。

2. 旅游体验的结构

从结构上看,旅游体验具有多重层次结构,具体如下。

(1)从时间结构上看,旅游体验包括预期体验、现场体验和追忆体验,呈现出阶段性特征,并随时间的流逝而不断地升华,进而演化成人们生活经验和精神世界的一部分。

(2)从深度结构上看,旅游体验的呈现具有一定的层次性,基本上可分为感官体验、身体体验、情感体验、精神体验、心灵体验五个层次。越深度的旅游体验,越能让游客感到旅游的意义。

(3)从强度结构上看,旅游体验通常可分解为一般性体验和高峰性体验两个层面,越是能达到高峰性的体验,越能使游客感到旅游的价值。

3. 旅游业:体验经济的代表

约瑟夫·派恩1998年在《哈佛商业评论》上宣称“继产品经济和服务经济之后,体验经济(experience economy)时代已经来临, 21世纪已经进入了体验经济的时代”。他认为体验经济强调满足人们的各种体验,是一种全新的经济形态。人类的经济生活，自诞生之日起，经历了农业经济、工业经济、服务经济与体验经济四个发展阶段。体验经济已经逐渐成为继农业经济、工业经济和服务经济之后的一种主导型经济形态。

旅游体验是旅游消费者通过旅游活动改变并调整其心理状态结构的过程，是在旅游活动中借助于观赏、交往、模仿和消费等活动形式实现增加个人经历的一个连续成长过程。旅游体验由一个个有特色和专门意义的情境串联组合而成，构成一个有别于人们日常生活的另类行为环境。旅游期望是旅游体验过程中旅游体验质量的标尺。无论是娱乐体验、教育体验，还是审美体验和逃避体验，都是为了给游客塑造舒畅而独特的个人经历，应遵循差异性、参与性、真实性和挑战性的原则塑造旅游产品。

旅游天然是一种体验经济，它作为人们求新、求异、求奇、求美、求知的一种重要途径，本身就是一种体验经济。我们对旅游活动的休闲、审美与体验性质，应该有充分的认识。随着旅游者出游经历的日益丰富、旅游消费观念的日益成熟，旅游消费者对体验的需求日益高涨，他们已不再满足于大众化的旅游产品，更渴望追求个性化、体验化、情感化、休闲化以及美化的旅游经历。

体验经济时代的旅游活动在本质上不再仅仅是产品和服务，而更多的是一种感觉，一种情绪上、体力上、智力上甚至精神上的体验。因此，旅游消费体验需要给旅游消费者提供一系列特殊的感觉、认知以唤起个人的经验、想象，或者使旅游消费者主动参与、引发情绪或情感投入的特殊感受。

所有的旅游活动都能给游客提供体验，不同的旅游项目会给旅游消费者带来不同的旅游体验。传统的观光旅游为旅游消费者提供一种游览观看的体验，新兴的度假游着重给旅游消费者提供一种休闲的氛围，让旅游消费者享受假期，体验轻松愉快的时光。20 世纪 80 年代中后期，在我国一度兴起的城里人到农村“住农房、吃农饭、干农活”的“农家乐”项目就给城市居民提供了一个体验农村生活的机会。诸如漂流、攀岩等户外背包游客的探险旅游则更多地满足了旅游消费者感官刺激体验需求。无论是哪一种旅游项目，都是为了拓宽旅游消费者的个人视野，让他们体验不同的生活或者获取个人生活范围以外的信息。

旅游体验最常见的表现形式为旅游过程的分享。

（1）向熟人分享旅游经历。旅游消费者到某个地方旅游，留在手机和相机里的各种文字、照片和视频，发布在朋友圈的文字和图片都可能分享给自己的熟人朋友；或者购买旅游纪念品、各种土特产分享给家人和朋友，这种分享是丰富其旅游体验的重要表现。

（2）向陌生人分享旅游经历。在信息化时代中出现更快、更丰富的表现方式。不少旅游者在自己的博客、论坛、日志里记录下自己曾经旅游过的地方，并且与认识和不认识的人分享快乐，这是目前互联网上流行的一种表达方式。

二、旅游消费体验的类型

旅游消费者的体验可以分为四种:娱乐体验、教育体验、审美体验和幻想体验。让旅游消费者感觉最丰富的体验,往往同时涵盖这四个方面。例如到迪士尼乐园、赌城拉斯维加斯游玩会给旅游者带来最丰富的体验。

1. 娱乐体验

娱乐体验是吸引旅游消费者最常规的方式。在众多娱乐性消费中,旅游消费者被动地通过感官接受体验即可,例如在赌城拉斯维加斯,商店把自己打扮成古罗马集市的模样,每隔一小时,逛街者就可以欣赏到5~10分钟的表演,如百人队卫兵列队行进之类。尽管这段欣赏节目的时间占用了一部分购物时间,但就单位面积的收益而言,古罗马式商店的收益远较一般购物中心高。

2. 教育体验

与娱乐体验不同,教育意义的体验要求旅游消费者有更高的主动性,其目的是增进个人的知识或技能。当前火爆的亲子旅游市场和刚刚兴起的研学旅行市场的重点都在于体现旅游活动的教育价值和意义。

研学旅行是旅游的一部分,更是教育的一部分。研学旅行让学生以集体旅行、集中食宿的方式走出校园,在与平常不同的生活中拓宽视野、丰富知识,加深与自然和文化的亲近感,增加对集体生活方式和社会公共道德的体验。

亲子旅游市场的重点是体现旅游活动的教育意义。为适应这一态势,很多教育主题鲜明、突出个性的体验式产品大量涌现,比如在一些出境游产品的设计上,除了传统的名校探访、景点参观外,还增加了户外体验、体育拓展、公益支教等主题,从而达到寓教于乐、寓教于旅的目的。另外,对于阅读与旅行相结合形成的独具个性化的亲子旅游产品,家长们具有较高的接受度,认为这种新鲜事物对于子女的成长具有较高价值,他们希望通过阅读方式的创新让子女获取更多知识和阅历。这其中,各大旅行机构、留学中介推出的更适合低龄学生参与的“亲子游学”项目,也满足了这些消费者追求旅游的教育体验的目标。

3. 审美体验

审美体验是旅游消费者出门旅游最重要也最常见的一种体验。旅游是一种发现美、欣赏美和追求美的过程。所谓“仁者乐山,智者乐水”表达了中国文人比德于山水的思想,蕴涵了天地人文和德性的内在体验。无论是欣赏黄山的云雾奇山、长江三峡的壮美景象,还是游览九寨沟具有“童话世界”之称的水景和品尝各种美食,都是旅游消费者追求山水审美体验的重要组成部分。自然山水的形象美、色彩美、动态美和人文景观的艺术美、造型美、对称美都会给旅游消费者留下深刻的影响。

4. 幻想体验

与前面三种体验相比,具有暂时逃避现实性质的幻想体验会给旅游消费者带来更奇妙的体验。旅游消费者完全沉浸其中,积极参与整个体验的塑造过程。例如电影《甲方乙方》中的旅行社开发的“好梦一日游”和电影《私人定制》开发出的“替人圆梦”项目都是为了满足旅游消费者的各种幻想体验。

近年来兴起的借助各种3D设备实现的虚拟“云旅游”,也是为了满足旅游消费者的幻想体验。主题公园是典型的幻想、享乐消费旅游目的地,相比于其他类型的旅游目的地,它更注重向旅游消费者提供所谓的幻想、感觉和趣味,让旅游消费者在主题公园中度过难忘的时光。到访主题公园的旅游消费者往往以寻求愉悦、有趣和刺激为目的,其幻想体验在主题公园游览过程中发挥着重要作用。

三、给旅游消费者留下难忘体验的方法

对于无形的、不可储存的、综合性的旅游产品,将产品融入带有体验性的品牌之中是非常重要的一种手段。随着旅游消费者对体验的需求增加,他们对能够帮助产生体验的物品的需求也会增加,这时需要提供更多的刺激感觉的道具,如具有强烈地方特色的旅游纪念品,它们很容易受到旅游消费者的追捧。发起有关旅游项目的特别活动、组织特定游线的俱乐部或者在其中加入更多的能引发旅游消费者在情感上共鸣的元素都能给旅游消费者留下难忘的体验,增强其体验感。

1. 重视对旅游消费者的感官刺激

已有的研究表明,消费体验中刺激唤起的感觉种类越多,体验就越强烈,也更让人难忘。除了常规的视觉和听觉能给旅游消费者带来体验之外,嗅觉、味觉和触摸觉都能给旅游消费者留下更加深刻的印象。例如旅游消费者在方特游乐园体验到过山车的失重感、蹦极项目给消费者带来瞬间的死亡恐惧都是强烈的感官刺激,给消费者留下了难忘的体验。

2. 使旅游消费者的体验丰富化

单一的娱乐、教育、审美或梦幻体验给消费者带来的体验也较为单一。优秀的旅游产品总是混合了多种体验。例如在一些景区运送乘客的缆车不仅仅是体现了交通运输功能,更提供了游览该景区的一个新的角度,还可能因为跨度或者垂直高度的增加引发旅游消费者刺激的感觉,这些都会让旅游消费者印象深刻。

3. 消除可能破坏旅游消费者消费体验的因素

无论旅游企业为旅游消费者提供何种服务,等待都是让旅游消费者难受的体验。让旅游活动的流程顺畅,等待的时间处于其可以接受的范围内是提升其体验的重要手法。例如在进餐的时候,等待时间过长、无法做到先来后到或者根本无法预计要等待多久,都会让旅游消费者产生不舒服的体验,对餐饮服务的体验差而评价很低。

在一些细节方面，也要注意消除可能破坏旅游消费者体验的因素。例如在一些游乐园，某些节点出现人流拥挤的时候，园方会迅速调动一支游行队伍，一边表演节目，一边带动游客向其他节点转移，这也是为了消除拥挤因素对消费者体验的破坏，让旅游消费者有更好的体验。

对消费者来说服务是外在的，但是体验是内在的，它存在于消费者个人的心中，是个人在形体、情绪、知识上参与的所得。游览同一个景区或者品尝同一道特色菜肴时，很少有两个人的体验是完全一样的，因为体验来自旅游消费者个人的心境与事件的互动。

四、旅游消费者的点评

旅游是一种典型的体验消费行为，主观因素对其有较大影响，它带给旅游消费者的效用或满意度不但取决于旅游过程中的即时满足感，而且更多地来自之前准备阶段的期待和事后的回忆。

伴随近年来网络的普及、手机 App 的开发以及在线预订网站的不断完善，旅游消费者针对景区或者酒店的服务体验来进行在线评论的数量迅速增加，并成为一种对旅游体验和服务感知进行分析的低成本、大样本手段。在线评论内容本质上是旅游消费者处理信息的心理过程的载体和旅游体验的输出表现，因此借助评论和互动内容，有可能挖掘出旅游消费者更深层次的消费者心理和旅游体验。

在当前积极的社交媒体互动中，旅游消费者的偏好和背后的机制也日益清晰。研究发现人性化的语调带来的平常感更能够激发消费者以启发式的方式进行信息处理，产生更积极的品牌态度体验。旅游消费者对于景区或者酒店的最初印象和感知很大程度上受到在线口碑的影响。因此，有必要把旅游消费者体验反馈的在线口碑当成旅游企业管理的一个重要战略工具。例如有研究者对如家酒店的网络评论进行编码分析，归类出顾客体验感知程度最高的三个方面是客房、服务和酒店区位，游客对酒店的体验感知主要体现在酒店服务、酒店设施、酒店环境、住宿同伴、情感体验等方面。

第二节　旅游消费者的满意度

一、服务质量与顾客满意

1. 服务质量

随着全球经济的大发展，人们的消费结构不断升级，其中服务消费的比重越来越高，学术界有关服务质量的研究经久不衰。服务质量是消费者的一种主观感受，这种感受结合了消费者前期对服务的期望和实际感知到的服务两种心理状态，如果实际感知到的服务满足了或超出了消费者对服务的预期，那么这样的服务才是高质量的服务。此外，消费者对服务的评价不仅发生在服务结束的阶段，在接受服务的过程中也存在不断的反馈，据此服务质量可以被分为两个部分：结果服务质量和过程服务质量。结果服务质量是消费者体验完所有服务后的综合评价，过程服务质量是服务过程中的持续反馈。

旅游服务具有无形性、易逝性、人为性等特征，因此需要借助服务质量的高低来评价服务的好坏。旅游服务质量的本质是旅游消费者的一种感知，是一个主观的范畴，它取决于顾客对服务期望与感知服务绩效之间的差异比较。

一般而言，服务质量评估会关注以下五个要素：①可靠性（reliability），即以一致和准确的方式交付所承诺的服务的能力；②保证性（assurance），是指员工的知识水平和礼貌程度，以及他们在多大程度上获得了客户信任和信心；③有形性（tangibles），是指服务的实际设施，例如建筑物、网站、设备和员工；④移情性（empathy），是指员工关心顾客并为顾客提供个性服务；⑤响应性（responsiveness），是指员工提供快速服务的意愿。

酒店服务质量的管理利器：神秘顾客

神秘顾客（mystery customer）是指隐藏其检查者的真实身份而以普通顾客面貌出现，以购买企业特定产品或消费特定服务为手段来测试企业产品质量、客服服务水平的特殊顾客。神秘顾客的概念来源于美国，最早被应用于银行业和零售业，用来防止员工偷盗行为。后来该方法开始逐渐在零售、餐饮、金融、旅游等服务业领域得到广泛应用。

神秘顾客访查法在饭店业的典型应用是星级饭店访查制度。2006 年，国家旅游局颁布了《星级饭店访查规范》（LB/T 006—2006），作为当时实行的《旅游饭店星级的划分与评定》（GB/T 14308—2003）的有益补充。除此之外，一些饭店也会不定期地邀请神秘顾客进行暗访，尤其是一些连锁酒店，更倾向于采用此方法来保证各分店服务水准的一致性。神秘顾客访查法在饭店服务质量管理中的应用价值主要体现在以下几个方面。

（1）检查隐蔽化，有利于保证结果的客观公正。神秘顾客以普通客人身份入住酒店，采用参与观察的方法进行服务质量检查，观察真实的服务现场状况，避免了公开检查的种种弊端。比如，在有些公开检查中（不限于饭店业），由于熟人熟面，一看便知，检查员一来，员工表情马上阴转晴，服务质量马上劣转优。更有甚者，检查部门先下发通知，时间、地点、项目、人员等等一目了然，被检查方自然是有备无患。检查一结束，“新颜换旧貌”，一切如旧。神秘顾客访查法由于检查的隐蔽化，有利于保证检查结果的客观公正。此外，相对于传统的访问调查，此种方法还可避免被访者自述行为与真实行为不一致的问题，进而有效地避免可能产生的社会赞许性反映倾向。由于参与观察，神秘顾客能获得提问方式不能获得的许多信息，避免事后访问中顾客对服务过程的“失忆”问题等；参与观察还避免了调查者受制于语言表达能力对信息采集数量和质量的限制，能观察到详尽的服务细节而不仅仅是服务结果。

(2)监督无形化，有利于强化对酒店一线员工的督导力度。神秘顾客调查方法非常适合于过程复杂、顾客自身又难以评价的服务过程或现场服务质量的调查。而且，神秘顾客在服务现场还提供了一种无形的监督力量，督促并激励酒店员工认真努力工作。相关研究显示，员工对于神秘顾客“让工作充满新鲜感和挑战性”“让我主动改善服务态度”“让我主动提升服务技能”等积极方面的认知程度明显高于“让我工作时充满压力”。神秘顾客对员工个体的影响中，激励与压力并存，但激励明显大于压力。

(3)饭店服务诊断和评估的有效工具。神秘顾客在真实的消费环境中，以专业的视角感知企业产品和服务的优劣，并将检查结果最终反馈给被调查酒店，以此对酒店管理服务作出“诊断”，为酒店提升服务水平提供借鉴。神秘顾客访查获得顾客在服务现场服务体验的整个或部分过程的真实详细信息，这些信息是饭店发现问题、改善服务的重要依据。神秘顾客采用现场参与体验而不是事后调查的方法，解决了收集服务过程信息复杂的问题，同时也弥补了顾客评价服务困难的问题，特别是对服务，“关键时刻”暗查是其他调查手段所不及的。

(4)神秘顾客访查是饭店发现问题的重要补充渠道。多年的行业经验证明：不满意的顾客中仅有4%会提出投诉，96%不选择投诉而选择离开，并会不断向身边的人传播不满情绪，形成口碑负效应。显然，企业无从知晓这些隐性不满顾客的真实心理状况，而神秘顾客通过服务体验，为饭店提供了了解这类顾客的替代性渠道。

(5)有利于形成顾客导向的饭店服务文化氛围。饭店管理人员自身在进行服务质量检查监督时，由于种种原因，往往会存在一些“假象”和“盲点”问题，比如，员工往往在被监督检查时表现“更好”，管理者所观察到的服务水准与顾客的实际体验存在一定差距；有时考虑到客人隐私的问题，管理者亦不方便深入每个服务现场进行监督检查，于是服务质量检查的“盲点”问题也会出现。神秘顾客调查法显然可以最大限度地解决这一问题。此外，神秘顾客调查中，在真实的服务场景中与服务人员进行双向互动，其观察到的问题更接近服务质量的本质，即饭店提供的服务满足顾客需求的程度，而非既定的程序或硬性的标准。神秘顾客调查法可以说是饭店基于换位思考的顾客视角的管理方法，无形中有利于在饭店内部形成一种以顾客为导向的服务文化氛围。

2. 顾客满意

顾客满意(customer satisfaction)是指顾客通过对某产品或服务的可感知的效果(或结果)与他的期望值相比较后所形成的愉悦或失望的状态。顾客满意概念包括两个方面:①顾客对所购买产品或服务的满意感(过去期待的评价);②期待他们未来继续购买的可能性(新的期待)。满意感是消费者消费事前期待与实际评价的关系,它超越了服务质量的概念,更加突出的是顾客自身的体验。顾客满意是对顾客需求是否满足的一种界定尺度,当顾客需求被满足时,他们便体验到一种积极的情绪反映,这被称为满意,否则就会体验到一种消极的情绪,这被称为不满意。该定义的核心是主观感受,是一个心理指标,它可以和实际情况相符,也可以不和实际情况相符,并不是传统的技术或物理指标。

顾客满意是消费者购后或体验后对满足感的反馈,是消费者购前预期和购后评价对比后产生的情感,两者越一致,顾客满意度越高。但顾客满意是某次交易后感知,还是累积交易后感知,学者们未形成统一意见,由此产生两种观点:特定交易观和累积观。特定交易观是指消费者对某一特定交易的满意程度,这种情绪反映的是即时性;累积观是指消费者基于其购买经验产生的累积性评价,这种情绪反映的是累积性。相对而言,累积观更能全面反馈消费者的购后感知,因此顾客满意是一种累积性评价。

消费者期望的形成是基于从卖主、朋友或其他信息来源所获得的消息。期望与实际之间的差距越小,消费者的满意体验就越深刻。消费者满意的体验可以具体地表现为对于自我认识该商品或服务的肯定、对于卖主的信赖感、对于商品或服务价格的肯定与认同等。一般认为消费者获得积极的态度体验后,他们可能出现再次购买的行为,且倾向于购买该企业其他产品或服务。消费者获得的满意度越高,他们对产品或服务的好感度越高,转化为购买的行为越多;反之,转化为购买的行为越少。

当前越来越多的企业家和研究者都认同顾客满意能为企业创造价值,是企业制定战略时需要考虑的方向。顾客满意是游客对旅游服务的基本要求,因为顾客的满意感能对他们后续行为进行准确的预测。顾客满意既是旅游目的地或者酒店成功的主要标志,也是衡量旅游企业绩效水平的重要指标,因此旅游经营管理者往往非常重视对游客行为和需求的调查,了解游客的满意度并提升满意度一直是旅游企业营销战略的关键组成部分。

3. 顾客满意的特征

顾客满意是顾客衡量其付出与实际获得是否公平的心理状态,是旅游者对其旅游经历的一种感觉状况和评估过程。如果可感知效果与期望所匹配,顾客就满意;如果可感知效果低于期望,顾客就会不满意;如果可感知效果超过期望,顾客就会高度满意或欣喜。顾客满意具有主观性、差异性、相对性和动态性等特征。

（1）主观性是指顾客的满意是基于自己的认知，包括自身经济能力和消费水平，以及对某产品或服务的期待来评价的。例如对于经济收入一般的旅游者，外出旅游时能入住一家三星级酒店就很容易感受到满意，但是对于一位收入水平较高、经常出入高消费场所的客人而言，即使入住四星级酒店也不一定能让其觉得满意。

（2）差异性是指顾客对同一种产品或服务的评价标准不同，因此满意度的评价也会有所差异。例如旅游者在前往四川旅游体验品尝火锅时，对于锅底汤料的辣度评价就容易存在差异而产生不同的满意度。某家火锅店提供的标准辣度锅底，对于较少吃辣的消费者而言，刚刚好而产生较高的满意度；而对经常吃辣的游客而言，辣度完全不够而产生不满意。

（3）相对性是指顾客满意体验是基于和其他同类型产品或者服务的比较而产生的。如果高于同类型产品和服务，则满意度高；如果低于同类型产品或服务，则满意度很低。顾客满意是在与竞争对手的比较中显示出来的，所谓“没有最好，只有更好”表达的就是这个理念。企业要想在当今的市场竞争中赢得胜利，除了不断追踪顾客的期望外，还要监测竞争对手的有关情况，并在此基础上设定高于竞争对手的绩效水平和顾客满意水平。请考虑如下情况：一个公司很高兴地发现，其顾客中有80% 表示对产品满意，然而业务总裁却发现，领先的竞争对手的顾客满意程度达到了90%，而且该竞争对手的目标是实现 95% 的顾客满意程度，这时该公司就该设定更高的顾客满意度，而非满足现状。

（4）动态性是指随着市场环境的变化，顾客满意的内容会不断发生变化。例如在市场经济初期，消费者要求产品物美价廉，比较关注质量、功能及价格，较少考虑服务的价值。随着市场经济的发展，商品充裕，市场已经变成了买方市场，顾客评价商品和服务的尺度变为品牌及企业的声誉，消费者要求使用的商品能显示自己的社会地位。当市场已经成为真正意义上的买方市场时，消费者评价商品时，不仅商品质量要符合要求，而且包装、服务、广告、咨询、送货、保管、售后服务等都成了消费者购买商品考虑的因素，企业提供的商品已经不再是单位产品，而变成了产品体系，从而要求企业实施全方位、立体化的服务营销战略。

二、顾客满意度指标体系

顾客满意度是评价企业质量管理体系业绩的重要手段。要建立科学的顾客满意度指标体系和满意度的级度，才能对顾客满意度进行测量、监控和分析。对顾客满意度的分析对于完善满意度指标体系和提升顾客满意度又具有积极的推动作用。顾客满意指标是指用以测量顾客满意程度的一组项目因素。要评价顾客满意的程度，必须建立一组与产品或服务有关的、能反映顾客对产品或服务满意程度的项目因素。

1. 顾客的需求结构分析

要建立科学的顾客满意度指标体系，首先要研究顾客的需求结构。顾客需求的基本结构大致有以下几个方面：①品质需求，包括性能、适用性、使用寿命、可靠性、安全性、经济性和美学（外观）等；②功能需求，包括主导功能、辅助功能和兼容功能等；③外延需求，包括服务需求和心理及文化需求等；④价格需求，包括价位、性价比、价格弹性等。

旅游企业在提供产品或服务时，均应考虑顾客的这四种基本需求。不过需要注意的是，不同国家地区、不同的消费人群对这些需求有不同的强度。在消费后又存在着满意水平的高低。当顾客需求强度要求高时，稍有不足，他们就会不满或强烈不满；当需求强度要求低时，只需低水平的满足即可。

不同的旅游企业应该根据不同的顾客需求，确定主要的需求结构，以满足不同层次顾客的要求，使顾客满意。比如因为消费者的收入水平和消费心理存在差异，对外出度假旅游的形式、时间长短和价格有不同的需求强度。收入水平较高的旅游者，喜欢入住高级酒店，品尝当地特色美食，对服务品质和功能需求的强度要求就较高，而对价格需求不强烈。也就是说，当品质和功能不满足他们的要求时，就会产生不满或强烈不满。对中低收入的旅游者而言，他们追求价廉物美，以追求性价比为原则，因此对价格和服务的需求强度要求高，价格高、服务差，是他们产生不满的主要因素，而对功能需求强度则不强烈。

顾客对产品或服务需求结构的强度要求不同，而产品或服务又由许多部分组成，每个组成部分又有许多属性。如果产品或服务的某个部分或属性不符合顾客要求时，他们就会做出否定的评价，产生不满意感。因此，旅游企业应根据顾客需求结构及产品或服务的特点，选择那些既能全面反映顾客满意状况又有代表性的项目，作为顾客满意度的评价指标。全面就是指评价项目的设定应既包括产品的核心项目，又包括无形的和外延的产品项目。另外，由于影响顾客满意或不满意的因素很多，企业不能都一一用作测量指标，因而应该选择那些具有代表性的主要因素作为评价项目。

2. 顾客满意度的级度

顾客满意度的级度是指顾客在消费相应的产品或服务之后，所产生的满足状态等次。因为顾客满意度是一种心理状态，是一种自我体验，所以需要对这种心理状态进行界定，否则就无法对顾客满意度进行评价。一般认为情感体验可以按梯级理论划分为若干层次，可以把顾客满意程度相应分成七个级度或五个级度。管理专家根据心理学的梯级理论对七梯级给出了如下参考指标。

（1）很不满意。消费者的情绪特征为愤慨、恼怒、投诉、反宣传。很不满意状态是指顾客在购买或消费某种商品或服务之后所产生的愤慨、难以容忍状态。在这种状态下，顾客不仅企图找机会投诉，而且还会利用一切机会进行反宣传以发泄心中的不快。

（2）不满意。消费者的情绪特征为气愤、烦恼。不满意状态是指顾客在购买或消费某种商品或服务后所产生的气愤、烦恼状态。在这种状态下，顾客尚可勉强忍受，希望通过一定方式进行弥补，在适当的时候也会进行反宣传，提醒自己的亲朋不要去购买同样的商品或服务。

（3）不太满意。消费者的情绪特征为抱怨、遗憾。不太满意状态是指顾客在购买或消费某种商品或服务后所产生的抱怨、遗憾状态。在这种状态下，顾客虽心存不满，但想到现实就这个样子，别要求过高吧，于是认了。

（4）一般。消费者的情绪特征为无明显正、负情绪。一般状态是指顾客在购买或消费某种商品或服务过程中所形成的没有明显情绪的状态。也就是对此既说不上好，也说不上差，还算过得去。

（5）较满意。消费者的情绪特征为好感、肯定、赞许。较满意状态是指顾客在购买或消费某种商品或服务时所形成的好感、肯定和赞许状态。在这种状态下，顾客内心还算满意，但按更高要求还差之甚远，而与一些更差的情况相比，又令人安慰。

（6）满意。消费者的情绪特征为称心、赞扬、愉快。满意状态是指顾客在购买或消费某种商品或服务时所产生的称心、赞扬和愉快状态。在这种状态下，顾客不仅对自己的选择予以肯定，还会乐于向亲朋推荐，自己的期望与现实基本相符，找不出大的遗憾所在。

（7）很满意。消费者的情绪特征为激动、满足、感谢。很满意状态是指顾客在购买或消费某种商品或服务之后所形成的激动、满足、感谢状态。在这种状态下，顾客的期望不仅完全达到，没有任何遗憾，而且还可能大大超出了自己的期望。这时顾客不仅为自己的选择而自豪，还会利用一切机会向亲朋宣传、介绍、推荐，希望他人都来消费。

上述七个级度的参考指标与顾客满意级度的界定是相对的，因为满意虽有层次之分，但毕竟界限模糊，从一个层次到另一个层次并没有明显的界限。有的情况下也会划分为五个满意级度，分别是很不满意、不满意、一般、满意和很满意。

3. 顾客满意度的分值与加权

为了能定量地评价顾客满意度，可对顾客满意度的七个级度分别给出得分值，并根据每项指标对顾客满意度影响的重要程度确定不同的加权值，这样就可对顾客满意度进行综合的评价。不同的旅游企业之间用同一套评价系统搜集资料后就可以对双方的顾客满意度进行比较。

三、顾客满意度调查

1. 顾客满意度调查的作用

1）落实服务标准，规范员工行为

通过对顾客的满意度调查，能检查出一线服务人员是否按照服务规范操作。管理中将顾客满意度的调查数据作为通报或考核的依据，从而传递服务压力，督促员工落实服务标准，规范员工行为，培养员工良好的服务习惯和意识。

具体可采用两种方式来进行操作：一种方式是问卷调查，在门口拦截或用电话回访，让顾客确认之前服务人员是否按规范操作。问卷方式覆盖面广、成本低，但考核证据力较弱。另一种方式是神秘顾客检测（暗访），如旅游景区和饭店等的暗访，主要针对一线窗口部门，假扮客户接受服务，全程录音或录像作为证据。神秘顾客方式成本高，但有录音或录像，考核证据力强。无论哪种方式，都能成为准确评估旅游企业员工绩效的依据。

2）衡量服务效果，评价前后端服务绩效

通过对顾客的满意度调查，还能检查出前后端服务绩效，有利于对服务质量进行综合性的考核和管理。全面分析顾客与旅游企业接触的服务流程、环节、触点，设置全面的顾客满意指标体系，编制出覆盖前后端的顾客满意度问卷，按照逻辑包含关系，分成多级指标，逐一对应，关联到前后端各相关责任部门，这样不仅与客户直接接触的一线部门能够被评价，不与客户直接接触的后端部门也能被评价，构成完整的前后端服务评价系统，更加全面地衡量服务的效果。

3）关注高满意消费者，提供卓越服务

长期的数据跟踪发现，在竞争市场中，非常满意等级的消费者的忠诚度是一般满意消费者的 4~6 倍。因此，把一般满意消费者提升到非常满意，在此类市场中具有非常积极的意义，其价值要明显高于把不满意消费者提升到一般满意。让客户非常满意，意味着高水准、超出一般水平的服务，所以被称为卓越服务。卓越服务研究的重点是“高满意群体”，因为把客户从不满意提升到一般满意，与从一般满意提升到非常满意，其服务提升的关键影响因素往往是不一样的，所以需要进行针对性分析。通过此类分析，有助于客户价值的分析，将有限的资源分配给最有价值的客户。

4）关注不满意客户，了解客户不满意的原因

通过对顾客满意度的调查，管理者不仅能清楚了解顾客对本企业服务满意的方面，更能够注意到顾客对企业服务不满意的方面。顾客的不满意度调查深化了对“不满意客户”的访问，分析不同满意度与忠诚度的消费者人群特征，有助于深入了解客户不满意的方面和原因，管理者能感知客户的不满和抱怨，为服务的改进提供依据。

5)有利于找出服务短板,优化企业资源配置

调查顾客满意度的工作重点在于找到服务和管理中的短板并进行改进,但对于短板应该改进到什么程度、优势因素应该保持在什么水平、各个因素应该采取什么样的投入策略等需要综合考虑和科学决策。满意度的提升需要巨大的资源投入,而旅游企业能投入的资源始终是有限的,因此顾客满意度并非是越高越好。通过科学的顾客满意度调查,管理人员能在做下一年度的预算决策时,知道在顾客满意维度哪些方面维持现状即可,哪些方面要缩减投入,等等,从而将有限的资源投放到最能改进旅游企业服务和管理水平的方面。

2. 顾客满意度的 IPA 分析法

IPA 分析法是指重要表现程度分析(importance-performance analysis, IPA),是一种可以直观反映消费者对某种产品服务或质量重视程度与实际表现差异化的测量方法。实际研究过程就是让消费者对某一项产品或者服务的重要性和满意度表现进行评分,并将得分情况绘制到一个二维坐标中。

IPA 分析法将定量与定性分析相结合,可根据研究对象的特性对指标的数量、内容等进行具体调整,具有使用简便、研究成本低等优点。利用重要性和满意度得分的平均值交叉点将评测指标分为四个区域,直观地体现出每一项指标的期望值与重要性,指明每一项指标的优劣势。

如图 11-1 所示,划分后的四个区域分别被命名为保持现状区、竞争优势区、等待观察区和优先改进区,其具体含义如下。

(1)保持现状区,旅游者认为本分区内的指标并不重要,但是实际体验表现较好,旅游者对其满意程度较高,对此区域的指标维持现状即可。

(2)竞争优势区,旅游者认为本分区内的指标对于此次旅游体验来说均是关键性的评价指标,对这些指标的重视程度相对较高,满意度也较高,是旅游企业和同业竞争的优势指标,旅游企业在下一步发展建设过程中要继续保持此方面的优势。

(3)等待观察区,旅游者认为本分区内的指标并不重要,且实际体验感受也不尽如人意,旅游企业在下一步发展过程中等待观察,不需要对本区域内的指标投入过多的资源。

(4)优先改进区,旅游者认为本分区内的指标对整体旅游体验非常重要,但实际感受不尽如人意,需要旅游企业管理层高度重视,优先投入资源加以改进,提升旅游消费者的满意度。

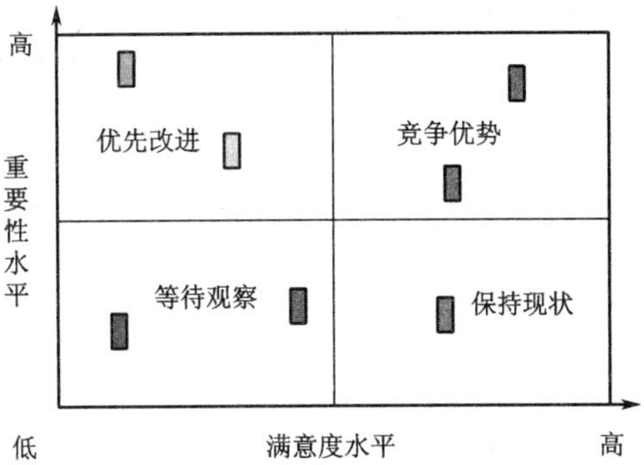

图 11-1　顾客满意度的 IPA 分析法

例如某经济型酒店为了了解本酒店顾客的满意度,且希望能够针对一些具体的指标对酒店环境和服务进行改善,以期提高顾客满意度水平。为此采用 IPA 分析法将本酒店的顾客满意度指标体系划分为环境、产品质量、服务质量、价格和品牌形象五个一级指标,让消费者对这五个指标的重要性和满意度分别进行评价。经过问卷设计、问卷调查、数据录入、数据清洗及数据分析后得到以下数据,见表 11-1 和表 11-2。

表 11-1　经济型酒店顾客满意度指标体系

一级指标	二级指标	内涵
环境	客房环境	客房环境及安全、装潢、隔音效果等
	区位环境	酒店位置以及出行交通便利程度
产品质量	设施安全	房间内部基础设施等
	干净整洁	房间卫生情况等
	客房舒适	酒店客房整体舒适度
服务质量	提供服务	酒店提供的人员服务等
	服务质量	服务人员的服务态度与质量等
	附加服务	酒店提供的除基本服务外的其他服务(如接机)
价格	性价比	酒店提供的服务与价格比
	感知价值	顾客对酒店价值的主观感知
品牌形象	预订	是否可提前预订及预订方式等
	优惠促销	酒店的优惠促销等

表 11-2 某经济型酒店的 IPA 得分表

代码	因素名称	重视程度(分)	满意度(分)
S1	建筑美感	2.67	3.10
S2	大堂的重视度	2.73	3.16
S3	安全	4.11	3.67
S4	地理位置	3.70	3.49
S5	卫生条件	4.38	3.77
S6	床的质量	4.09	3.63
S7	房间的面积	3.32	3.26
S8	房间设备和舒适度	3.55	3.30
S9	房间的安静程度	3.71	3.36
S10	餐饮设施与服务	3.31	3.23
S11	预订服务	3.49	3.45
S12	商务服务	3.58	3.45
S13	会议设施	2.75	3.16

注:重视程度和满意度的满分均为 5 分。

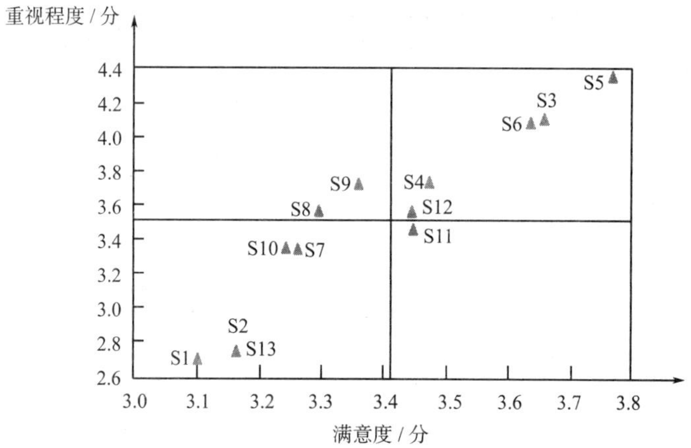

图 11-2 某经济型酒店 IPA 坐标图

如图 11-2 所示,落在优先改进区的因素有 S8、S9,即入住的客人对房间设备和舒适度以及房间的安静程度非常看重,但是酒店未能在这两方面提供让客人满意的服务,意味着该酒店后期需要在这些方面优先进行改进,提升入住客人的满意度。

落在竞争优势区的因素有 S3、S4、S5、S6、S12,意味着入住本酒店的消费者注重安全、地理位置、卫生条件、床的质量、商务服务这些方面,同时本酒店在这些方面提供了让消费者较为满意的服务,相比同类酒店具有竞争优势,后期要注意继续维持此类竞争优势。

落在保持现状区的因素有 S11，即预订服务，意味着入住客人认为预订系统的重要性不高，但是对本酒店的预订系统的满意度很高，继续保持现状即可。

落在等待观察区的因素有 S1、S2、S7、S10、S13，即入住的客人对建筑的美感、大堂的重视、房间的面积、餐饮设施与服务、会议设施这些方面不是特别重视，满意度也不高。后期如果细分市场不做调整，则无须做太多的改进，持续观察这些因素的权重和满意度即可。

第三节　旅游消费者的忠诚度

一、顾客忠诚与顾客满意

1. 顾客忠诚概述

忠诚这一概念最早由科普兰（Copeland）于 1923 年引入商业研究领域，之后学术界便围绕这一概念从品牌忠诚、产品忠诚、顾客忠诚等不同角度进行了广泛和深入的研究。

早期有关顾客忠诚（customer loyalty）的定义主要是基于顾客行为的视角进行界定。以雅各比（Jacoby）和切斯特纳特（Chestnut）等为代表的学者认为高频率的重复购买行为即为忠诚，并可通过顾客购买比例、购买次数及其购买行为的时间跨度等指标来度量顾客忠诚。持这种行为取向观点来定义顾客忠诚的学者还包括塔克（Tucker）、布鲁默（Bloemer）和卡斯帕（Kasper）等。从行为角度定义顾客忠诚的相关学者及其观点见表 11-3。

表 11-3　从行为角度定义顾客忠诚的主要观点

学者	从行为角度定义顾客忠诚
Caman（1970）	顾客忠诚是指某段时间内购买相同品牌产品或服务，顾客忠诚度与购买频率成正相关关系
Newman，Werbel（1973）	顾客忠诚是指某品牌产品，消费者多次购买，而且不关注其他品牌同类产品信息
Griffm（1995）	顾客忠诚是指消费者对某产品重复购买，并对其他同类型产品促销活动免疫
Gremer，Bmwt（1996）	顾客忠诚是指消费者对某服务商的产品多次购买，且不考虑其他服务商
韩经纶，等（2001）	顾客忠诚是消费者持续购买某产品或服务的行为
沙振权，丁文（2003）	顾客忠诚是指消费者基于某产品或服务满意，从而多次购买该企业产品或该企业其他产品的行为

然而，仅从顾客行为角度出发来度量顾客忠诚，本身缺乏概念基础，仅仅关注最

终购买的结果，而忽视了购买过程的动态性，从而无法深刻全面地理解重复购买行为背后的机制，并且高重复购买行为可能受到地理位置、产品垄断、偶发性购买、促销等因素的影响。随着对顾客忠诚的深入研究，学者们发现顾客忠诚是一个连续的心理过程。因此，学者们开始从态度的角度去研究顾客忠诚，认为顾客忠诚是消费者对产品或服务的积极心理倾向，具体包括偏好程度、无偿宣传意识、购买意愿等，见表 11-4。

表 11-4　从态度角度定义顾客忠诚的主要观点

学者	从态度角度定义顾客忠诚
Guest(1955)	顾客忠诚是指消费者在某一时间段对同一品牌的喜好程度
Aaker(1991)	顾客忠诚是指消费者基于之前满意的购买经历而产生对某产品的喜好程度
Jones, Sasser(1995)	顾客忠诚反映消费者对产品或服务的偏好程度
Shankar(2003)	顾客忠诚是消费者对产品或服务强烈的购买意愿及乐意向他人推荐
简兆权，柯云(2017)	顾客忠诚是消费者因为喜好某个网站或网店，从而产生购买的倾向

综合来看，顾客忠诚是顾客对某品牌或企业产生情感，形成偏爱和承诺，在未来一段时间内持续一致地重复购买和消费同一企业或品牌系列的行为，而不管情境或营销力量的影响如何，都不会产生转换行为。旅游消费者会用诸如“我信任这个品牌”“我喜欢这家酒店”等语句来描述他们的忠诚感。因此，顾客忠诚是一个更加复杂的概念，研究者开始从行为及态度两个角度综合阐述顾客忠诚的定义。国内学者主要从综合角度，即从重复购买行为及偏爱态度两方面综合分析顾客忠诚，见表 11-5。

表 11-5　从综合角度定义顾客忠诚的主要观点

学者	从综合角度定义顾客忠诚
Dick, Basu(1994)	顾客忠诚是由消费者态度及重复购买行为共同作用产生的
Criffin, Lowenstein(2001)	顾客忠诚包括两个方面：一是购买行为的频率，二是偏爱态度。可抵抗同类产品诱惑
马清学(2003)	顾客忠诚是消费者在情感上青睐，在行为上多次购买
严浩仁(2005)	顾客忠诚包括行为及态度两方面特征
袁亚忠，李定安(2007)	顾客忠诚是重复购买行为和偏爱心理态度的结合
王博(2008)	顾客忠诚是指消费者在行为和态度上都偏爱该零售商
周文辉，陈晓红(2008)	顾客忠诚包括多次购买的行为忠诚和积极推荐的情感忠诚
毛应(2016)	顾客忠诚是指重复购买行为及乐意心理态度的整体融合，行为上表现为重复购买，态度上表现为向他人推荐

2. 顾客忠诚的形成

越来越多的管理者意识到，顾客忠诚是企业获得持续竞争力的基础，对旅游企业的长期效益和未来发展具有重要作用。

顾客忠诚的形成可能源于认同，即顾客认为该品牌反映或强化了他的自我概念的某些方面。这种类型的顾客忠诚在象征性产品如啤酒、汽车的购买上最为普遍。根据操作性条件反射的观点来看，顾客忠诚来自消费者最初使用某产品或服务时所获得的满足和积极强化，从而导致了对该产品和服务的重复购买。另外，顾客忠诚也可能是由于该产品和服务的功效高于消费者的预期或高于其他品牌能够达到的水平。

奥利弗（Oliver）按照顾客忠诚程度的强弱进行划分，将顾客忠诚的程度由弱到强依次划分为认知忠诚（cognitive loyalty）、情感忠诚（affective loyalty）、意向忠诚（conative loyalty）和行为忠诚（action loyalty）。也有不少研究者认为，顾客的上述四种忠诚是顾客忠诚形成过程中的四个阶段，即顾客前一阶段形成的某种忠诚会影响他们在后一阶段的忠诚。认知忠诚和意向忠诚沿着心理活动这个路径从情感忠诚衍生出来，构成了情感忠诚的前因和后果。无论是基于 Oliver 的忠诚强弱的划分，还是基于先后顺序的划分，大多数研究者都同意，顾客忠诚存在这四个维度，综合来看，理想的忠诚顾客需要同时满足以下四个指标。

（1）认知忠诚指顾客根据产品或服务展示的相关信息，相较于其他产品或服务而言，形成对该产品或服务更高的信念，消费者在购买和进行决策时会最先将其纳入决策选择对象。

（2）情感忠诚指顾客长期满意地持续使用某产品或服务，存在感情上的投入而逐渐形成对该产品或服务的一种偏好与喜爱。

（3）意向忠诚指顾客受到持续积极情感的影响，而形成对产品或服务再购意愿的承诺和倾向，即顾客有忠诚于某个旅游企业品牌的意愿，意向忠诚也是预测旅游消费者未来购买行为的最优指标。

（4）行为忠诚指顾客的再购意愿转化为实际行动，反复购买某旅游企业的产品或服务，形成某种消费惯性，此惯性会让旅游消费者克服某些阻碍，以完成购买的行为。

3. 顾客满意与顾客忠诚的关系

要让顾客满意只需要尽力达到顾客需求和期待，要让顾客忠诚则必须响应连顾客自己也不一定意识到的潜在需求，意味着企业要比顾客更了解顾客，并包含创新的概念。因此顾客忠诚建立在顾客满意的基础之上。两者的关系可以参考图 11-3 的顾客满意与顾客忠诚金字塔模型。

根据服务利润链理论，仅仅让顾客满意还不够，要在此基础上让顾客产生重复购买行为，并进一步形成顾客忠诚。而顾客忠诚度也会影响顾客为企业带来的最终价值，顾客满意和顾客忠诚之间存在以下关系。

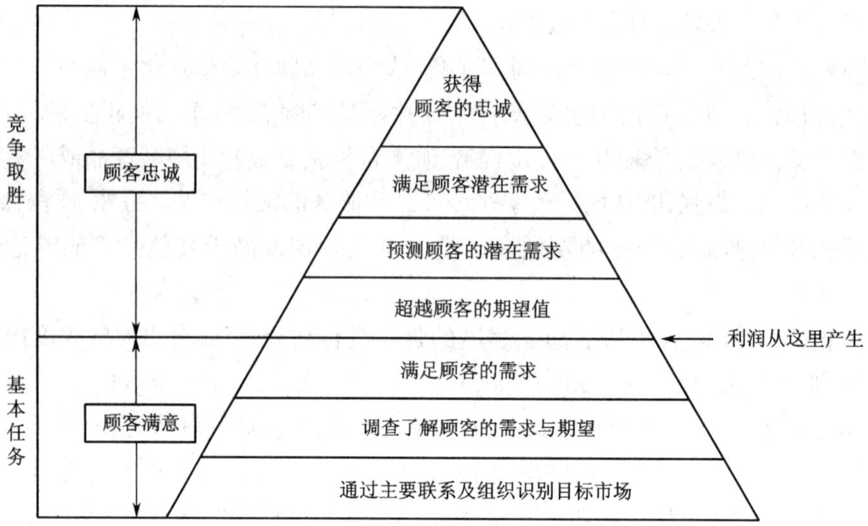

图 11-3 顾客满意与顾客忠诚金字塔模型

（1）顾客满意不等于顾客忠诚。顾客满意是顾客希望重复购买产品或服务的一种心理倾向，顾客忠诚实际上是一种持续的购买行为。顾客满意对企业本身并不产生直接价值，而顾客忠诚会对企业具有非常高的价值。

（2）顾客满意是顾客忠诚的必要条件。一般而言，只有当顾客对企业的满意度达到一定水平时，顾客才会有忠诚于企业产品或服务的意愿，但顾客满意度的提高不一定能提高顾客的忠诚度。

（3）顾客忠诚是顾客满意的升华。对于大多数企业来说，顾客忠诚更重要，也是企业管理者需要更加关注的内容。企业应该在提升顾客满意度的基础上，逐步培育忠诚顾客。

（4）顾客忠诚比顾客满意更有价值。顾客满意和他们的实际购买行为之间不一定有直接的联系。满意的顾客并不一定能保证他们会始终对企业忠诚，也并不一定会重复购买而给企业带来价值。

4. 旅游消费者的忠诚

对于旅游服务这种高接触密集型服务产品，人与人之间的关系比人与企业之间的关系更重要。由于人与人之间的关系是建立在信任和承诺的基础上，所以与其他关系相比较，人与人的关系对旅游消费者忠诚的形成更为重要。

前文已经叙述过，顾客忠诚二维构念模型（行为忠诚和态度忠诚）在营销领域被广泛认可。从态度维度看，顾客忠诚是顾客对产品或服务的一种偏好和依赖。从行为维度看，顾客忠诚是对产品或服务所承诺重复购买的一种行为，这种形式的忠诚可以通过诸如购买份额、购买频率等指标来测量，因此忠诚顾客一定会有重复购买行为或者推荐行为,重复购买行为是顾客忠诚中行为忠诚的重要表现。

不过,有重复购买行为并不意味着一定是忠诚顾客,因为在重复购买者中,除了忠诚顾客之外,还有一部分购买者由于找不到其他令人满意的品牌,或者由于寻找其他品牌要付出更多的时间和精力,所以某些不满意的顾客也可能成为重复购买者。不过,这些不满意的重复购买者可能会进行负面的口头宣传,并且容易受竞争对手行为的影响。因此这些消费者对品牌并没有忠诚,或者说他们对购买的品牌并无忠诚感。因此单纯的行为取向难以揭示顾客忠诚的产生、发展和变化。

就旅游领域的实际情况而言,大部分的旅游消费行为都具有一次性的特点,大部分游客的重游行为都不够明显,相反游客的推荐行为较为明显,忠诚的旅游消费者会将满意的旅游目的地通过多种渠道推荐给他人或分享给他人。因此在旅游研究中,忠诚的态度层面指旅游消费者在心理上对目的地的偏好,如果旅游消费者表达了重游意愿、推荐意愿即可以被视为态度忠诚,如果旅游消费者有实际的重游行为或者向其他潜在旅游者推荐旅游目的地的行为,都可以被视为行为忠诚。

在旅游行业,由于经济或者人们追新猎奇的原因,影响旅游者忠诚的因素较为复杂,相对而言,酒店的消费者更容易出现重复消费即行为忠诚,因此需要对影响酒店顾客忠诚的因素进行分析。综合来看,可能影响酒店顾客忠诚的因素可以分为酒店硬环境和条件、酒店软环境以及顾客自身的体验三类,见表 11-6。

表 11-6　影响酒店顾客忠诚的因素

影响因素	具体内容
酒店硬环境和条件	物理环境:周围环境、位置、空间、功能、便利设施、招牌、标志、人工制品等;房间设计:清洁度、内部装饰、舒适度、环保住宿等;社会交互:与员工交互、与其他顾客交互等;技术运用:高速 Wi-Fi、远程沟通简单易用、气温自动控制、移动设备等;食物饮品和房间类型的多样性和质量等
酒店软环境(管理、企业文化等)	企业社会责任和酒店文化:以客户为中心的组织文化;处理客户关系的方式;服务定制化与物超所值;树立的品牌形象:如绿色形象;超额预定和补偿政策;品牌资产:广告、口碑、服务绩效;员工技能培养和培训:员工的友好个性、专业度、服务补救、奖励机制,培养员工的主人公意识;应用信息技术;管理者对口碑的回应等
顾客自身的体验	情绪:喜悦度、休闲放松;感知的服务质量;客户体验及参与;有效的问题解决;客户感知的价值:自尊、自我提升及满足、价格、质量、交易、享乐、社会收益、减少认知不一致等;信任;品牌感知:品牌辨识、品牌知名度和品牌形象;感知的人际公平;感知的服务便利性

一般而言,忠诚的旅游消费者在出游前搜集额外信息的频率会较低,他们对竞争对手的营销努力如优惠券采取漠视和抵制的态度。在很多情况下,即使因促销活动的吸引而购买了别的品牌和服务,他们通常在下次购买时又会选择原来喜欢的品牌。因此市场营销人员应该认识到,忠诚的旅游消费者比单纯的重复性购买者能为旅游企业带来更多的利润,而重复购买者同样比偶尔购买者更有吸引力。

二、顾客忠诚的理论模型

1. 消费者忠诚感钻石理论

英国学者诺克思（Simon Knox）根据消费者购买的产品和服务的品牌数量和消费者的投入程度两个维度将消费者分为忠诚者、习惯性购买者、多品牌购买者和品牌改换者（图 11-4）。

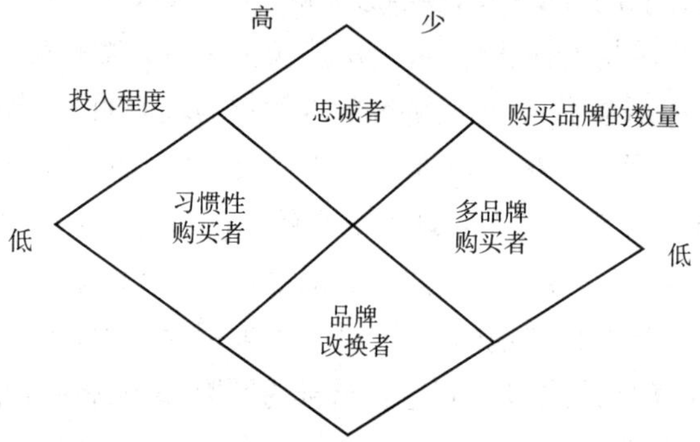

图 11-4　诺克思忠诚感钻石模型

忠诚者和习惯性购买者往往只选购少数几个品牌的产品和服务，表现出较高程度的行为忠诚。因此，企业为这两类消费者服务往往最能获利。不过忠诚者和习惯性购买者的购买方式也存在差异。忠诚顾客感情投入程度较高，愿意自己与企业或品牌保持关系。在企业没有他们需要的产品或服务时，他们愿意等待或者暂时购买其他企业的产品或服务，因此忠诚顾客偶尔也会表现出暂时离开的现象，不过一旦企业能够提供这种产品或服务时，他们会继续购买企业的产品或服务。而习惯性购买者每次购买的产品或服务基本上没有什么区别。他们之所以购买某个企业的产品或服务，是因为这个企业能供应他们需要的产品或服务，而不是因为他们对该企业有深厚的感情。一旦该企业不能提供他们需要的产品或服务，他们就会改购其他企业的产品或服务。

多品牌购买者和品牌改换者都购买多种品牌的产品或服务，企业为这两类消费者服务往往获利不多。他们的购买行为比较相似，但购买动机有所差别：多品牌购买者积极寻找各种品牌的产品或服务，并为不同的消费场合购买不同品牌的产品或服务。品牌改换者一般对价格优惠比较感兴趣，他们的购买策略是以最低的价格购买自己需要的产品或服务，他们会为了一点点的价格优惠而改购其他企业的产品或服务。

2. 狄克和巴苏的划分方法

狄克（Dick）和巴苏（Basu）根据消费者对企业的产品和服务的续购率与消费者

对本企业的相对态度把消费者的忠诚划分为忠诚（loyalty）、潜在忠诚（latent loyalty）、虚假忠诚（spurious loyalty）、不忠诚（no loyalty）四种（图 11-5）。他们认为，企业制定营销策略的关键在于如何将现阶段不忠诚、虚假忠诚和潜在忠诚的顾客引导为日后真正忠诚的顾客。

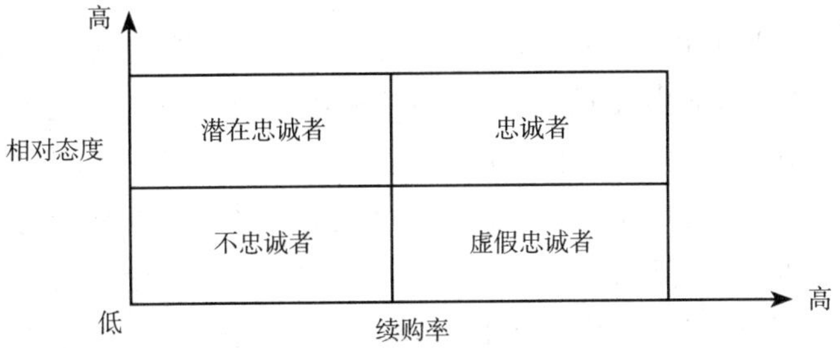

图 11-5　狄克和巴苏的顾客忠诚模型

（1）忠诚是积极的态度取向与高重复购买行为相结合的情况，即顾客长期重复购买自己偏爱产品的行为，表示真正的忠诚。

（2）潜在忠诚是积极的态度取向与低重复购买行为相结合的情况，即顾客虽然没有持续性购买产品的行为，但是对品牌表现出积极的喜爱与偏好。对于这种态度积极但购买频率较低的情况，可能是因为顾客的购买存在一些障碍，如主观规范、情境效应等非态度因素的影响，克服这些障碍，潜在忠诚的顾客就会向忠诚顾客转变。

（3）虚假忠诚是消极的态度取向与高重复购买行为相结合的情况，即顾客对品牌缺少积极的态度和偏好，但在行为上却持续地购买企业品牌产品。这种虚假忠诚的顾客会持续购买自己不喜欢的产品有多种原因，如长期购买习惯、地理位置的限制、企业的产品垄断等。

（4）不忠诚是消极的态度取向与低重复购买行为相结合的情况，即顾客没有表现出对品牌的偏好或喜爱，又不会对该品牌产品进行重复购买的行为，表示缺乏忠诚。

续购率高、偏爱本企业的忠诚顾客是企业和营销人员追求的对象。有些消费者对某个企业有强烈的偏好，但受环境因素限制，他们购买该企业产品和服务的频率较低，这类消费者是企业的潜在忠诚者。例如，消费者可能非常喜欢某个餐厅，但他们可能因经济收入有限或为了品尝多种不同风味的食品而不经常到这个餐厅就餐。有些消费者认为各个企业的产品和服务没有什么差别，也很少重复购买同一企业的产品和服务。这类消费者对任何企业都不忠诚，出于各种原因，这类消费者经常转换品牌，选择多个品牌。还有一些消费者经常购买某个企业的产品和服务，但他们认为各个企业的产品和服务差别不大，这类消费者是企业的虚假忠诚者。

在垄断市场中，消费者只能向某个企业购买产品和服务。有些消费者严格按照自己的购买习惯购买产品和服务。这些消费者很可能是企业的虚假忠诚者。不少航空公司、饭店集团、预订中心等旅游企业，把常客奖励计划作为忠诚计划，鼓励消费者长期购买自己的产品和服务。表面上看，运用价格折扣和积分奖励计划可能会使营业收入增加，刺激消费者的重复购买行为。但无论旅游企业采用哪种形式的常客奖励计划，企业都是通过让利的方法，与消费者建立财务层次的联系。可以说，旅游企业实际是在购买常客，而由此获得的大多数“常客”并不是真正的忠诚者。原因在于各旅游企业所推出的这些留客计划在性质上是雷同的，没有致力于解决消费者的需要，因而难以与旅游消费者建立起情感和心理上的联系。在奖励计划的刺激下，即使旅游消费者对企业没有好感，他们也可能会经常性地购买该企业的服务，从而表现出“虚假的忠诚”。随着购买次数的增加，这类旅游消费者可能会变得更加难以满足。当竞争对手提供更丰厚的奖励时，他们很快就会改购其他企业的产品或服务。

简而言之，常客奖励计划也许可以留住旅游消费者，却难以买到旅游消费者的情感性忠诚感。此外，奖励常客的费用会增加旅游企业的运营成本。为了维持利润额，企业往往要提高售价，将这笔费用分摊到没有受到奖励的消费者身上，因而常客奖励计划反而有可能减少企业的有价值的潜在顾客。旅游企业应尽力为消费者提供符合他们需要的产品和服务，让常客喜欢企业的产品和服务，培养真正忠诚的消费者。

三、信任与旅游消费者忠诚

消费者的信任感是忠诚感的基础。从经济学学科视角看，信任感（trust）就是一方确认另一方不会利用自己的弱点来获取利益的情感。从心理学角度看，信任是建立在对另一方意图和行为的正向估计基础之上的不设防的心理状态。在多数消费情境中，旅游企业比消费者掌握着更多的信息，如果旅游者相信旅游企业不会利用这种优势来损害自己的利益，即形成了顾客对旅游企业的信任。这种信任降低了旅游企业采取机会主义带来的风险，同时增加了客人取得长期收益的信心，也降低了旅游消费者的搜寻和交易成本。

因此，当旅游消费者相信旅游企业有能力兑现其所做的隐性承诺和显性承诺，并真诚地关心他们的利益时，就会愿意与这些旅游企业保持长期合作关系。当需要购买产品和服务时，旅游消费者会首先想到他们认为值得信赖的旅游企业。如果消费者确信该旅游企业的产品和服务能够满足他们的需要，他们就会形成继续购买该旅游企业的产品和服务的意向，而不是花费大量的时间和精力收集旅游企业竞争对手的信息。此外，旅游消费者还愿意为他们信任的旅游企业做有利的口头宣传。信任感是培育游客忠诚必不可少的条件，可以为旅游企业带来竞争对手难以模仿的竞争优势。

旅游消费者的忠诚对提高复购率,提升销售量及盈利水平很重要。企业家和学者们都已意识到旅游消费者的忠诚对企业形成竞争优势的重要性,其主要观点见表11-7。

表 11-7 学者对顾客忠诚测量的主要观点

学者	顾客忠诚测量观点	测量指标		
		重购意愿	乐意推荐	竞争对手免疫
Griffin(1995)	重购意愿、乐意推荐、竞争对手同类产品免疫、销售商其他产品交叉购买意愿	√	√	√
Jones, Sasser(1995)	重购意愿、乐意推荐、多次购买	√	√	
Sirohi, et al.(1998)	重购意愿、乐意推荐、购买数量	√	√	
Gronholdt, et al.(2000)	重购意愿、乐意推荐、销售商其他产品交叉购买意愿、价格容忍度	√	√	√
Athanassopoulos(2001)	重购意愿、乐意推荐、竞争对手同类产品免疫	√	√	√
Kerrie, et al.(2007)	再次购买承诺、乐意推荐、购买行为	√	√	
丁猛(2009)	重购意向、乐意推荐、转换意向	√	√	
雷春媛(2019)	重购意愿、乐意推荐、竞争对手同类产品免疫	√	√	√

顾客忠诚测量主要包括重购意愿、乐意推荐、竞争对手同类产品免疫、价格容忍度、销售商其他产品交叉购买意愿、抱怨转换及偏好程度等。

四、提高旅游消费者忠诚度的方法

由于开发一个新顾客比维护一个老顾客的成本要高出许多,而一个老顾客对企业利润的贡献要远远高于一个新顾客,同时旅游消费者的口碑、出游消费的示范效应及其对品牌产品的增加使用或对品牌其他产品或服务的购买消费,对旅游企业的持续发展而言是非常有价值的事情,因此维护与提高顾客的忠诚度是旅游企业持续发展的关键所在。

1. 保持稳定的服务质量,提高旅游消费者的满意度

从顾客满意的形成机理可以看出,服务质量对顾客满意、顾客信任感的形成至关重要,而旅游消费者的满意感直接影响着旅游消费者的态度忠诚。因此,提高旅游企业的服务水平是提高旅游消费者忠诚的关键。旅游企业保持稳定的服务质量是获得旅游消费者信任的基础,这需要旅游企业采取适当的措施,严格控制服务质量,提高服务水平,让旅游消费者获得更高的满意度。

2. 设置积极的转移障碍,增加旅游消费者的转换成本

设置积极的转换障碍会在形成顾客忠诚的过程中发挥重要作用。如有效的会员制度可以增加旅游消费者的转换成本,这种办法在酒店业和餐饮业中屡见不鲜,而且效果十分明显,他们在增加顾客的转换成本上起到了很大的作用。因此,设计更为完善的会员制度,创新更有效的促销手段,提高顾客的转换成本,有利于培育忠诚的旅游消费者。

3. 建立有效沟通渠道,增强旅游消费者的信任感

旅游企业与旅游消费者之间的有效沟通可以增强旅游消费者对旅游企业的了解,降低其认知风险,这样可以提高旅游消费者对旅游企业的信任度。通过有效的沟通,旅游消费者可以更加了解旅游企业的价值观和企业文化,可以更好地使本企业有别于竞争对手,降低旅游企业的竞争压力。通过有效的沟通可以使旅游消费者感到旅游企业的独特性,建立对旅游企业的偏好。因此,旅游企业要注重与旅游消费者的沟通与交流,它是培育顾客忠诚的重要途径。

4. 妥善处理好顾客的投诉

在旅游服务中,出现下列情况都会导致旅游者的投诉行为:①消费者认为旅游经营者没有提供价质相符的旅游服务;②消费者认为旅游经营者没有履行合同或协议;③消费者认为旅游经营者故意或过失造成自己的人身伤害;④消费者认为旅游经营者故意或过失造成行李物品损坏或丢失;⑤旅游经营单位的职工私自接受回扣和索要小费;⑥消费者认为旅游经营者欺诈自己,损害了自己的利益;⑦其他一切消费者认为有损害自身利益的事件。

研究显示,那些投诉后得到妥善和圆满解决的旅游消费者多数会变成忠诚顾客,而且这些消费者更喜欢向他人说起自己的经历,同时投诉者要比保持沉默者对该企业更加忠诚。投诉顾客向忠诚顾客的转化如图 11-6 所示。

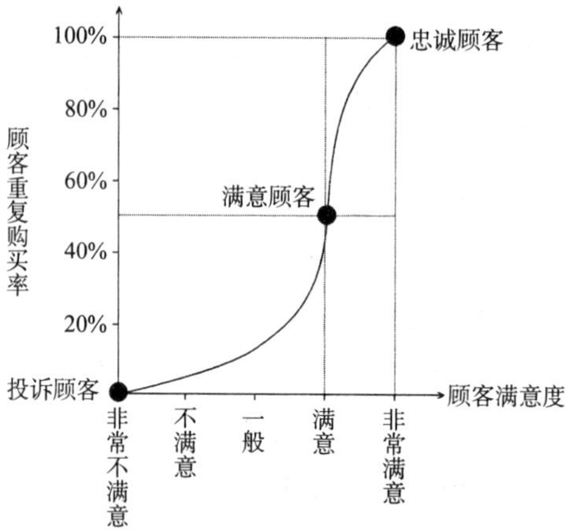

图 11-6　投诉顾客向忠诚顾客的转化

第四节　旅游消费者的投诉行为

一、投诉:旅游消费者不满意的行为反应

顾客投诉(customer complaint)行为是指旅游消费者在购买、使用旅游产品或者接受服务的过程中,双方之间发生消费权益争议后,请求保护其合法权益的行为。当旅游者认为所付出的费用与得到的服务产品质量不成正比,即认为所购买的旅游产品非所值时,就会产生投诉行为。旅游投诉往往与服务失败、旅游消费者不满意和抱怨联系在一起,需要及时进行服务补救。在经营管理中妥善处理和解决好旅游消费者的投诉问题,是旅游业得以持续健康发展的重要保证。

任何旅游企业、任何员工都不希望有旅游者投诉自己的工作,这是人之常情。因为它不仅是旅游者对旅游企业服务工作质量和管理工作质量的一种劣等评价,也与每个人的经济利益有着直接联系。然而,即使是世界上最负盛名的旅游企业也会遇到客人投诉。正确认识旅游消费者的投诉行为,就是不仅要看到投诉对旅游企业的消极影响,更重要的是把握投诉所隐含的对旅游企业的有利因素,变被动为主动,化消极为积极。通过处理投诉来提升服务质量,防止投诉的再次发生。作为旅游从业人员,对待旅游消费者的投诉行为应该具备以下基本观念。

(1)在旅游服务中,旅游消费者的投诉无法完全避免。无论多么高星级的酒店或者管理完善的景区,都可能存在这样或者那样的服务或管理盲点,或者因为时代的进步和市场消费者变化,可能导致原本没有问题的地方出现问题。因此,旅游企业的管理者应该对旅游者的投诉持欢迎态度,“闻过则喜”应成为旅游企业接待旅游者投诉的基本态度。

(2)恰当的处理投诉对于旅游企业大有裨益。旅游消费者的投诉行为实际上是旅游企业基层管理质量的晴雨表,既可以及时发现自己无法发现的工作漏洞,还可以鞭策酒店及时堵塞漏洞、对症下药,解决可能是长期以来一直存在着的严重影响旅游企业声誉的工作质量问题。

因客人投诉发现的管理漏洞

在云翠餐厅,晚上 7 点正是用餐高峰期,这时候餐厅的王经理接到 8 号包房客人的投诉,说火锅里面有沙子,要求退菜。王经理迅速赶到 8 号包房,发现是经常到酒店用餐的老熟人黎先生,于是立即向客人致歉,取得客人同意后就安排服务员将火锅撤下,重新安排其他的菜品。

处理完客人投诉后,王经理来到后厨与厨师长一起仔细品尝了撤下来的火锅,发

现的确是有沙子。因为该火锅涉及的原材料品种和清洗环节较多，于是两人一起检查了员工洗菜和厨师做菜的所有环节，最后发现是其中的一味配料——海马未清洗干净而导致火锅中出现了沙子。

王经理突然想到酒店以前一直使用海马做配料，却从来没有客人反映有沙子。想到这里，他们又仔细检查了库存的干海马，发现由于近期原材料涨价，新换的供货商向厨房提供掺了沙子的劣质海马，导致很难将其清洗干净，于是他们迅速联系该供货商要求退货并将其从酒店的供货商名单中剔除，堵上了一个可能的管理漏洞。

（3）旅游投诉是旅游企业向游客学习的重要机会。我们要视旅游消费者的投诉为机会。通过分析投诉可掌握旅游消费者潜在的新的需求，从而有针对性地进行改革、创新，这样才能留住老客户。旅游消费者投诉也是一种营销工具，要做好市场营销，就必须知道旅游消费者的需求，旅游者的投诉可能会告诉管理人员更多的有关消费者的需求信息。

（4）投诉处理结果将影响旅游企业的口碑。旅游管理者应该视旅游者的投诉为免费的口碑广告。在服务行业中，坏口碑会给旅游企业经营带来致命打击。调查显示，63% 的投诉者在投诉的同时也会警告他人；一个满意的旅游者平均要向 3 个人讲述其满意经历，而一个不满意的旅游者平均要向 31 个人抱怨；如果其投诉没有得到解决，他们平均要传播给 10 个左右的其他人。

旅游消费者投诉的类型

旅游消费者的投诉可以分为以下两类：一是员工服务态度导致的旅游服务质量低下的投诉；二是对异常事件的投诉。

旅游消费者对员工服务态度的投诉主要集中在：员工粗鲁的语言，不负责任的答复，冷冰冰的态度，若无其事、爱理不理的接待方式，或者过分的热情等。如服务人员没有按照先来先服务的原则提供服务、分错房间、邮件未能及时送给旅游消费者、行李无人帮助搬运、叫醒服务不准时等，都可能引起旅游消费者的投诉，此类投诉在工作繁忙时尤其容易发生。

旅游消费者对异常事件的投诉主要有：因天气的原因飞机不能准时起飞，或者因为不可抗力因素导致的无法买到机票、车票，无法订到房间等。旅游企业很难控制此类事件的发生，但旅游消费者希望企业能够帮助解决。旅游服务人员应尽量在力所能及的范围内帮助解决。如实在无能为力，应尽早向旅游消费者解释清楚。只要服务人员的态度诚恳，大部分旅游消费者都能谅解。

二、投诉的旅游消费者的行为表现类型

旅游消费者有不同的个性和行为方式，他们对待旅游服务失败的行为反应也不

完全一样，有的旅游消费者在投诉时善于摆事实、讲道理，而有的旅游消费者则重在情绪的表达。具体而言，旅游消费者在投诉时，其行为表现可以分为理智型、火爆型和痛心疾首型几种。

（1）理智型的旅游消费者在投诉时情绪显得比较压抑，他们力图以理智的态度、平和的语气和准确清晰的表达向受理投诉者陈述事件的经过及自己的看法和要求，善于用事实来论证自己的观点和诉求。

（2）火爆型的旅游消费者很难抑制自己的情绪，往往在产生不满的那一刻就高声呼喊，言谈不加修饰，一吐为快，不留余地。动作有力迅捷，对支吾其词、拖拉应付的工作作风深恶痛绝，希望能干脆利落地彻底解决问题。

（3）痛心疾首型的旅游消费者情绪起伏较大，时而愤怒，时而遗憾，时而厉声质询，时而摇头叹息，对旅游企业或事件深深失望，对自己遭受的损失痛心不已。这类旅游消费者投诉的内容多自认为无法忍耐，或是希望通过投诉能获得某种程度的补偿。

三、旅游消费者投诉的归因

任何一个事件发生，人都会去本能地寻找事情发生的原因进行归纳，对其有意识或无意识地做出一定的解释。投诉行为发生以后，无论是处理投诉的旅游从业人员还是旅游者本人，都会从不同的角度开始对事件发生的原因进行归纳。不同的归因会让人产生不同的认识和情绪体验。

1. 归因理论

归因（attribution）是指在日常的社会交往中，人们为了有效地控制和适应环境，往往对发生于周围环境中的各种社会行为，即认知整体在认知过程中，根据他人某种特定的人格特征或某种行为特点推论出其他未知的特点，以寻求各种特点之间的因果关系。归因本质上是人们对自己或他人的行为进行分析，推论出这些行为的原因的过程。归因不同会影响到后续的行为方式和动机的强弱。

当服务失败行为发生以后，旅游消费者会下意识地首先对服务失败的原因进行分析归纳，如果旅游消费者将该服务失败归结为客人自身的原因，那么他将表现出懊恼、后悔等情绪，但是他大概率会接受并容忍这种服务失败而不表现出投诉行为。只有少数旅游消费者虽然意识到服务失败是自身的原因，但是因为面子或者其他原因不愿意承认，而强行归因于旅游企业，表现得更像无理取闹或者挑剔的游客。

一般而言，旅游消费者更容易将服务失败归因于企业而出现投诉行为，或者说投诉行为出现的本身就意味着旅游消费者没有意识到或者意识到但不愿意承认自身的原因而将服务失败归因于旅游企业。在将原因归结为旅游企业以后，多数旅游消费者会进一步用可控性将原因又细分为旅游企业可控和不可控两个维度。如果服务失败是由旅游企业自身不可控的外部原因导致的话，旅游消费者有失望、不舒服的情绪，虽然出现投诉行为，但能容忍和在一定程度上接受这种服务失败。如果旅游消费者将服务失败归因于旅游企业本可以控制，但未控制好的内部原因的话，旅游消费者将会有非常愤怒、生气的情绪，出现强烈批评而投诉的行为。

基于上述分析，当投诉行为出现时，我们需要分析消费者投诉的原因，如果的确是旅游企业方面的原因，我们需要妥善处理，帮助客人追回损失，平息其愤怒的情绪。如果是旅游消费者自身的情绪，我们要宽容对待其非理性状态下的投诉行为，在条件合适的情况下，引导旅游消费者意识到服务失败的原因在于其自身，在服务行业流行的"客人永远是对的"这一信条其实反映的是更加宽容地去对待客人，以吸引回头客。

2. *旅游消费者投诉的常见归因*

客观地说，一个服务失败事件的发生，其原因一般可以归结为旅游企业自身的原因、旅游消费者的原因以及其他原因（巧合或者文化的差异）等。

1）旅游企业自身的原因

旅游企业自身方面引起的投诉是最经常发生的情况。例如消费环境、消费场所、设施设备未能满足客人的要求；员工业务水平低，工作不称职，工作不负责任，岗位责任混乱，经常出现工作过失；部门间缺乏沟通和协作精神，管理人员督导不力；员工对客人尊重程度不够；服务指南、宣传手册内容陈旧、说明不详实等。具体表现在以下方面。

（1）旅游企业提供的旅游产品质量或服务不达标。例如某些旅行社在收取旅游消费者的费用后，擅自变更合同内容，或只收钱不提供符合标准的服务时，导致旅游者向旅游质量监督管理部门投诉。或者合同约定给旅游者提供三星级以上酒店入住，但履行时只提供普通宾馆或所谓的相当于三星级的酒店入住，降低了原先承诺的服务标准。

（2）旅游企业给旅游消费者提供了错误的信息，导致很多承诺的内容无法实现。此类投诉一般反映出旅游企业的内部管理体系出现了问题。而这些都有可能会引起客户的不满，降低客户的满意度。很多旅游消费者会抱怨说销售部门承诺的太多太好，而实际服务部门提供的太少太差。例如由于销售员不切实际地宣传，过分夸大广告的效果使产品或服务变得更加诱人，旅游消费者在购买后却发现与期望值差距太大，旅游消费者的抱怨，甚至投诉就会随之而来。

（3）旅游企业提供的产品和服务存在功能性的缺陷或者无法发挥原有的功能。例如因为各种原因造成旅途中旅游者行李物品的丢失或过失造成旅游者的人身伤害。此类失误常常有意或无意地造成旅游者的人身或财务损失而引发旅游消费者的投诉。

（4）部分不良旅游企业欺诈游客，损害游客利益。比如向旅游者推荐、兜售假冒伪劣产品，巧立名目、中途擅自增加费用，部分不良旅游企业的员工私自收受回扣或索要小费等。

2）旅游消费者的原因

旅游消费者自身的原因导致的投诉也占据了较大的比重。具体表现在旅游服务未能达到旅游消费者事先的期望值，旅游消费者对宣传内容的理解与旅游企业有分歧，以及部分旅游消费者对旅游服务工作过于挑剔等。

（1）旅游服务未能达到旅游消费者事先的期望值。旅游消费者在外出旅游或消费之前时，会因为各种原因对旅途怀有一种自己的想象或者愿望，如果这些愿望和要求在购买旅游产品和接受服务后得不到预期的满足，那么旅游消费者就容易产生心理不平衡，由此而产生抱怨和想"讨个说法"的投诉行为。同时一些旅游消费者在购买旅游产品或服务时，心中都会有一个预期的价格，如果报价超过了这个上限，就会让旅游消费者产生抱怨、不满的情绪，甚至放弃交易。

（2）旅游消费者对宣传内容的理解与旅游企业有分歧。并不是所有的旅游消费者都能理解旅游企业的产品和服务，所以当旅游消费者对旅游企业提供的产品或服务缺乏了解时就容易产生误会，而造成无效投诉。对于此类投诉，旅游从业人员应该表现出大度，尽可能耐心一点向旅游消费者进行解释，帮助他们解决实际问题，这样做有利于培养客户的忠诚度。

（3）部分旅游消费者对旅游产品或服务工作过于挑剔等。在消费者群体中，存在着一些挑剔型旅游消费者，因为性格因素，他们做事喜欢挑毛病，尤其是在成交时，他们经常鸡蛋里挑骨头。这类旅游消费者不易控制自身情感。有的旅游消费者可能因为以前在旅游消费过程中上过当，所以面对旅游从业人员时，存在一种逆反情绪，比如发牢骚、冷嘲热讽甚至莫名其妙地找麻烦等，从而寻求一种心理平衡。其实，旅游消费者的挑剔埋怨，在绝大多数情况下都是一种借口，那些借口并不影响他们购买的欲望。因此不要太在乎挑剔型旅游消费者的牢骚，因为对他们而言，挑剔和寻找缺点是一种正常行为。这就要求旅游从业人员拥有很强的承受能力，提前做好准备，对有关产品和服务问题进行合乎逻辑的回答。在倾听他们的牢骚后就能从容自如地解决问题。同时，乐于倾听旅游消费者的牢骚，会得到很多意想不到的信息。

尽管导致旅游服务失败的原因包括以上三类，但从旅游消费者的角度来说，在他决定投诉的那一刻起，他就认定了主要原因在于旅游企业，而很少意识到自身的原因。因此，处理投诉的旅游从业人员从接到投诉的那一刻，就需要仔细甄别事件发生的原因，如果的确是旅游企业自身的原因，就要从企业管理的角度查漏补缺，堵上可能一直存在的管理漏洞，避免下一次发生类似的投诉，不断向旅游消费者提供更加优质的服务。如果事件发生的原因在于旅游者自身，即使是旅游消费者的有意挑剔、无理取闹，旅游企业也可以从中吸取教训，为提高经营管理质量积累经验，使制度不断完善，服务接待工作日臻完美。在此类情况下，管理者需要委婉地提示旅游消费者事件发生的原因，让其逐步意识到旅游企业是在自身无过错的情况下，仅仅是为了息事宁人而做出了某些妥协和让步。

四、旅游消费者不投诉的原因分析

没有投诉并不一定意味着高质量的产品或服务，如果一个旅游企业完全没有旅游消费者投诉，说明旅游企业的管理很可能出了大问题。长时间没有投诉很可能是旅游企业与消费者之间的沟通出了问题，暗示着旅游企业与旅游消费者的关系在逐渐淡化。有些旅游者在不满意的情况下并不会投诉，其主要原因在于以下方面。

（1）这些旅游消费者不习惯以投诉方式表达自己的意见，他们宁愿忍受当前的境况。

（2）他们认为投诉没有用，不能帮助自己解除、摆脱当前不满的状况，得到自己应该得到的。

（3）怕麻烦，他们认为投诉浪费时间，可能会使自己遭受更大的损失。

需要指出的是，无论是基于什么原因没有投诉，他们都很可能会通过其他途径来进行宣泄，或者自我告诫，以后不再到该旅游企业消费，或者向亲朋好友诉说其令人不快的消费经历。无论是哪种情况，都意味着旅游企业将永远失去这位消费者，旅游企业就连向消费者道歉的机会也没有了。

五、旅游消费者投诉的渠道

旅游消费者投诉的渠道包括以下三种：一是直接向旅游企业投诉；二是向消费者委员会一类的社会团体投诉；三是向工商局、旅游局等有关政府部门投诉，运用法律诉讼方式起诉旅游企业。

站在维护旅游企业声誉的角度看，旅游消费者直接向旅游企业投诉是对企业自身声誉影响最小的一种方式。旅游企业接受旅游消费者的投诉能控制有损企业声誉的信息在社会上传播，防止政府主管部门和公众对旅游企业产生不良印象。从旅游企业长远发展的角度出发，旅游企业接受旅游者的投诉能防止因个别消费者投诉而影响到旅游企业与重要客户的业务关系，防止因不良信息传播而造成的对旅游企业潜在客户、客人的误导。直接向旅游企业投诉的旅游者，不管其投诉的原因、动机如何，都给旅游企业提供了及时做出补救、保全声誉的机会和做周全应对的准备的余地。客人直接向旅游企业投诉，这种行为反映了旅游消费者还相信旅游企业能公正妥善解决当前的问题。为回报旅游消费者的信任，以实际行动鼓励这种“要投诉就在旅游企业内部投诉”的行为，管理人员必须以不偏不倚的态度，公正地处理投诉。

基于以上原因，无论是什么样的旅游企业，都需要设置便利的投诉渠道方便客人投诉。以酒店业为例，每家酒店都至少有宾客意见书和大堂经理值班受理宾客投诉两个渠道。据《酒店与餐厅管理》季刊杂志对某家饭店进行的调查显示，50% 投诉中有 71% 的人从不填写宾客意见书，大部分客人更喜欢口头告诉员工或接待人员。因此，旅游企业应创造更加便利的渠道方便客人投诉。旅游企业还可以设置专门的投诉处理电话，当以上两种渠道出现问题时，旅游消费者能通过此电话寻求及时的帮助。在餐厅经营中也常征求意见、开销售会议时规定旅游消费者意见反馈为其议程之一，都是可采用的方式。

国外旅游消费者对我国饭店常见的投诉

与国际一流的饭店业相比，目前我国饭店业在硬件方面已经有了很大的进步，但是在软件方面尚存在一定的差距，常常引起国际旅游者的投诉。此外，东西方文化差异以及部分饭店从业人员服务意识的缺乏，也经常引起外国旅游消费者的投诉。国外旅游消费者对我国饭店业的投诉集中于以下八类。

（1）饭店内的公共洗手间的清扫员未分性别。目前国内很多酒店的洗手间都是由上了年纪的女士在做清洁卫生工作，很多外国消费者很不习惯，有的甚至吓得退了出来。建议男洗手间由男清洁工来清扫。

（2）闭路电视节目不准确，没法收看。饭店里的节目单大多是中文，国外的游客看不懂。即使是英文的，游客按指定的频道，要么根本不是这个节目，要么根本没有节目。建议将其中一条闭路电视设定为英文以满足外宾的需要。

（3）客房没有冰块供应。美国人冬天都要吃冰块，更不要说夏天了。希望客房里能有冰块供应，至少大堂里应该有。

（4）卫生间及卧室有毛发。客人走进给他安排的房间，如果发现毛发，那是不能容忍的，将会认为“极不卫生”。但是很多饭店对此并不在乎，枕头上、被子上、地毯上、浴缸边经常见到毛发。

（5）饭店没有无烟区和无烟客房。西方国家很少有在公共环境里抽烟的人。因此，外宾希望中国的饭店在大厅和餐厅里专门辟出一块无烟区。有的客房一进门，一股残留的烟味便扑面而来，让人无法忍受，只能换房。

（6）商务客房灯光多暗淡。许多公司商务代表，每天办公到深夜（不仅仅只是写东西），但是许多商务客房的灯光暗淡。

（7）饭店工作人员大声喧哗。在饭店内的任何地方，服务人员讲话要注意轻声，切忌大声喧哗。服务人员在饭店里大嗓门讲话，会给客人留下不文明的印象，也影响到客人的情绪。国外公共场所都是轻声讲话，这是个礼貌的问题。

（8）饭店服务要有明确的时间概念。饭店员工的时间观念要强，要守时。饭店一切服务都应有明确的时间概念。对于贻误时间，欧美和日本客人尤为恼火。

六、旅游企业如何应对旅游消费者的投诉

1. 处理旅游者投诉的基本原则

旅游从业人员在处理投诉时，身兼两种角色：既是旅游企业的代表，也是旅游消费者的代表。因此处理投诉的人本质上要代表旅游企业和旅游消费者的双重角色去调查事件的真相，在处理投诉的过程中，既要考虑和维护旅游企业的相关利益，也需要考虑旅游消费者的利益，为他们追讨损失赔偿。旅游从业人员在处理投诉时，应遵守以下基本原则。

（1）真心诚意地帮助客人解决问题。旅游消费者投诉，说明旅游服务及管理工作尚有漏洞，从业人员应理解客人的心情，同情旅游消费者的处境，满怀诚意地帮助他们解决问题。旅游从业人员只有遵守真心诚意地帮助旅游消费者解决问题的原则，才能赢得他们的好感，才能有助于问题的解决。

（2）不损害旅游企业的利益。首先，旅游管理人员对旅游消费者的投诉进行解答时，必须注意合乎逻辑，不能推卸责任或随意贬低他人。因为采取这种做法，实际上会使一线服务人员处于一个相互矛盾的地位，一方面希望旅游企业的过失能得到旅游消费者的谅解，另一方面却在指责旅游企业的一个组成部分。其次，管理人员在处理投诉时，在解决旅游消费者“求补偿”的问题时，补偿基本上以旅游产品为主，切忌以现金作为处理投诉的筹码和手段。

（3）不与旅游消费者争辩或解释。当旅游消费者怒气冲冲前来投诉时，首先应认真倾听他们的讲话，切记不要打断旅游消费者或做无谓的解释，不与客人争吵，不为自己辩护。然后对其遭遇表示歉意，还应感谢他们对旅游企业的爱护。即便旅游消费者错了，也应将“对”让给客人，当他们情绪激动时，旅游从业人员更应注意礼貌，绝不能与其争辩。如果不给旅游消费者一个倾诉的机会，而与客人争输赢，表面上看来旅游从业人员似乎得胜了，但实际上却输了。因为当旅游者被证明自己错了时，他下次再也不会光临这家旅游企业。如果一线人员无法平息旅游者的怒气，应请管理人员来接待旅游消费者，解决问题。如果说旅游消费者投诉的原因总是与服务质量有关的话，那么此时此刻代表旅游企业受理投诉的管理人员真诚地听取客人的意见，表现出愿为旅游消费者排忧解难的诚意，对失望痛心者款言安慰，深表同情，对脾气火爆者豁达礼让、理解为怀，争取完满解决问题，这本身就是旅游企业正常服务质量的展现。

（4）对旅游消费者的投诉持欢迎态度，视投诉为旅游企业营销的好机会。接待投诉旅游消费者，受理投诉，处理投诉，这本身就是旅游企业的服务项目之一。投诉的旅游消费者大部分对该旅游企业比较关心，投诉处理得当，这些旅游消费者不仅自己会再次光临，还会逢人宣传，形成良好的口碑效应。例如在南京金陵饭店内，客人

的每封信和每个电话都会在 48 小时内得到酒店的书面回复，还将获得一张优惠券，下次住店即可享受 10% 的优惠。

2. 处理旅游消费者投诉的基本流程

(1)事先掌握旅游消费者投诉的心理需求。旅游消费者投诉时的一般心理包括：求尊重的心理、求发泄的心理、求补偿的心理。求尊重即客人采取了投诉行动之后，希望旅游企业认为他们的投诉是对的，并立即采取相应的行动。如果说投诉旅游者都希望获得补偿的话，那么在投诉过程中对方能以最佳的服务态度对待自己，这对通情达理的旅游消费者而言，也算得上是某种程度的补偿。

(2)耐心倾听，了解情况。处理投诉只有在心平气和的状态下才能有利于解决问题。因此接待旅游消费者的投诉时，要冷静、理智，礼貌地请其坐下，再倒一杯水请他慢慢讲。此时重要的是让旅游消费者感觉到你很重视他的投诉。用心倾听旅游消费者的投诉，这样做一方面是为了弄清事情的真相，以便恰当处理，另一方面让旅游消费者把话说完以满足他们求发泄的心理。

(3)做好投诉记录。在认真听取旅游消费者投诉的同时要认真做好记录。一方面表示旅游企业对他们投诉的重视，另一方面也是旅游企业处理问题的原始依据。记录包括他们投诉的内容、时间，旅游消费者的姓名等。

(4)同情旅游消费者，诚恳致歉。当旅游消费者前来投诉时，工作人员对其表示同情，会使旅游消费者感到你和他站在一起，从而减少对抗情绪，有利于问题的解决。

(5)对旅游消费者的投诉真诚致谢。尽管旅游消费者的投诉有利于改进旅游企业的服务工作，但由于投诉客人的素质水平不同、投诉方式不同，难免使接待者有些不愉快。假设旅游消费者遇到不满的服务，他不告诉旅游企业，而是讲给其他客人或朋友，这样就会影响到旅游企业乃至整个行业的声誉。

(6)迅速处理旅游消费者的投诉。旅游者投诉最终是为了解决问题。因此，对于旅游消费者提出的投诉，应区别不同情况，在征得其同意后迅速做出恰当处理。

(7)追踪检查处理结果。首先要与负责解决问题的人共同检查问题是否已获得解决。当确定问题已获得解决时，还要征求询问旅游消费者是否满意。如果不满意，还要采取其他措施去解决问题。

本章小结

旅游消费本质上是旅游体验。反映旅游体验最常见指标是旅游消费者的满意度和忠诚度，同时旅游消费者不满意后的投诉处理也对其旅游体验有较大的影响。

旅游消费者的体验类型包括娱乐体验、教育体验、审美体验和幻想体验。需要通过以下方法来给旅游消费者留下难忘的体验：①重视对旅游消费者感官的刺激；②消除可能破坏旅游消费者体验的因素;③使旅游消费者的体验丰富化。

顾客满意度是服务质量的晴雨表。顾客满意具有主观性、差异性和动态性。需要分析顾客的需求结构,对顾客满意度进行分值和加权量化,以获得更加准确的认识。顾客忠诚是比顾客满意更加重要的概念。信任是顾客忠诚形成的核心因素。为了提高旅游消费者的忠诚感,需要做到以下几个方面:①保持稳定的服务质量,提高消费者的满意度;②设置一定的转移障碍,增加旅游消费者的转换成本;③建立有效的沟通渠道,增强旅游消费者的信任感;④妥善处理旅游消费者的投诉行为。

旅游消费者投诉是旅游消费者不满意行为的反映,旅游消费者投诉的渠道有以下三种:①直接向旅游企业投诉;②向消费者委员会一类的社会团体投诉;③向工商局、旅游局等有关政府部门投诉,运用法律诉讼方式起诉旅游企业。

关键术语

旅游体验(tourist experience)
体验经济(experience economy)
神秘顾客(mystery customer)
顾客满意(customer satisfaction)
顾客忠诚(customer loyalty)
信任感(trust)
顾客投诉(customer complaint)
归因(attribution)

复习与课后阅读

[1] 马天. 旅游体验质量与满意度:内涵、关系与测量 [J]. 旅游学刊, 2019, 34(11): 29-40.

[2] 苗学玲,解佳. 扎根理论在国内旅游研究中应用的反思:以旅游体验为例 [J]. 旅游学刊, 2021, 36(4): 122-135.

[3] 陶然. 豪华酒店顾客期望、顾客满意与顾客忠诚之间关系的实证研究:以喜达屋酒店集团为例 [D]. 上海:复旦大学, 2014: 73.

第十二章　大数据时代的旅游消费者行为研究

学习目标

- 了解大数据时代旅游消费者行为的研究方法和理念
- 掌握大数据时代获取旅游消费者行为资料的方法
- 掌握从大数据中挖掘消费者行为数据的方法
- 理解大数据分析法在酒店收益管理、旅游景区开发与管理、餐饮行业的运用现状和前景

本章思维导图

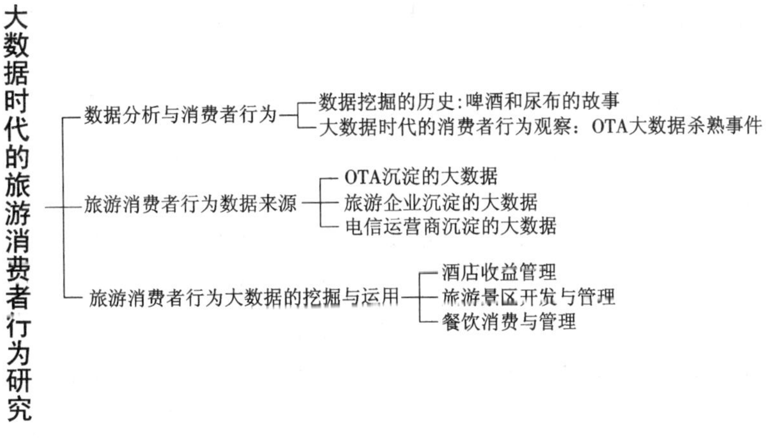

第一节　数据分析与消费者行为

一、数据挖掘的历史:啤酒和尿布的故事

说到数据挖掘分析和消费者行为的研究,啤酒和尿布的案例是一个非常经典、广为流传的故事。

故事发生在20世纪90年代的美国沃尔玛超市中，超市管理人员在分析销售数据时发现了一个令人难以理解的现象：在某些特定的情况下，啤酒与尿布两件看上去毫无关系的商品会经常出现在同一张购物小票中，这种独特的销售现象引起了管理人员的注意。

尿布和啤酒，听起来风马牛不相及，但这是对历史数据进行挖掘的结果，反映的是数据层面的规律。这种关系令人费解，这是一个真正的规律吗？经过跟踪调查，研究人员终于发现事出有因：在美国有婴儿的家庭中，一般情况下是母亲在家中照看婴儿，年轻的父亲前去超市购买尿布。年轻的父亲在购买尿布的同时，往往会顺便为自己购买一些啤酒，这样就出现了啤酒与尿布这两件看上去不相干的商品经常出现在同一张购物小票上的现象。如果这个年轻的父亲在卖场只能买到两件商品之一，那么他很有可能会放弃在这个卖场中购物而到另一家商店，直到可以一次同时买到啤酒与尿布为止。超市管理人员发现了这一独特的现象，开始在卖场尝试将啤酒与尿布摆放在相同的区域，让年轻的父亲可以同时找到这两件商品，不出意料，两种商品的销售量双双增加。

这个故事中，因为有数据分析的结果支持，商品的销售才会获得成功，因而故事得到广泛传播。通过分析购物小票中的商品集合数据，找出商品之间的关联关系，发现消费者的购买行为，从而获得更多的商品销售收入。在数据分析刚刚兴起时，很多的厂商或大数据倡导者用这个故事鲜活、形象地说明大数据分析可能给商业带来的无限商机。

不过需要指出的是，Daniel J. Power 教授经研究发现如下事实①。

（1）这家连锁店不是沃尔玛，而是一家主要在美国中西部经营的药房和便利店 Osco Drugs。

（2）该公司于1992年就着手进行数据挖掘项目，算是数据挖掘的先驱者。

（3）当时的项目收集了来自25家分店、一千两百多万个购物车的信息。

（4）数据显示，下午5点到7点之间，客户购买了啤酒和尿布。

（5）商店管理层的确对此发现表示感兴趣，但现实中并没有重新设计商品的摆放，没有把啤酒和尿布进行捆绑销售，不过公司保守地对销售流程进行了改造，即在正确的时间摆放正确数量的正确商品。

二、大数据时代概述

未来学家托夫勒1980年所著的《第三次浪潮》一书中提到了大数据（big data）的概念，而真正意义上的大数据概念的提出是源于《自然》杂志在2008年9月专刊

---

① 事实的出处：What is the "true story" about using data mining to identify a relation between sales of beer and diapers? 原文参见：http://www.dssresources.com/newsletters/66.php。

中发表的文章“Big Data：Science in the Petabyte Era”，自此以后，大数据的概念开始被广泛应用，同时也倍受社会各界大量传播。2009年，大数据开始被广泛应用于互联网领域及信息技术行业。

而据维基百科定义，大数据是指无法在一定时间范围内用常规软件工具进行捕捉、管理和处理的数据集，是需要新处理模式才能具有更强的决策力、洞察发现力和流程优化能力的海量、高增长率和多样化的信息资产。麦肯锡研究院2011年在《大数据：下一个创新、竞争和生产力的前沿》报告中指出，数据是新时期的基础生活资料与市场要素，重要程度不亚于物质资产和人力资本，大数据将成为企业提高生产力和竞争力的主要方式与关键要素。数据成为资产、产业垂直整合、泛互联网化是大数据时代的三大发展趋势。国内学者张兰廷认为，大数据可以被定义为在合理时间内采集大规模资料，处理成为帮助使用者更有效决策的社会过程。

2012年5月，第442次香山科学会议是我国第一个以大数据为主题的重大科学工作会议。同年，中关村成立大数据产业联盟，发布三支大数据产业投资基金。2013年9月，中共中央政治局学习实施创新驱动发展战略问题，百度创始人李彦宏讲解了信息技术领域的前沿课题——大数据的发展情况。2014年，国家发展改革委、工业和信息化部、科学技术部等八部委发布《关于促进智慧城市健康发展的指导意见》，把大数据作为智慧城市内涵之一，指出“加强基于云计算的大数据开发与利用”。同年，国家旅游局确立“智慧旅游年”，智慧旅游的发展加速了旅游大数据的累积速度。

大数据时代，信息与技术给消费者带来许多便利，同时也导致消费者的各种信息被合法或者非法搜集。当消费者在使用手机App的时候，往往会弹出提示框，询问是否允许该程序使用手机的录音功能，是否允许该App访问手机的文件夹、相册等。一般情况下，如果消费者点击“拒绝”，则无法使用该App，一旦用户点击“允许”，该消费者的个人信息包括兴趣爱好、行为习惯也将被大数据所挖掘并加以利用，容易导致消费者的信息被获取。例如某些App后台对应用的总浏览量和独立用户浏览量进行准确的记录，可以指导评估此应用的受欢迎程度，并对消费者每一次的行为种类有专业的数据分析，可以更深入地了解用户的分布与类型偏好。

大数据时代，旅游从业人员需要不断更新数据观念，主要体现在以下几点。

（1）需要利用所有的数据，而不仅仅依靠随机样本部分数据。

（2）学会接受不精确性，才有机会打开一扇新的世界之窗，即不是精确性，而是混杂性。

（3）不是所有的事情都必须知道现象背后的原因，而是要让数据自己“发声”，即不是因果关系，而是相关关系。

三、大数据时代的用户画像

1. 用户画像概念

用户画像[①](user profile)又称人群画像,并非新颖的概念。在传统的市场调研工作中,企业为了明确自己的消费对象的特征,通过访谈等方式获取典型的消费者的性别、年龄等人口统计学信息以及社交关系、消费偏好等行为模式,勾勒出特定市场上一个虚构的消费者形象,以更加感性的方式认识消费者的行为。

大数据时代的用户画像本质上是将用户信息做标签化处理的过程,即根据用户的社会属性、行为特征、生活习惯、消费行为、工作性质等信息标签化用户数据模型,是数字世界中真实用户的虚拟代表。用户画像能完美地将消费者的信息全貌描述出来,为进一步快速、精准地分析消费者行为习惯、消费特征等重要信息,提供足够的数据基础和支撑,帮助企业精细化定位用户人群,制定精准管理策略。

大数据时代的消费者在从网络获取信息的同时,也不可避免地将自己的信息暴露出来。互联网公司或者企业根据已有的海量数据勾勒出消费者的兴趣爱好、行为习惯,构建出用户的信息全貌日益变得可能。

无论是传统时代,还是互联网大发展的时代,用户画像的标签化都有用户静态属性、用户动态属性、用户消费属性、用户心理属性四个维度。通过分析这四个维度能将用户变得更真实准确(图 12-1)。

图 12-1　常见的用户的标签

用户静态属性主要从用户的基本信息对用户进行划分,也是用户画像建立的基础。比如消费者的性别、年龄阶段、学历、角色、收入水平、居住地域、是否有车或房、

① "用户画像"这个词有两个英文词与之相对应,一个词是"persona",有时候也翻译成"人格面具",是 Allen Cooper 提出来的一种通过调研和问卷获得典型用户模型,主要用于产品需求挖掘与交互设计的方法。另一个词是"user profile",意思是利用已经获得的数据,勾勒用户需求、用户偏好的数据分析方法。这两个词都可以翻译为"用户画像",但"persona"主要用在产品研发与交互设计领域,"user profile"则主要用于运营与数据分析领域。

婚姻信息等。依据不同的产品或服务，针对性地提取相关信息，并将这些信息进行不同程度的权重划分。比如教育产品与学历、角色、收入的相关性强，权重就高，而与婚姻、地域的相关性差，权重就低。

用户动态属性是指用户在互联网环境下的上网行为或线下的活动空间区域，如网络娱乐偏好、社交习惯、出行方式、学习手段以及用户经常的活动空间等。动态信息越多，消费者画像越精准等，这些信息能反映出该用户对产品或服务感兴趣的程度。

用户消费属性主要包括消费水平和层次、消费心理、消费偏好等，反映用户对花钱的看法，如用户喜不喜欢出游，看不看电影，是喜欢质量好的还是性价比高的，倾向于功能价值还是情感价值。对用户的消费属性在任何时候和任何场景都需要进行重点分析和研究。

用户心理属性主要从用户的生活、工作、感情、社交入手，分析消费者的价值观，分析用户的人际关系，人和人之间的关系和关联，并针对性地改良产品和服务。

标签的属性一部分是根据用户的行为数据直接得到的，还有一部分是通过一系列算法或规则挖掘得到的。直接得到的行为标签数据是指用户在网站或 App 上主动填写和上传的数据。严格一些的平台（比如电商平台）会要求用户上传身份证、学生证、驾驶证、银行卡等，这些数据的准确性都比较高。

通过算法和数据挖掘得到的标签则是根据消费者的某些消费行为反推其基本静态属性，然后由这个基本静态属性再预测原本没有掌握的其他的消费习惯或偏好。例如一个用户最近开始购买母婴类商品（比如一段奶粉，新生儿纸尿布等），那么可以根据用户购买的频次及数量，结合用户的年龄、性别推断是否为新妈妈或爸爸，然后向其推荐新生儿的衣物、婴儿游泳等其他的产品和服务。

2. 消费者画像过程

随着大数据技术的深入研究与应用，消费者的一切行为在企业面前都变得“可视化”。随着大数据的获取、存储与分析技术手段的进步，各行各业日益将专注点聚焦于利用大数据分析消费者的行为特征，以提供精准营销服务，深入挖掘潜在的商业价值。

从单个客户来看，消费者画像能准确得知该消费者的消费趋向。从整体客户群体来看，消费者画像能分析出企业主要的客户群的消费行为和特征。

大数据时代对消费者画像的一般流程为以下几步。

1）明确画像目的

明确画像目的是对消费者画像的第一步，也是最重要的一步，因为网络时代数据量很大且种类繁多，当不使用它们的时候，就是一堆杂乱无章的数据，只有明确了数据分析和消费者画像的目的，才能确定哪些数据是有用的，才能针对这些数据做相应的整理、分析，从而得出数据分析结果。因此，明确消费者画像目的是数据分析的起点和重点。

2)找到数据

找到数据是指通过各种技术手段从互联网或者其他渠道获得自己需要的消费者行为的大数据，就旅游消费者大数据而言，通信运营商、各种 OTA 以及旅游企业都沉淀了大量的旅游消费者行为数据，此外，各种视频监视器、Wi-Fi 跟踪、微信公众号、手机 App、POS 机、会员卡这些渠道也会搜集大量的消费者数据。在寻找数据的过程中，则要根据自己的目的从不同的市场主体和渠道获取相关数据。

3)整理和分析数据

整理和分析数据则包含了消费者行为现状分析、原因分析和预测分析三个目的。

(1)现状分析指对消费者行为现状的分析，如自家产品市场占有量、购买竞品的频率分析等都属于现状分析。

(2)原因分析是消费者画像中用得最多的一种分析，对消费者任何行为的变化都要找出原因。

(3)预测分析是指根据已有的信息对消费者未来某种行为做出预测并验证预测的可靠性等，预测消费者可能的行为在用户画像中非常重要。

4)图形呈现

图形呈现是对消费者画像的过程中的最后一个环节，也是最终的表现形式。随着技术的进步，图形呈现的表现形式越来越多样化、个性化和有针对性。例如有的采用词语出现的频率形成各种单词云(图 12-2)，有的用一个虚拟出来的具体人物形象描绘一类客户对象的消费偏好和行为习惯(图 12-3)，也有以时间为主线描绘消费者在某个具体空间内的消费动线以及购买时间和购买量等综合指标(图 12-4)。

图 12-2　单词云式的消费者画像

王小青
女　　26 岁
某公司部门经理
工作城市:湖北省武汉市
年薪 12 万

王小青在一家公司从事销售工作,平时有较多的机会到全国各地出差。她很喜欢旅行以及和不同的人交流。她有 2 部手机,一部专门用于业务联系和工作,一部专门用于私人场合。

她利用互联网搜集和研究各种资料,她对购买电视没有兴趣,更喜欢直接在网上听音乐。她认为电视已经过时了,不想把时间浪费在电视上的娱乐节目、纪录片或新闻上,既不能自己选择,也不能确保 100% 有趣。目前单身,租住在公司附近的一套公寓内,空余时间偶尔和朋友一起去电影院看电影,在朋友的推荐下购买了住地附近一个健身房的健身年卡,无聊的时候就去健身或者找朋友出去聚餐。

常用的 App:微信、小红书、京东

图 12-3　虚拟人物式的消费者画像

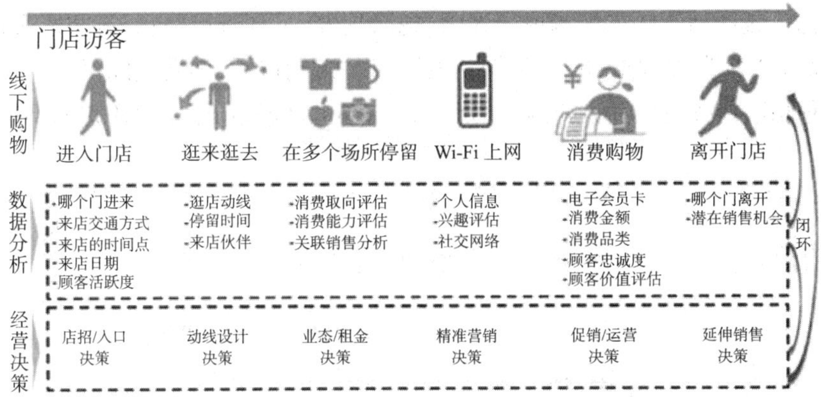

图 12-4　时间轴式的消费者画像

3. 旅游消费者画像

旅游消费者画像是大数据时代旅游企业借助数据挖掘技术,对旅游消费者的基础属性、地域分布、出游行为、进餐和购物行为等大量数据进行识别、接收、分析以及处理,从中提取出有助于分析旅游消费者行为的、有价值的数据,进行数据可视化分析和分类的过程。

旅游消费者画像意义如下。

(1)有助于旅游企业进行精准营销。例如我们可以对经常出游的旅游消费者发放旅游交通补助或者餐饮优惠券,实现更精准的营销和推广。

(2)有助于旅游企业构建智能化的推荐系统,例如通过数据分析发现进入旅游购物店的游客的购物偏好,在恰当的时机向其推荐合适的旅游纪念品。

(3)有助于旅游企业进行服务效果评估,提升旅游服务质量。可以对已经发放的优惠券的使用情况进行分析，调整下一步的优惠力度和优惠对象的选择。

（4）有助于旅游企业进行产品定位。旅游企业可以通过市场数据推论旅游产品的定位人群，能真正了解旅游消费者是什么样的人，他需要什么，据此才能够确定旅游产品的功能定位、市场定位等。

（5）有助于企业内部的交流沟通和达成共识。当有了旅游消费者画像以后，无论是旅游产品的研发、设计还是运营环节，大家更容易达成共识。这是一个相对具体的形象，当产品或者服务策略出现冲突和争论的时候，所有人可以通过消费者画像回到共同的关注点上。大家都清楚：旅游企业的本质是将特定的产品做好并销售给对应的旅游消费者。因此，在一定程度上可以将旅游消费者画像视为旅游企业内部的一个沟通渠道或者是一种沟通机制。

2019 年的《中国在线旅游平台用户洞察研究报告》从城市等级细分角度，区分出去哪儿平台的一线、新一线及二线城市用户画像（图 12-5）和三线、四线及以下城市用户画像。其中前者的人群画像描述为“擅长交友，关注资讯信息，有闲情逸致”，其人群属性为“女性、职场精英”，消费行为特征为“理财能手，消费空间仍可开发”。这些术语很精准地描述出去哪儿网站一线、新一线和二线城市中主要用户的特征。

图 12-5　去哪儿平台的一线、新一线及二线城市用户画像

四、大数据时代消费者行为的变化

随着大数据时代的到来，消费者将有更多、更广泛的信息来源，消费者的选择将更加充分，对产品和服务的了解将更加透彻，自主权将进一步增大，对传统的消费行为将形成冲击，新的基于大数据时代的理性消费行为正在逐步形成。

1. 消费者的消费行为更加理性

在传统时代，消费者通过大众广告媒体，如电视广告以及报纸、杂志等纸质媒体广告来获取产品或服务的信息，而在大数据时代，当消费者对某种产品或服务有需求时，他们首先会选择通过互联网来收集该产品或服务的相关数据，了解相关信息，这与传统意义上的购买模式在本质上已经有了较大不同。消费者可以非常便捷地在相关网站上搜索到自己所需要的相关产品或服务的数据信息，提高购物效率，降低购物选择成本。在大数据时代，数据无处不在，消费者更容易获得该类产品或服务的市场行情，接触到更多有关该产品或服务的数据信息，从而可以通过比较，购买到理想的满足需求的产品和服务。因此可以预见，大数据时代，消费者的主动、理性消费行为在增加，盲目购物行为几乎不会再出现。

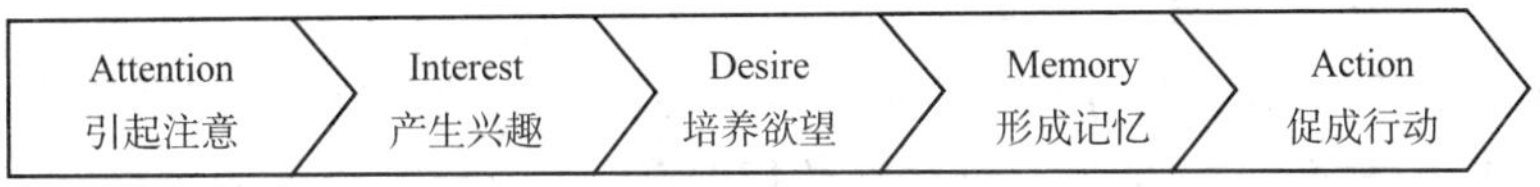

图 12-6　传统时代基于 AIDMA 法则的消费者行为分析

图 12-7　网络时代基于 AISAS 法则的消费者行为分析

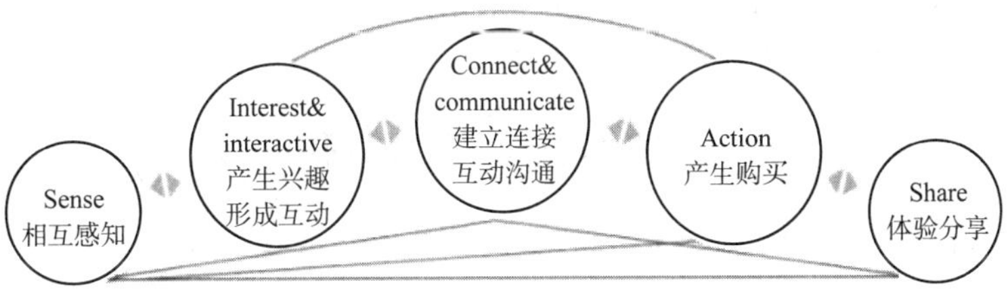

图 12-8　移动互联网时代基于 SICAS 模型消费者行为分析

（来源：中国互联网蓝皮书系列 DCCI 互联网数据中心）

2. 消费者消费行为更容易受购买评价的影响

在传统时代，消费者往往通过电话、杂志反映对产品或服务的评价，而大数据时代，消费者会直接在微博或其他社交媒体上发表自己的看法，这种评价信息往往会被商业企业或数据服务公司收集，这些信息在成为对这种产品或服务评价的来源数据后，可能被广泛传播。因此大数据时代的评价模式影响更加广泛，对潜在消费者有着更加直接的影响。这是因为潜在消费者通过这些评价数据就能判定这些产品或服务的品质，从而直接对这些产品或服务形成好或坏的印象，并最终反映为是否有购买行为。评价数据可以被转载或广泛用于各种途径，使得这种评价数据传播得越来越广，影响的消费者越来越多，对企业产品销售的影响越来越大。有时一些负面影响甚至可能导致某家企业在一夜之间倒闭。

3. 消费者的品牌依赖度逐渐下降

在传统时代，品牌在大多数情况下代表着质量，消费者往往会崇尚品牌。而在大数据时代，品牌的重要性将逐步降低。由于大数据时代，消费者可以通过各种途径获取现成的有关产品或服务的用户评价或数据统计，从而更容易发现产品或服务的真实品质，不再把品牌作为衡量商品质量的唯一依据。此外，大数据时代下，供应链外包更加广阔，很多企业都把供应链外包到具有一定基础设施的发展中国家，因此尽管一些产品品牌存在差异，但往往都在同一个国家或同样的工厂里生产和组装，质量相差不大。由于大数据时代数据的广泛性，这样的结果很快会被消费者得知，尽管不排除人们对某品牌有偏好，但大数据时代消费者对品牌的依赖度将大大降低。

4. 消费者消费行为更加个性化

传统时代，产品大规模生产，再加上消息传递的不及时性，导致消费者的消费比较大众化，很少有个性化消费。而在大数据时代，由于数据传播的广泛和迅捷、通信的畅通和快捷、文化娱乐的繁荣以及思想观念的活跃，消费者往往更富有想象力，喜欢创新，对个性化消费提出了更高的要求。消费者选择产品和服务已经不再仅仅考虑其实用价值，而更多考虑其体现的个性化特征，这已经成为大数据时代许多消费者购买产品或服务的首要标准。长期以来，不少企业只注重产品的质量、性能以及企业的发展规模，这在传统工业时代是成功的保障，而在大数据时代却有所不同，个性化消费将对这种模式形成强烈的冲击。

大数据时代的服装订制

以“快时尚”为定位的西班牙品牌 Zara，开始利用大数据分析来引领时尚风潮的兴起。Zara 销售的每件衣服都有自己的“身份证”，每销售一件衣服，该件衣服的价格、销售时间、销售部门和消费者的级别都会通过其全球联网系统上传至数据库。计算机会将收集到的这些数据进行分析和总结，得出比较畅销的款式以及消费者的购买偏好，这些就可以作为服装设计的基础，设计人员根据数据反馈的信息设计出符合消费者需求的服装样式。Zara 的平均日销售额可以达到 110 万件服装，这使得数据更新速度很快，所以设计师们最短 3 天就可以设计出一件新样式的服装，以这样的速度，Zara 一年就可以推出 12 000 款不同的时装，这使得 Zara 走在市场的前沿，引领着市场潮流,继而得到越来越多消费者的喜欢,并形成了良性循环。

五、大数据时代营销策略的变化

大数据时代,精准的大数据分析让商家可能获得更精准的消费者行为信息,商家可能比消费者自己更了解消费者,他们能据此开展精准营销、差异化和个性化的营销。具体表现在以下方面。

(1)交叉营销。使用消费者的相关数据促进销售,如他们的地理位置信息、购买历史和购买偏好等。

(2)基于位置的营销。源于智能手机等设备的大规模普及,如消费者接近某个商店,系统就能自动推送产品或服务信息。

(3)店内用户行为分析。依据消费者店内的行走路径和时间等资料,帮助提升店内布局、货架布置等。

(4)客户群划分。通过实时数据分析及时调整客户群划分方式,让客户群的划分更加准确和精细。

(5)情绪分析。利用针对消费者的情绪分析,理解营销活动的真正响应时间,并做出相应调整,以进行辅助商业决策。

(6)渠道整合。由于有消费者的历史数据,无论消费者是在线上还是线下,商家都能将渠道数据进行整合,为消费者提供无间隙服务。

第二节　旅游消费者行为数据来源

一、OTA 沉淀的旅游消费者行为数据

OTA 是旅游电子商务行业的专业词语,专指旅游消费者通过网络向旅游服务提供商预订旅游产品或服务,并通过网上支付或者线下付费等模式付款,即各旅游主体可以通过网络进行产品营销或产品销售。国内比较有影响力的 OTA 包括携程、美团旅行、去哪儿、马蜂窝、驴妈妈、同程艺龙、途牛等。这些 OTA 在长期的服务中累积了大量的旅游消费者信息,这些数据往往能客观反映出用户的真实需求与偏好,这对旅游行业的经营者和管理者来说是极具参考价值的数据,想要大规模地获取和利用还存在一定的难度。OTA 如何合法利用这些消费者行为数据则成了争论的焦点。

千人千价的大数据“杀熟”:价格欺骗还是正常的价格策略?

某微博网友于 2017 年 12 月发文自述,他经常通过某旅行服务网站预订某家特定酒店的房间,常年价格在 380 元到 400 元左右变化。在一次办入住时他咨询了前

台，了解到该酒店在旅游淡季的价格为300元左右。他让朋友用朋友自己的账号登录查询，发现房价果然是300元；但用自己的账号登录查询，发现房价还是380元。于是，他打电话询问客服人员，接线员告诉该网友，可能是缓存的问题。

该网友的发文引起广大网民的关注，纷纷列举自己曾经被“杀熟”的经历。例如某网友分享了自己的经历：“××平台里不经常使用的账号会不断收到各种各样的优惠券，而频繁使用的账号则没有优惠券；一家酒店，如果多个IP地址（网际协议地址）都在查询，价格嗖嗖涨，还会故意无房，制造一种房间紧俏的假象。”另一位网友则说，自己在某预订平台用不同IP地址查到的价格基本都不一样，清完cookie（储存在用户本地终端上的数据）又是一个样，差额在5%左右，如果高价状态预定了，就一直是高价状态，低价状态看了几间房，很快会被切成高价状态；通常情况下，境外IP的折扣力度常年高于境内。

事实上，早在2000年前后，购物网站亚马逊就开始尝试采用“差别定价”策略。该购物网站选择了68种畅销DVD（数字激光视盘）进行试验，根据潜在用户的人口统计资料、购物历史、上网行为等，对这些DVD光盘进行差别定价，通过定价策略，有效提升了这些实验品DVD的销售毛利率。但是实验进行不到一个月时，一名该网站的老用户在DVD Talk社区和网友讨论时发现，同样的一份光盘，自己作为老用户买到的价格比其他新用户可以买到的价格高了近4美元。该事件导致亚马逊老用户纷纷开始声讨亚马逊，亚马逊CEO（首席执行官）贝佐斯亲自出面道歉，对数千名没有以最低价格购得DVD的用户退还了差价，一场“差别定价试验”就此失败。

问题：利用大数据“杀熟”到底是价格欺骗还是正常的价格策略？

大数据“杀熟”，在经济学中被称为价格歧视（price discrimination）。即在大数据技术的支持下，通过对用户留下的数据进行分析，判断消费者所在用户群体类型、消费行为特征（如消费能力、习惯等）、个人偏好、消费水平和消费意愿强烈程度，得出精准的用户画像，向不同的顾客推送不同的产品或服务的价格（特别是向老顾客推出较高的价格），也即同样的产品或服务，老用户看到的价格比新用户贵很多。

有一些人认为，千人千价只是经营者针对特定用户提供了相关的优惠，没有针对性地进行客户分层、差异定价，处于合法范围内，属于正常的价格策略。例如经济学家萨缪尔森指出，“当企业拥有市场力量时，它们可以通过价格歧视手段提高它们的利润。价格歧视指的是将同样的产品以不同的价格卖给不同的顾客。”换言之，价格歧视就是一种差异化定价策略。当厂商面对具有不同需求弹性的用户群体时，如果根据用户群体的需求弹性不同而收取不同价格，则可以最大化其收益。根据经济学理论，价格歧视不仅可以改善经济效率、提高经济福利，还可以提高消费者的满意度。因此，千人千价并不是价格欺诈。

而另一方则认为千人千价属于价格欺诈，例如2018年《人民日报》发表的题为

《数据权力如何尊重用户权利》文章中提到，消费者被蒙在鼓里随意加价的情形下，同一时刻对同一产品的差别定价，不属于正常的定价策略，这种价格策略损害了消费者权益，已经构成违背消费者知情权的价格欺诈。

二、旅游企业沉淀的旅游消费者行为数据

在大数据时代之前，完成了信息化的旅游企业通过多年的累积，也沉淀了大量的旅游消费者行为数据。这部分数据能够在一定程度上反映出该旅游企业的整体经营状况，也是旅游企业目前掌握最多、使用最广泛的数据，这些数据的大部分内容都能够在企业内部的系统中获取，例如国内大多数安装了 Opera 系统的酒店能够在 PMS 系统中获取历年住客的相关信息并加以利用。不过目前多数酒店经营者对这部分数据的分析与挖掘存在各种不足。

三、电信运营商沉淀的旅游消费者行为数据

电信运营商是互联网的提供者和移动端的入口，它们可以轻松获取海量数据。和 OTA 等互联网企业相比，电信运营商积累的大数据具有体量大、维度全面、准确性高、具有连续性和可追溯性等优势。通过对旅游消费者的客源地、旅行轨迹、景区交通等分析，电信运营商大数据可以提供旅游前的趋势预测及智慧营销、旅游途中的人流量监控及预警、游后客源分析的全生命周期旅游大数据产品和服务，为旅游管理和旅游营销提供决策支持。

第三节　旅游消费者行为大数据的挖掘与利用

一、酒店收益管理与旅游消费者行为大数据挖掘

酒店收益管理是指通过建立实时预测模型和对以市场细分为基础的需求行为分析，确定最佳的销售或服务价格。其核心是根据旅游消费者不同的需求特征和价格弹性向客户执行不同的价格标准即价格歧视或称价格细分。要做好酒店的收益管理，对旅游消费者行为的各种数据进行挖掘和整理分析必不可少。

旅游消费者从预订行为产生，再到入住酒店行为的完成，会产生住前、住中和住后三类数据。住前数据是指游客在入住行为发生前产生的数据，主要包括消费者在网页及 App 中的搜索、浏览、预订、相关产品选择、旅游消费者付款又取消后的流向、对点评的关注程度等。住中数据是指游客在入住过程中形成的数据，主要包括实际支付的房价，每间可供出租客户收入，入住人数，对酒店哪类增值服务的需求最多，餐厅的哪些食品最受欢迎，入住和离店的时间分布，投诉事件发生的原因等。住后数据

是指客人入住完成，离店之后的反馈数据，主要包括对酒店的整体评价，对某一特定区域或服务的评价，离店之后的流向（是否转向其他酒店消费），希望今后享受到怎样的产品和服务等。

这三类数据中住前数据一般为 OTA 和通信运营商所掌握，较难获取。住中数据和住后数据的获取相对容易。例如，获得销售数据、订单数据和售后评价数据之后，酒店对其历史入住率、客房价格、线上线下预订量等数据进行分析，根据数据分析结果判断消费者的行为习惯以及预测酒店未来的业务量。酒店获取的客人历史数据与预测目标的时间段一致才能发挥最大的价值，预测结果更准确。有效的数据收集与准确的数据识别是需求预测速度与精度的保证。大数据环境下酒店收益管理的预测与分析，需要重视历史数据的异常处理，将原始数据进行转换，通过经典的分类方法对数据进行训练，从而提高预测精度。表 12-1 表示的是近年来互联网技术对酒店业的影响情况。

表 12-1　近年来互联网技术对酒店业的影响

开发建设	市场营销	运营管理	商业模式
· 大数据选址（德勤中国公司与百度地图） · 股权众筹融资（上海丽君酒店项目） · 公众参与设计（室内设计、产品设计）	· OTA · 直销平台（官网平台、第三方网络交易平台——网店、微店、公众号等）（问途信息技术有限公司、FASTBOOK-ING） · 酒店营销联盟 · 产品展现（官网、网店、360 全景、3D 可视化） · 大数据收集与挖掘（网络评价与结合智能可穿戴设备的消费体验数据） · “线上引流，线下消费”的 O2O（online to offline，线上线下）模式 · 会员管理系统	· 智能门锁 · 酒店采购互联网平台（阳光、高效、降低成本） · PMS 系统（酒店管理系统）的互联网化 · 人工智能、大数据计算影响收益管理系统（收益管理未来不做“数学题”） · 酒店或集团 OA（办公自动化）网络办公系统 · 在线人力资源培训	· 短租 / 度假租赁（途家网、去呼呼、小猪短租） · 酒店用品销售的互联网入口与平台 · 尝试“免费住酒店”（尚优客酒店、九悦酒店）

二、旅游景区管理和开发与旅游消费者行为大数据挖掘

1. 通过旅游景区挖掘数据

旅游消费者在景区客流的时间变化包括年度变化、季度变化、月变化、周变化、日变化以及小时变化等多个尺度的变化，而景区客流的空间流向和流量分布则具有多线流动和节点汇聚等特点，通过对景区内部获取的消费者行为数据的累积和挖掘，特别是景区客流统计具有以下功能。

（1）景区承载量预测。通过历史数据的对比和分析，预测未来一段时间内的客

流数据。

(2)景区决策。通过对景区客流历史数据的分析,掌握客流的规律,制定相应的决策,如可以根据客流变化,更有效地分配安保人员、维护人员,或者通过对出入口客流的统计,了解出入口设置的合理程度,也可以显示当前的客流状态和变化趋势。管理人员可以对流量比较大的区域采取预防突发事件的措施,并可实时观察景区当前的实际人数等。

(3)景区管理评估。通过对客流数据的统计分析,评估景区管理效果。

2. 通过电信运营商挖掘数据

电信运营商获取的数据具有极高的价值,可以运用于景区客流监测、客源分析和精准营销等方面,具体表现为以下六个方面。

1)客流监测

根据电信运营商实时的信令数据测算人流数量,对景区和重点旅游区域进行实时客流监控和分析,实现景区动态监测。

2)客源分析

通过对游客的年龄结构、性别比例、逗留时长、旅行线路、消费能力、App 使用状况、交通工具等数据进行分析,为旅游管理部门、景区、涉旅企业定制准确的旅游大数据报告,为旅游发展战略提供数据支持。

3)旅行轨迹分析

根据不同来源的游客的旅行轨迹进行分析,为旅游线路规划和旅游目的地营销提供数据参考依据。

4)精准营销

根据对游客的全方位画像,通过模型训练,得到营销活动的准确实时受众群体,对接运营商自有渠道、合作媒体、OTA,可实现对旅游资源、产品的精准投放。在节省营销成本、提升客户感知的同时形成最大化的营销效果。

5)旅游城市规划和交通规划

从国际经验来看,运营商的数据已经广泛应用于城市规划中。通过成熟的交通分析计算模型,相关部门能够有效分析交通基础设施规划的合理性,评估高速公路、立交桥、两地之前的联系紧密度,地铁站点的选址、公交线路的设计以及公交站牌的选址是否符合周边辐射人群的需求等等。这些都能为建设“快进慢游”的旅游交通网络奠定基础。

6)入境游客研究

入境游客在落地中国后,其手机都会切换为国内运营商的网络,只要游客在中国保持开机状态,他的手机就会与运营商基站交互。运营商可以针对不同国籍的游客,分析其交通方式、在每个城市或景区的停留时间、不同国家人群的旅游偏好、典型旅游线路、旅游频率等，从而为旅游管理机构和目的地提供营销决策支持。

基于大数据的景区游客行为研究中基于位置的服务（LBS）是未来发展的趋势，旅游消费者不论是出游前、出游中还是出游后，都需要基于位置的服务。出游前，游客需要获取更多的关于旅游目的地的认知和感知，增加游客选择的可能；在旅游景区内部游览则需要贴心的个性化服务。因此，开发针对游客的App，借此来实现基于位置的服务，同时也可成为景区景点大数据的重要来源，支持智慧景区的发展。

电信运营商、旅游景区以及OTA获取的旅游消费者行为数据，在旅游景区的管理和开发中可以获得综合运用。例如，景区票务系统可统计游客量数据，通过与互联网、运营商等第三方大数据整合，可对未来几天的人流量、车流量进行预测；智慧景区监控系统可对突发事件如踩踏、拥挤等进行实时监测，及时预警；通过监控系统及数据分析，对景区人力、物力资源进行科学分配；加强市场违规行为管理，通过景区一卡通系统，可以对游客的属性、行为偏好进行分析；整合互联网大数据，可以在全国市场范围内进行客源地与目标消费者的精准定位；检测景区网络口碑，针对游客在微博、微信、天涯等网络社区的表扬与牢骚，在网络舆情监控方面，可以通过大数据分析对相关内容进行锁定。

三、餐饮消费者行为大数据挖掘与运用

在餐饮业中，当消费者习惯网络订餐并积极参与网络评价时，就有可能通过网络收集有关消费的大数据。比如著名的餐饮O2O网络大数据平台Open table，覆盖了3万多家餐厅，平均每月订座1 470万次。国内的大众点评、美团、饿了么、易淘食、哗啦啦等，也都积累了大量的餐饮消费者的行为数据。

但是，当餐饮消费者到达餐饮消费场所以后，其消费行为的各类数据被餐饮企业通过各种方式获取，这些获取的数据可以分为行为流程模式数据和餐饮空间数据两大类，这两类数据又分别可以分为客观性数据和主观性数据两类。

1. 行为流程模式数据

行为流程模式数据按时间可分为：①餐前行为（包含寻路、到达、等位、入店、寻座、点餐、等待）；②餐中行为（包含就餐等）；③餐后行为（结账、离座、离店）；（4）网络评价。与这些行为相互对应，产生了三大类数据，分别是交通数据（1，5，9，10，13）、时间数据（2，3，4，7，8，11，14）和消费数据（6，12），体现了餐饮消费者行为数据的多样性。消费者在餐馆的一般行为流程模式及其数据类型如图12-9所示。

<table>
<tr><th colspan="7">餐前行为</th><th colspan="5">餐中行为</th><th colspan="3">餐后行为</th></tr>
<tr><td>1</td><td>2</td><td>3</td><td>4</td><td>5</td><td>6</td><td>7</td><td>8</td><td colspan="2">9</td><td>10</td><td>11</td><td>12</td><td>13</td><td>14</td></tr>
<tr><td rowspan="2">寻路</td><td rowspan="2">到达</td><td rowspan="2">等位</td><td rowspan="2">入店</td><td rowspan="2">寻座</td><td rowspan="2">点餐</td><td rowspan="2">等待</td><td rowspan="2">就餐</td><td colspan="2">离座</td><td rowspan="2">寻座</td><td rowspan="2">就餐</td><td rowspan="2">结账</td><td rowspan="2">离座</td><td rowspan="2">离店</td></tr>
<tr><td>寻厕</td><td>其他</td></tr>
<tr><td>交通</td><td>时间</td><td>时间</td><td>时间</td><td>交通</td><td>消费</td><td>时间</td><td>时间</td><td colspan="2">交通</td><td>交通</td><td>时间</td><td>消费</td><td>交通</td><td>时间</td></tr>
</table>

图 12-9　消费者在餐馆的一般行为流程模式及其数据类型

2. 餐饮空间数据

消费者在各餐饮空间产生的数据可以分为主观的体验性数据和客观的定量数据。主观的体验性数据一般由消费者自行发布于博客、微信朋友圈等网络平台，餐饮企业可以在后期自行或者委托专业的数据公司进行搜集整理。客观的定量数据一般由完成了信息化的餐饮企业进行采集。餐饮企业通过对应的系统采集到店消费者的各种客观行为数据并录入餐饮信息管理系统。一般的餐饮信息管理系统主要包括排位系统、点餐系统和消费者定位系统三大系统。排位系统主要应用于收集到达、等位、入店、离店等时间数据。点餐系统主要应用于收集点餐、等待、就餐、结账等时间和消费信息数据。消费者定位系统主要应用于收集寻路、寻座和离座等数据。消费者在餐饮网络平台预订座位后，平台发布餐厅的导航信息到消费者的手机上，利用 GPS 定位系统记录消费者的路径信息，使用 Wi-Fi、蓝牙、RFID 等技术为消费者提供快捷的室内定位服务，同时记录消费者的活动轨迹。这项技术已经趋于成熟，国内的某些餐饮企业已经开始运用此技术。餐饮企业对消费者的数据采集如图 12-10 所示。

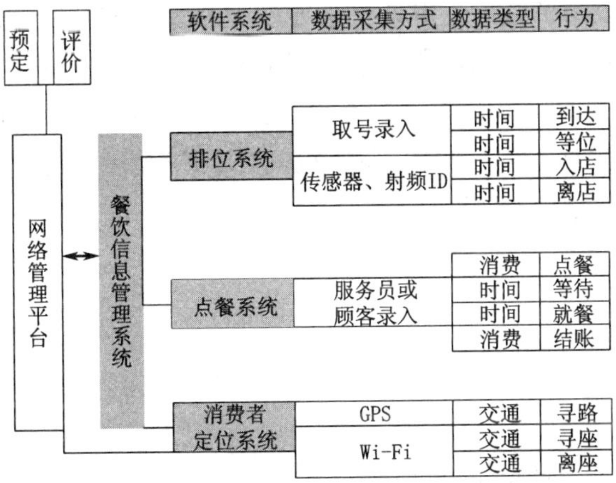

图 12-10　餐饮企业对消费者的数据采集

3. 数据关联

数据关联中的数据来自消费者的体验性数据。通过主题归纳等不同的数据挖掘方式,与客观性数据实现数据关联,空间和体验的数据关联见图 12-11。

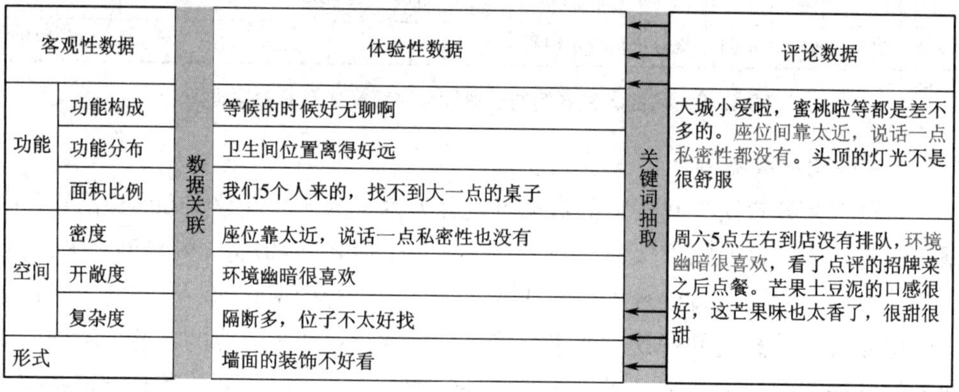

图 12-11　各类数据关联与抽取

评论数据一般来自消费者的博客或者朋友圈等自媒体平台,对这些评论数据进行关键词抽取形成体验性数据,然后将体验性数据与客观性数据进行数据关联,最后就可以对消费者行为进行分析,提供针对性的改进措施。

本章小结

大数据时代的来临需要采用最新的技术手段对旅游消费者行为进行更加全面而具体的研究,对旅游消费者画像能方便我们更加准确地把握旅游消费者的需求。大数据时代,旅游消费者的行为变得更加理性,其他消费者的评价对其消费行为的影响更加深刻,消费者对品牌的依赖度下降,其消费行为变得更加个性化。

大数据时代要从电信运营商、OTA 以及旅游企业自身多个渠道获取旅游消费者行为的相关大数据,对这些大数据的深入挖掘对于住宿业的收益管理、餐饮消费和景区的客流管理精准化而言日益重要。

关键术语

大数据(big data)

用户画像(user profile)

价格歧视(price discrimination)

复习与课后阅读

[1] 宋廷山，郭思亮. 旅游客流大数据统计模型构建与验证 [J]. 统计与决策，2020，36(24)：38-41.

[2] 吴开军. 旅游大数据研究热点及特征探析：基于国外文献的分析 [J]. 统计与信息论坛，2019，34(4)：105-113.

参考文献

[1] 李志飞. 旅游消费者行为 [M]. 武汉：华中科技大学出版社，2019.

[2] 邓爱民，孟秋莉. 旅游学概论 [M]. 武汉：华中科技大学出版社，2017.

[3] 霍夫兰，贾尼斯，凯利. 传播与劝服：关于态度转变的心理学研究 [M]. 张建中，李雪晴，曾苑，等译. 北京：中国人民大学出版社，2015.

[4] 俞国良. 社会心理学 [M]. 北京：北京师范大学出版社，2015.

[5] 白凯. 旅游者行为学 [M]. 北京：科学出版社，2013.

[6] 刘纯. 旅游心理学 [M]. 北京：高等教育出版社，2012.

[7] 彭聃龄. 普通心理学 [M]. 北京：北京师范大学出版社，2012.

[8] 符国群. 消费者行为学 [M]. 北京：高等教育出版社，2010.

[9] 杜炜. 旅游消费行为学 [M]. 天津：南开大学出版社，2009.

[10] 所罗门. 消费者行为学 [M]. 杨晓燕，苗学玲，胡晓红，等译. 北京：中国人民大学出版社，2018.

[11] 邹本涛，赵恒德. 旅游心理学 [M]. 北京：中国林业出版社，北京大学出版社，2008.

[12] 孙绍荣，宗利永，鲁虹. 理性行为与非理性行为：从诺贝尔经济学奖获奖理论看行为管理研究的进展 [M]. 上海：上海财经大学出版社，2007.

[13] 吴清津. 旅游消费者行为学 [M]. 北京：旅游教育出版社，2006.

[14] 李享. 旅游调查研究的方法与实践 [M]. 北京：中国旅游出版社，2005.

[15] 国家旅游局人事劳动教育司. 旅游服务心理学 [M]. 北京：旅游教育出版社，2004.

[16] 张树夫. 旅游消费行为 [M]. 北京：中国林业出版社，2004.

[17] 斯沃布鲁克，霍纳. 旅游消费者行为学 [M]. 俞慧君，张鸥，漆小燕，译. 北京：电子工业出版社，2004.

[18] 梁嘉祺，姜珊，陶犁. 旅游者时空行为模式与难忘旅游体验关系研究 [J]. 旅游学刊，2021，36（10）：98-112.

[19] 黄清燕，白凯，袁佳钰. 丽江度假者的慢活时间研究 [J]. 旅游学刊，2020，35（11）：54-67.

[20] 黄潇婷，陈美鑫. 旅游行为实验的抽象与控制 [J]. 旅游学刊，2020，35（12）：1-3.

[21] 李春晓，冯浩妍，吕兴洋，等. 穷家富路？非惯常环境下消费者价格感知研究

[J]. 旅游学刊, 2020, 35(11): 42-53.
[22] 乐为, 耿子文, 郭本海, 等. 酒店视觉舒适性影响因素研究:基于情绪视角 [J]. 旅游科学, 2019, 33(6): 33-45.
[23] 景政彬. 大数据让度假区插上智慧的翅膀 [J]. 旅游学刊, 2017, 32(10): 3-4.
[24] 陈晔, 张辉, 董蒙露. 同行者关乎己? 游客间互动对主观幸福感的影响 [J]. 旅游学刊, 2017, 32(8): 14-24.
[25] 吴毅, 吴刚, 马颂歌. 扎根理论的起源、流派与应用方法述评:基于工作场所学习的案例分析 [J]. 远程教育杂志, 2016,35(3): 32-41.
[26] 王富伟. 质性研究的推论策略:概括与推广 [J]. 北京大学教育评论, 2015, 13(1): 40-55.
[27] 冯耕耘. 导游服务中的人际信任 [J]. 三峡大学学报(人文社会科学版), 2014, 36(5): 76-79.
[28] 苏芳, 黄江明. 质性研究设计与写作的若干策略:"中国企业管理案例与质性研究论坛(2012)"会议综述 [J]. 管理世界, 2013(2): 136-140.
[29] 耿聪聪, 王平, 孟亚军. 酒店动态定价背景下的顾客情绪与购后行为研究:基于在线评论的证据 [J]. 旅游研究, 2021, 13(2): 57-70.
[30] 苗学玲, 解佳. 扎根理论在国内旅游研究中应用的反思:以旅游体验为例 [J]. 旅游学刊, 2021, 36(4): 122-135.
[31] 朱竑, 蔡晓梅, 苏晓波, 等. "晒"与"赞":微信时代旅游体验的互动建构 [J]. 旅游学刊, 2020, 35(10): 96-108.
[32] 赵莹, 梁锦鹏, 颜力祺, 等. 标识设置对游客寻路行为的影响研究:基于眼动追踪的实验分析 [J]. 旅游学刊, 2020, 35(9): 63-73.
[33] 钟士恩, 黄佩红, 彭红松, 等. 儿童旅游认知的探索性研究 [J]. 旅游学刊, 2020, 35(2): 38-52.
[34] 宋廷山, 郭思亮. 旅游客流大数据统计模型构建与验证 [J]. 统计与决策, 2020, 36(24): 38-41.
[35] 黄媛. 旅游者人格特质与民宿产品满意度关系研究 [D]. 天津:天津商业大学, 2020: 84.
[36] 高雪. 出境旅游情境中冲动性购买行为的影响因素研究 [D]. 南宁:广西大学, 2019: 76.
[37] 吕兴洋, 李春晓, 李惠璠. 感官印象:旅游者忠诚的增益解 [J]. 旅游学刊, 2019, 34(10): 47-59.
[38] 曾韬. 国外旅游动机概念与维度研究进展与评述 [J]. 学术研究, 2019(7): 171-176.

[39] 韩雪，刘爱利. 旅游感知的研究内容及测评方法 [J]. 旅游学刊，2019，34（4）：106-118.

[40] 马天. 旅游体验质量与满意度：内涵、关系与测量 [J]. 旅游学刊，2019，34（11）：29-40.

[41] 王泓砚，谢彦君，王俊亮. 游客地方感认知图式的表征与结构 [J]. 旅游学刊，2019，34（10）：32-46.

[42] 石朋，胡月，周儒. 近十年国内旅游动机研究综述 [J]. 河北旅游职业学院学报，2018，23（3）：1-7.

[43] 李渊，郑伟民，王德. 景区旅游者空间行为研究综述 [J]. 旅游学刊，2018，33（4）：103-112.

[44] 王君怡，吴晋峰，王阿敏. 旅游目的地形象认知过程：基于扎根理论的探索性研究 [J]. 人文地理，2018，33（6）：152-160.

[45] 李志飞，夏磊，邓胜梁. 旅游者社会行为变化及其影响因素研究：基于常居地 - 旅游地二元情境 [J]. 旅游学刊，2018，33（1）：105-117.

[46] 王章郡，温碧燕，方忠权，等. 徒步旅游者的行为模式演化及群体特征分异：基于“方法 - 目的链”理论的解释 [J]. 旅游学刊，2018，33（3）：105-115.

[47] 桑林溪，王良举，赵腾飞. 家庭旅游决策研究综述与展望 [J]. 重庆科技学院学报（社会科学版），2017（1）：29-32.

[48] 李志飞. 旅游行为：有限理性与空间转换 [J]. 旅游学刊，2017，32（12）：10-12.

[49] 夏韦. 基于涂尔干理论的社区居民对旅游者态度研究 [D]. 泉州：华侨大学，2015：91.

[50] 张宏梅，陆林. 近 10 年国外旅游动机研究综述 [J]. 地域研究与开发，2005，24（2）：60-69.

[51] 黄向. 徒步旅游国内外发展特点比较研究 [J]. 世界地理研究，2005，14（3）：72-79.

[52] 王婉飞. 餐饮消费心理与经营策略 [M]. 北京：中国发展出版社，2001.